U0946563

中曾根康弘

Stephen Perry

罗高寿

Wolfgang Kubin

顾彬

中國通

CHINA VISIONARIES

沟通中国与世界的十位国际风云人物

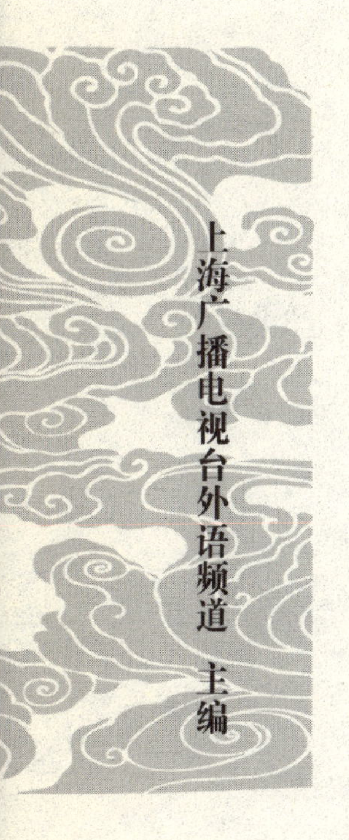

上海广播电视台外语频道　主编

上海文化出版社

目 录

序一

中国人民外交学会会长 杨文昌

上海广播电视台外语频道制作的十集纪录片《中国通》播出后，受到国内外观众的广泛好评。作为一名长期工作在外交战线上的老外交官，我有幸与纪录片中的大部分主人公打过交道——其中有几位还是我至今仍往来不断的老朋友、好朋友。他们谙熟国际事务，主张积极发展与中国的交流与合作。他们任职期间，曾经为他们所代表的国家与中国外交关系的建立和发展做出了重要贡献。卸任后，他们仍然活跃在国际舞台上，继续为发展本国与中国的关系而奔波，是值得中国人民敬重和珍视的老朋友。

这些睿智的人身上具有一种共性，那就是他们都能站在历史的制高点上观察和判断国际形势发展变化的走向，并能以此作为制定本国外交政策的基础。20 世纪中叶以来，如何判断中国的未来是各国政治家、外交家面临的一个大课题。这不仅仅是一个思想感情问题，而且是一个以什么样的态度创建未来历史的问题。基辛格博士曾为打破中美关系的坚冰做出历史性的贡献。作为一位 87 岁的老人，他至今仍孜孜不倦地为中美两国人民之间架设友谊的桥梁而往返于太平洋两岸。这是因为“冷战”时期有了中国，才保持了大国力量对比的相对平衡，世界才处于相对和平之中；进入和平发展时代，中国的改革开放又为世界的发展和繁荣注入了新动力。所以，基辛格博士在谈及中国和中国人民时，曾表示：“作为一名历史系的学生，我被中国深深折服，我热爱中国人民也热爱中国文化。”日本前首相中曾根康弘是一位军人出身的政治家。但他能从总结历史经验教训的高度审视当年的中日关系，使其执政五年期间实现了中日关系的顺利发展。中曾根先生酷爱中国文化，有“书法家首相”的美誉。法国前总理拉法兰在任期间，于 2003 年春天“非典”肆虐背景下，毅然率法国政府代表团如期访华，令人感动。他卸任后一直为推动中法关系的发展而奔波，2008年中国举办奥运会，在世界各大城市进行火炬传递活动，拉法兰先生在巴黎埃菲尔铁塔下作为第一棒火炬传递者参加了这项活动。他表示，自己在对华关系上所做的工作实际上是传承了戴高乐将军和希拉克前总统的战略思想，应该从世界和平与大国责任的角度审视中法关系，他愿为推动更多的法国人和欧洲人了解中国而继续努力。前国际奥委会主席萨马兰奇先生虽已与世长辞，但其大名仍在中国如雷贯耳，家喻户晓，因为他曾经为北京成功申奥做出了巨大的贡献。萨马兰奇先生生前曾表示，在他一生中得到过许多奖项，拥有过很多头衔，但他最珍视的头衔是“中国最好的朋友”。

“海内存知己，天涯若比邻”。中国人民素来有重视友情、珍视朋友的传统。基辛格、萨马兰奇、中曾根康弘、拉法兰……这些为中国人民所熟知的名字，时刻都能唤起人们对近代中国外交史上一幕幕令人感动的美好瞬间的回忆。对于这样的老朋友，我们必须敬重和珍视。如今，他们之中大多数人已进入暮年，但仍在为加强中国人民与世界各国人民之间的友谊而努力，这是中国人民永远不会忘记的。

我十分欣慰地看到，上海广播电视台外语频道的同志们发现并深入发掘了这笔宝贵的财富，他们从事的这项工作意义十分重大。这部纪录片的每位主人公都是灵魂闪光的人物，每个故事都是一段无比感人的鲜活历史。上海广播电视台外语频道将此部纪录片整理成书并出版发行，目的就是启发我们把这种友谊更好地传承和发扬下去。为此，我热忱地向广大关心中外人民友好交往的朋友们推荐这本佳作，并希望中国的新闻媒体把更多世界各国热心于中外友好合作事业的人士推荐给中国的广大读者，让世界了解中国，让中国融入世界。

2010年6月11日

序二

上海广播电视台台长　黎瑞刚

亨利·基辛格、伊戈尔·罗高寿、胡安·安东尼奥·萨马兰奇、中曾根康弘、皮埃尔·拉法兰、鲍勃·霍克、斯蒂芬·佩里、沃尔夫冈·顾彬、乌里·希克和罗伯特·劳伦斯·库恩……

一张张中国人民熟悉的面孔，一桩桩共和国的重大历史事件，一段段不同寻常的故事和情感，一一展现在我们的面前。从20世纪的50年代到今天，他们对中国的前行始终关注，或开拓破冰，或几代相继，与中国结下不解之缘，对中国的建设和发展进程产生了较为深远的影响。2009年，上海广播电视台外语频道举频道之力，采访了这十位同中国有着深厚渊源的著名国际风云人物，制作了十集大型电视纪录片《中国通》。现在，又整理出版了图书。

我本人有幸在工作中与这十位传主中的好几位，比如基辛格、库恩和佩里等，有过各种各样的直接交往和晤谈，与他们中的不少人都保持着经常的联系，因此对他们的生平也有所了解。尽管这些热心中国事务、关注中国发展的外国人经历各异，性格不同，但是他们对于中国人民的深厚感情，对于中国进步的拳拳之心，每每令我感动和赞叹。

《中国通》的拍摄和播出，无论对外语频道还是上海电视媒体，都是具有开拓性意义的。凡要开拓创新，必将面对艰巨的困难和严峻的挑战。仅联络和采访这些级别高、分量重的嘉宾就非易事。难度更大的是，纪录片还须具有独特的视角和表现，给人以启迪、感悟和收获。作为一名电视工作者，我深知制作这样题材重大、主题宏大的大型系列电视节目绝非轻而易举。同时，我也很高兴看到外语频道的年轻团队能够找到这样一个独特的角度，从他者的目光反观中国的发展，也非常希望他们的工作能够顺利成功。因此我也尽力关注他们的工作进程，把我所了解的各种信息和想法与一线同志们分享，并且帮助他们努力和一些传主取得了联系。

在国务院新闻办公室、中国人民外交学会、上海市人民政府外事办公室、上海市文化广播影视管理局、各大领事馆以及媒体同行的大力支持和积极配合下，一个成立才一年多的年轻频道，一个平均年龄不到三十岁的娘子军制作团队，依靠坚持不懈、精益求精的精神，克服了种种困难，出色地完成了这样一项开拓创新的使命，赢得了各方面的广泛赞誉。

用声像记录历史，是电视工作者义不容辞的重要工作，也是一份责任和使命。《中国通》以一个全新的角度，使新中国成立六十多年来的重大事件和人物得以更为清晰、完整和真实地展现，其中不少珍贵资料还是第一次面世，为中国当代史的研究和解读提供了一份珍贵形象的资料。在以人见史的同时，对人物的刻画也是丰富和传神的，既有政治舞台的叱咤风云，又有日常生活的温馨细节。这不仅构成了人物形象和性格的真实完整，也为理解人物在特定历史条件下所起的作用开启了一扇窗口……

《中国通》在外语频道和东方卫视播出后，引起了社会各界的热烈反响，得到了国内外观众的好评。传播是为了更好地交流，我们与世界的交流，只有双向进行才是有意义的，只有实现有效到达才是有价值的。

今天，上海文化事业的发展正处在一个重要的当口。上海广播电视业面对着制播分离、转企改制这一深化改革、进一步做大做强的关键时刻。体制的革命，为我们大显身手打开了一个更为广阔的崭新天地。在这个时候，我们更需要有这种敢为人先的开拓精神，这种满怀激情的进取精神，这种不怕困难的拼搏精神，这种精益求精的工作精神，为中国观众和五洲四海的朋友们提供更多更好的电视节目，全力打造上海的电视品牌。

2010 年 6 月 13 日

亨利・基辛格

——中美关系的破冰者

Henry Alfred Kissinger

基辛格担任过尼克松政府的国家安全事务助理（1969-1973）和国务卿（1973-1974），他也曾在福特政府担任国务卿（1974-1977）。（资料片截图）

亨利·基辛格 Henry Alfred Kissinger

1923 年 5 月 27 日出生于德国菲尔特市。

当代美国著名外交家、国际问题专家。曾任美国尼克松政府国家安全事务助理、国务卿，并在福特执政时期任国务卿一职。

1971 年 7 月，时任美国国家安全事务助理的基辛格绕道巴基斯坦秘密访华，开始了一次震动世界的破冰之旅，为后来尼克松总统的访华进行了必要而成功的铺垫，也为后来中美建交打下了坚实的基础。

Henry Alfred Kissinger

◎ 坚冰打破

20 世纪 60 年代后期，中国与美苏两个超级大国的关系都处于紧张对峙的状态；美苏在争霸的同时也都与中国为敌。在严峻的国际形势下，中国的外交战略是旗帜鲜明地反对美帝国主义和苏联修正主义，也就是把美国和苏联都看作是自己的敌人。1966 年爆发的“文化大革命”，使得中国在对外政策上更加强硬。

在推动世界人民反对国际霸权主义和强权政治的斗争中，中国经受住了考验，做出了贡献；但同时也面临着极大的现实问题：中国这样一个国家，同时要面对两个强大对手，压力很重。

对手之一的美国，此时正深陷越战泥淖而不能自拔。越南战场被视作社会主义和资本主义两大阵营在东南亚的一场较量，社会主义的中国自然被视作美国的主要敌对势力。

事实上，自 1949 年新中国成立以来，中美这两个国家就彼此采取敌对的态度，并在朝鲜战争中达到了对抗的峰值。按照牛津大学历史学教授、《尼克松与毛泽东》一书的作者玛格丽特·麦克米兰（Margaret MacMillan）的话来说：“自 1949 年以后，中美之间几乎没有任何往来，没有贸易、旅游、记者和外交官。外界几乎完全不知道中国发生了些什么事。”

当时，中美两国的关系犹如冰封的河流，但底下却是暗流涌动。美方率先主张打破这一坚冰的政坛人物之一，就是时任美国国家安全事务助理的基辛格。

基辛格　美国前国务卿

在加入美国政府之前，我是一个国际关系学的教授。我曾经说过，一个没有中国参与的国际体系是不合理的，这会将世界上一大部分人口排除在外。

打开中国局面，尼克松 (Richard M.Nixon) 总统功不可没。他与我有着一样的观点，可当时我们还不认识。当我们同时进入政府部门工作后，他任命我做了国家安全事务助理，于是，我们都想将我们的理念付诸行动。

后来，我们发现苏联在威胁中国，我们就问自己，为什么中国的独立、强大对于世界那么重要？这就坚定了我们的信念，去寻找一条和中国合作的道路。而中国方面也对我们进行了一些初步的试探和接触。后来，我们找到了交流的途径，促成了我的北京之行。

中国与美国虽然有22年没有来往，但沟通仍有渠道。先在布拉格，后来在华沙。

过家鼎——一位资深翻译家和外交官，当年还是临近而立之年的年轻译员；在1958至1962年间，他担任中美华沙大使级会谈的中方翻译，见证了沟通的艰辛与曲折。

过家鼎　基辛格秘密访华期间中方笔录

中美大使级会谈从1955年8月1号开始。到1958年台湾海峡局势紧张，中断的谈判又恢复了，恢复的地点是在华沙。一直到1970年2月结束，15年开了135次会议。除了达成一个遣返平民的协议以外，没有任何结果。主要原因就是美国要我们放弃对台湾使用武力，我们说这个是中国的内政，中国不可能承诺不使用武力。

15年的时间，135次的会议，最终却是花不开，果未结。这时，美方觉得应该通过另一种渠道来进行沟通。

【华沙会议】

1955年8月1日，中美大使级会谈在日内瓦（后在华沙）举行。中方代表是驻波大使王炳南，美方代表是驻捷克斯洛伐克大使约翰逊(Alexis Johnson)。会谈有两项议程，一是双方平民回国；二是双方有所争执的其他实际问题。双方就第一项议程达成协议，但在第二项议程上陷入僵局。

为推动会谈继续进行，中方先后提出关于促进民间往来和文化交流等协议声明草案，但均为美方所拒绝。1957年，美方委派非大使身份代表参加第73次会议，降低会谈级别，致使会谈中断9个月。1958年6月30日，中国外交部要求美方限期派出大使级代表；7月28日，美国指派驻波兰大使比姆(Jacob Beam)为代表；9月15日，中美大使级会谈在华沙复会。

此后，中美大使级会谈一直断断续续举行。会谈在两国没有外交关系的情况下，成为两国保持某种接触、交换意见的途径。

过家鼎　基辛格秘密访华期间中方笔录

美国人在华沙会议的时候，主动通过一个翻译给我们传递信息：尼克松总统愿意跟中国谈更高层的政治问题、双边的问题。来了一个信号，毛主席、周总理了解到以后，我们就接过这个信号。

于是，中方代表在华沙也表达了类似的意思：中美双方的会谈，或许也可以通过其他渠道在更高层面上进行。

1970年，中国因美国入侵柬埔寨取消了华沙会谈，双方也没有约定新的会谈时间，而眼光独到的基辛格，反而从这次会谈破裂中看到了希望。他认为这是一个绝妙的机会，可以让中美之间开启另一种沟通的渠道：撇开国务院等官僚机构，派特使对中国进行秘密访问。

在这一点上，尼克松又与基辛格一拍即合。

玛格丽特·麦克米兰　牛津大学历史学教授、《尼克松与毛泽东》作者

尼克松不信任国务院，觉得那些人不会理解他的目标。尼克松本人又是共和党人，所以十分不信任国务院。

美国国会对此事也是一无所知。莱斯特·沃尔夫（Lester Wolff）是尼克松政府时期的众议员之一、基辛格的高中校友，他回忆起这段历史时，笑称基辛格是个“强人”。

【美国入侵柬埔寨】

1969年，美国总统尼克松表示要推行“越南化”政策，让美军逐步撤出越南；并于当年6月撤出首批2.5万名美军。但在美越谈判进行的同时，战争仍在继续。1969年3月，美军开始秘密轰炸柬埔寨境内的北越军事基地；5月，汉堡高地战役爆发。1970年3月18日，柬埔寨亲美的朗诺将军（Lon Nol）发动政变，推翻西哈努克亲王政权；5月，在朗诺的默许下，美军入侵柬埔寨，进攻那里的北越军事基地。

【美国国务院】

英文全称United States Department of State，有时亦用State Department。它是直属美国政府管理的外事机构，相当于外交部，其行政负责人为国务卿。美国国务院为美国最庞大的政府机构之一，位于美国首都华盛顿特区。

在接触北京这一点上，基辛格与尼克松两人的主张是不谋而合的。1971 年，基辛格收到一封由周恩来总理手写的密信，邀请美方访问北京。基辛格与尼克松兴奋不已，开始秘密地为这次出访着手准备。（资料片截图）

莱斯特·沃尔夫　美国前众议员

基辛格是个厉害角色。他觉得凭一己之力就能完成这件事，无须国会的参与。他谁也没有告诉。你看，虽然我的名字是 Wolff（英文狼“wolf”的谐音），可他却是一匹独来独往的狼。

派遣特使，以秘密访问的方式接触中国，在当时的确是一个惊世骇俗的大手笔。东西两极的世界格局维持了 22 年之久，突然之间即将变成一个大三角体系。选择秘密访问的形式，就是为了确保成功。

傅立民（Chas Freeman）尼克松访华随行翻译

当你要改变一个重要的政策，比如将关系由敌对、孤立转向友好、联系，这是十分微妙的，不容失败。

基辛格　美国前国务卿

如果我们事先公开此事，反对者就会列一出些条条框框，而会谈也就不可能在现在这样的氛围中进行。

就在“乒乓外交”后的一周，1971 年 4 月 21 日，中国通过巴基斯坦再次向美国传话：中国政府重申，愿公开在北京接待美国总统的特使，如基辛格先生或美国国务卿，甚至总统先生本人亲自前来会谈也欢迎。

关键时刻到了。那么，到底该派谁去？

玛格丽特·麦克米兰　牛津大学历史学教授、《尼克松与毛泽东》作者

有趣的是，尼克松想了一大串访华候选人，而基辛格则说这些人都无

【乒乓外交】

1971 年 4 月 10 日，美国乒乓球代表团和一小批美国新闻记者抵达北京，成为自 1949 年以来第一批获准进入中国境内的美国人。14 日，周恩来总理在人民大会堂接见美国乒乓球队时说：“你们在中美两国人民的关系上打开了一个新篇章。我相信，我们友谊的这一新开端必将受到我们两国多数人民的支持。”

1972 年 4 月 11 日，中国乒乓球队回访美国。中美两国乒乓球队互访轰动了世界，成为举世瞩目的重大事件，被称为“乒乓外交”。从此，结束了中美两国二十多年来人员交往隔绝的局面，使中美和解随即取得历史性突破。

法胜任磋商。当尼克松提到一位美国外交官，说这个人曾经与中国人打过交道，该让他去，可基辛格说：“很不幸，他已经去世了。”所以，我觉得尼克松不是很情愿派基辛格访华。

基辛格　美国前国务卿

尼克松想要的是一个能够理解他想法的人，而我几乎每天都会和他共事，我一天见他十次，所有和外交事务相关的文件都会送到我的办公室。另外，那个时候，北京和华盛顿之间没有任何的电讯联系，一旦我到了北京就没法和他联系了，他必须信任我、相信我能够传达他的愿望并实现我们的计划。所以，他觉得还是我最适合去中国访问。

于是，中国之行的重任责无旁贷地落在了时年 48 岁的国家安全事务助理基辛格的肩上。他奉尼克松总统之命来华一探中国的态度，譬如，现在的中国是何面貌？中国将如何改善中美关系？

基辛格　美国前国务卿

我很高兴能够被选中，那是一个千载难逢的机会。在人的一生中，我们不是经常能够有机会实现别人 22 年来都没有做成的事情。

虽然基辛格是哈佛大学国际政治系的哲学博士，对世界各重要国家在国际政坛中的现状颇有研究，可现在要到一个 22 年来没有任何美国官员拜访过的神秘国度，他的心里还是很有些忐忑。而他又不能向任何在政府部门工作的前辈咨询关于中国的情况，因为他的中国之行是严格保密的。迫不得已，他只能采取其他办法来了解中国。

对此，牛津大学历史学教授玛格丽特·麦克米兰认为：“基辛格有很强的历史感。他尝试了解中国历史，从而了解这个他将要面对的当代中国。”

基辛格　美国前国务卿

当时，我对中国一无所知，而且我也不能向我们的工作人员来了解中国的情况，因为他们并不知道我要去中国。好在通过阅读历史书籍，我了解到许多中国的情况。我当时到许多大学参加研讨会来给自己充电，但麻烦的是，有的教授只想和我讨论一些当下的问题，而我想同他们讨论的则是更长远的问题。还好，我最后达到了自己的目标，我当时就是希望自己能够充分地做好准备。

傅立民是尼克松总统访华时的随行翻译官，当时，他突然被委派去做很多关于中国问题的案头工作。

傅立民　尼克松访华随行翻译

我在国务院为访华做准备工作，但却从来没有被告知工作的目的。正好我读过华沙会谈的记录，所以才知道事情的来龙去脉。

中方为这次美方特使的秘密访华也下足了保密功夫。曾在基辛格秘密访华中担任英文笔录的过家鼎大使回忆，在得知基辛格将来访华后，外交部马上就成立了一个专门小组负责此次与美国的秘密会谈，属于绝密级。

过家鼎　基辛格秘密访华期间中方笔录

总理决定成立一个班子，由总理亲自挂帅，叶剑英、黄华、章文晋、熊向晖组成一个小组，5 月份就在钓鱼台四号楼、五号楼开始准备了。整个过程就是准备各种资料，对基辛格的了解、对尼克松的了解、对整个形势的研究、将来怎么对付。7 月份的时候，我们几个人到秘密的地方去接电话、翻译、再传信，其他人都不知道。

连续两个月的日子，过家鼎他们都没有回家，也不能告诉家人他们在干什么。就这样，基辛格的秘密来华在一次又一次地通过第三方的往来电文中，一步一步得到了落实。

基辛格　美国前国务卿

我相信，这个世界上没有哪个国家的政府能够像中国政府这样善于保密的。如果当时我们大肆宣扬这次访问，在我去中国之前，一些反对者就会对我们的访问提出要求，然后附加一些条件，而且会过分关注我们的访问。从某种意义上说，在这样一种氛围下，想要达成对话几乎是不可能的。当时，我们根本不需要说服中国政府在这件事情上保密，因为事实上，中国方面更担心我们是否能够保住这个秘密。这次不同寻常，我们居然守住了秘密，通常情况下，想要在美国政府中保守住某个秘密是非常困难的。

1971年，基辛格收到一封企盼已久的来自中国的密信，邀请他访问北京，为美国总统访华铺路。这封来自中华人民共和国总理周恩来的手书，是通过当时巴基斯坦总统叶海亚·汗（Yahya Khan）辗转送到基辛格手中的。一场日后被载入外交史册的精彩大戏，就此悄然拉开序幕。

当年7月1日，基辛格开始了公开名号为“实地调查”的亚洲之行，没有记者随行。基辛格先在越南南方的西贡活动了三天，然后在泰国曼谷停留一天，7月6日到印度新德里，8日到达巴基斯坦首都伊斯兰堡。访问日程如同基辛格惯有的风格一样是那么紧凑，外界丝毫看不出有什么异常的迹象。

过家鼎　基辛格秘密访华期间中方笔录

那个时候，是尼克松派基辛格到南越、泰国、巴基斯坦访问的，根本没有说到中国。（访问中国）这是不可能的，因为在当时是不可想象的。中美两国是敌对国家，怎么能有这么高级的特使来访问呢?

基辛格为什么要取道巴基斯坦？

复旦大学美国研究中心主任沈丁立告诉我们：“当时中国的十多个邻国，90%都与中国存在领土纷争。美国必须选择一个愿意与它合作并且保密的国家，除了巴基斯坦，再没有别的选择了。”

1971年7月6日晚，基辛格在巴基斯坦总统叶海亚·汗的招待宴会上突然腹痛难忍。总统宣布，由于气候炎热，基辛格先生身体有恙，要到北部山区的总统别墅休养。

过家鼎　基辛格秘密访华期间中方笔录

这是早已跟叶海亚·汗总统密谋好的，假装请基辛格到北部的官邸去休息，对外就说去养病了。其实基辛格没去，而是秘密地坐了他们外事秘书苏坦汗驾驶的军用汽车，戴着墨镜、大檐帽，四个人就到了机场。

7月9日早上8点，一列国宾车队经过伊斯兰堡的主要街道，朝北部山区开去。关注基辛格病情的人，都以为他真的去休养了，殊不知，此时的基辛格，已经离北京的上空越来越近了。

◎ 中国之行

1971年7月9日凌晨4点，巴基斯坦首都伊斯兰堡的查克拉拉机场，停放着一架涂有巴基斯坦国际航空公司标志的波音707飞机。事实上，这架飞机是由巴基斯坦总统叶海亚·汗的专机改装而成的，机上坐着前一天从中国飞来、专程接机的四位中方工作人员。

过家鼎　基辛格秘密访华期间中方笔录

我们决定，派一架巴航专机。章文晋那时候是美大司司长，王海容是礼宾司副司长，还有翻译唐闻生、唐龙彬是礼宾司的，他们四人专门到巴基斯坦去接机，而且是非常保密的。

几分钟后，两辆黑色军车悄然驶来。下来的一位黑衣人，便是基辛格。

而在此前，还发生了一个小插曲：不知是因为紧张还是什么其他原因，基辛格临场打起了退堂鼓。

玛格丽特·麦克米兰　牛津大学历史学教授、《尼克松与毛泽东》作者

就在最后一刻，基辛格的确感到不安了。在离开巴基斯坦前往北京时，他问巴基斯坦总统可否与他同往，但是，叶海亚·汗总统称国内有要务须处理，不能一同前往。对基辛格来说，他即将踏上一片未知的土地。

飞机关闭舱门开始滑行时，正是凌晨4点30分，跟原定计划一丝不差。历史永远记住了这一天：1971年7月9日。

当飞机越过雪山进入中国境内时，基辛格这位秘密访华行动的核心人物，却没能成为22年来第一位进入中国国境的美国官员；倒是他的随行助手温斯顿·洛德（Winston Lord）抢占了先机。

1971年7月1日，基辛格开始了名为“实地调查”的亚洲之行，事实上这正是代号“波罗行动”的秘密访华之旅。7月8日晚上，基辛格在巴基斯坦总统叶海亚·汗（图右）的招待宴会上突然腹痛难忍。总统马上宣布，由于气候炎热，基辛格先生身体有恙，要到北部山区的总统别墅休养。（资料片截图）

基辛格　美国前国务卿

那天早上，我们很早就离开了巴基斯坦。因为时差关系，我们计划中午时分能够到达中国，所以，我们天没亮就出发了。飞机后舱有一张床，我当时就睡在那里，而温斯顿·洛德当时在飞机的前舱坐着，所以他总是说，他比我早十秒钟到达中国。他依旧是我的老朋友，我们常在一起吃饭，一同回忆那些时光。

1971年7月9日12点15分，飞机准时降落在北京的南苑机场。叶剑英、黄华等人已早早在此等候。第一个走下飞机的是基辛格。没有仪式，简单的寒暄过后，叶剑英元帅陪同基辛格坐上红旗轿车，朝钓鱼台国宾馆驶去。车窗都拉着黑色的窗帘，外边的人根本就不可能看到里面坐的是谁。

来华之前，基辛格对中国领导人完全没有概念。第一次见到七亿人民的总理周恩来时，基辛格的紧张是显而易见的。

过家鼎　基辛格秘密访华期间中方笔录

基辛格有点紧张，开头很拘束。第一次与我们在五号楼会谈的时候，他们四个人，还有一个保镖。基辛格带了一大沓的文件，他们算了一下有七厘米这么厚。总理什么文件都没有，就是一张纸，一支铅笔。基辛格很紧张，照本宣读，一页一页地念，整整七厘米的文件。后来，总理跟他开玩笑，说你不要念嘛，随便讲。

基辛格不辱使命，带着丰硕的成果回到国内。1972年2月21至28日，美国总统理查德·尼克松应周恩来总理的邀请前来中国访问，尼克松夫人、美国国务卿威廉·罗杰斯、总统助理亨利·基辛格和其他美国政府官员陪同来访。（资料片截图）

在华逗留的短短48个小时里，基辛格与周恩来总理一共会谈了六次。会谈的内容，涉及当时国际时局的方方面面。周总理过人的精力和智慧，让基辛格从心底里佩服。

基辛格　美国前国务卿

周恩来总理是我见过的最智慧的人之一。他不仅智慧过人，还具有非凡的个人魅力，而且很有耐心。他给了我这样的殊荣，让我跟他坐在一起会谈。周总理非常和善，非常睿智，我很尊敬他。

我们通常中午刚过就开始会谈，一连工作15个小时，从不间断。在不到48小时的时间里，我和周恩来总理会面的时间就有25个小时，但我的中国朋友们还是安排了时间，让我到故宫转了三四个小时。

事隔多年之后，基辛格还经常回忆起与周恩来总理的第一次会面，以及从他身上所学到的东西。

基辛格　美国前国务卿

我第一次来中国时，对周恩来说了这么一句话：我们来到了一个神秘的国度。周恩来问道："中国到底有什么神秘的？"当时我答不上来。

于是，他说，中国对于熟悉这个国家的人来说并不那么神秘。从这件事情中，我明白要更多地了解中国。

与此同时，基辛格博士渊博的学识，也给中方工作人员留下了很深刻的印象。

过家鼎　基辛格秘密访华期间中方笔录

基辛格很有学问，是一位学者。他用的语言都是富有哲学性的，句子都很长，不像演说家那样很简短扼要的，他每一句句子都很长。所以，记他的东西很不容易。

虽然彼此留给对方的印象都不错，但中美高层首次谈判的过程还是十分的艰难。

牛津大学历史学教授玛格丽特·麦克米兰在她的著作《尼克松与毛泽东》中写道："第一次访华中，遇到了不少很困难的议题。比如说，美国想要中国在越南和苏联问题上表态，而中国则希望美国停止支援台湾，可是，双方都不会按对方的要求去这么做。"

过家鼎　基辛格秘密访华期间中方笔录

每天，会开到半夜两三点钟，有时开到 11 点。回来我得整理记录，一个小时的会议，我要花四个小时去整理。因为我是速记，记下来了以后要打出来，还要译成中文。每天都要工作到早晨 5 点。

谈到最后，双方决定：大家搁置争议，把各自的立场都写下来，日后再议。基辛格认为，中国领导人这种求同存异的做法，富有创意且易于操作。

基辛格　美国前国务卿

我当时以为，中国领导人的风格应该与我之前碰到过的苏联领导人差不多。但是，事实上还是有很多文化上的差异。这种差异，在双方一开始接触时就能感觉出来。

在冷战时期，我常常与苏联人打交道，经常在非常小的细节问题上争执。而中国领导人把精力集中在重要问题上，细节问题通常很快就能解决。

这次秘密会谈达成的最大一个成果，就是双方商定了基辛格此次访华和邀请尼克松总统访华的公告。

基辛格不辱使命，带着丰硕的成果回到国内。当晚，尼克松便在电视上发表了讲话，宣布将于1972年访问中国。这个电视讲话就像一颗重磅炸弹，震惊了全世界。

美国前众议员莱斯特·沃尔夫说："我们都愤怒了。"愤怒的原因不难理解，后来随同尼克松访华的美国国务院官员卜励德道出原委："国务院觉得自己被排除在局外了。"

感到震惊的还有美国那些亲密的盟友。牛津大学历史学教授玛格丽特·麦克米兰说："美国的盟友也震惊了。日本在尼克松声明之前，完全被蒙在鼓里；菲律宾、印尼等国家都十分愤怒，因为事先没有得到任何口风；英国首相也很伤心，因为他自认为是尼克松的朋友，可依然被蒙蔽了。"

尽管美国国会和盟国都因为没有被提前告知而感到愤怒，但大家却一致认为，中美的这一接触，确实是高瞻远瞩且充满智慧的大手笔。

傅立民　尼克松访华随行翻译

公众认为，这是一个很明智的战略性举动。在接下来几个月里，公众态度发生了大转变，双方都开始重新认识对方。

正如尼克松和基辛格所预期的那样，中美高层的接触也让苏联感受到了巨大的压力。玛格丽特·麦克米兰教授披露："几乎就在尼克松宣布即将访华的第二天清晨，基辛格就接到苏联的电话，表示愿意随时召开峰会。而美国则答复道，我们已经准备去中国了。这对苏联产生了一定的压力。"

基辛格　美国前国务卿

我们也有义务去改善我们与莫斯科的关系，但是，我们和北京的关系使得莫斯科清楚地认识到，我们反对任何我们称之为"霸权的国家"去主导这个世界。直到今天，我们与俄罗斯之间保持了友好的关系，中国和俄罗斯的关系也很友好。

在顺利完成“波罗行动”三个月后的1971年10月，基辛格又有了“波罗二号”行动。这次访华却是公开的，此行的目的是为了给第二年2月的尼克松总统访华做准备；其中一个重要的议题就是商谈公报，而《上海公报》的基础就是在这十月会谈上确定的。

会谈的另一个核心仍是台湾问题。就此，基辛格提出了一个富有创意的说法：“台湾海峡两边的所有中国人都认为只有一个中国。”从此，成为外交史上流传的一段佳话。

说起此事，中国前外交部长李肇星记忆犹新：“当年，我还是一个外交界的年轻人，基辛格的这句话，让我领会到了外交语言的艺术。”

过家鼎　基辛格秘密访华期间中方笔录

《上海公报》说：“美方承认（acknowledge）台湾海峡两边的中国人都认为只有一个中国。”这个“acknowledge”我们当时研究怎么翻译，你译“认识到”，太轻了；所以，后来我们也译了“承认”。“Acknowledge”严格地来翻译是“认识到”，我认识到你的立场，并不代表我就承认你的立场。

1972年2月21至28日，美国总统理查德·尼克松应中国国务院总理周恩来的邀请前来中国访问，尼克松夫人、美国国务卿威廉·罗杰斯（William P.Rogers）、国家安全事务助理亨利·基辛格和其他美国政府官员陪同来访。

亚洲协会前会长卜励德（Nicholas Platt）是当年美国政府的中国专家之一，作为国务卿罗杰斯的助手，有幸成为访华团的成员。他保留了每一个富有纪念意义的物件，因为他意识到自己见证的是一个必将载入史册的事件。回忆当年，卜励德觉得就像昨天：“我们以为自己身在梦中。这是我们所做过的最激动人心的事情。”

【上海公报】

中美三个“联合公报”是中国政府与美国政府所签署的三个联合公报，包括《上海公报》、《中美建交公报》和《八一七公报》。

这三个公报是中美在冷战时期开启对话和关系正常化的重要基础。两国间的第一个联合公报《上海公报》，是美国总统尼克松访问中国期间，在上海与中国国务院总理周恩来于1972年2月28日签署的，全称为《中华人民共和国和美利坚合众国联合公报》。这个联合公报的特别之处在于，双方首先并没有回避各自的歧见，阐明了双方不同的观点，然后表示双方愿意尊重对方的立场，随后再阐述双方达成的共识。

由于之前的秘密访华完全绕开了美国国务院，基辛格希望能做出一些努力来弥补双方的裂痕。据卜励德先生回忆，在来华前，基辛格作为曾两次访华的“老手”，就与中国领导人的谈判技巧问题给罗杰斯提出了一些建议，以便让他更好地了解对手。

卜励德　尼克松访华随行人员、国务卿的助手

基辛格是这件事的主导。他的相关知识很渊博，人很聪明，而且对国务院的态度一清二楚。他急于向世人和美国政府展示一个与国务院团结的白宫。

但是，分歧还是在访华时出现了。

由于《上海公报》的基本内容是基辛格在第二次“波罗行动”中确认的，而他一直没有把公报的草案给罗杰斯过目。在杭州时，罗杰斯实在忍无可忍，坚持要看。结果他一挑就挑出十几个“毛病”，并坚持要作修改。

卜励德　尼克松访华随行人员、国务卿的助手

一说有些措辞需要修改，基辛格和尼克松都很不高兴，因为那个时候他们已经到了杭州，而且公报中方已经同意；这就意味着他们又要把公报中需要修改的地方发给中方，并与中方重新磋商如何修改。不过，他们后来还是这么做了，事情最后也得到了圆满的解决。

其实，修改公报只不过是罗杰斯借机发泄在这次对华关系的调整中，国务院被绕开的不满。卜励德说：“如果有国务院的人从一开始就介入这件事的话，事情本可以更快取得成功。”

最后，问题还是由深谙此道的周恩来总理解决了。周总理亲自到罗杰斯下榻的房间去拜访他，罗杰斯对中国总理的到来深感意外。其实，周恩来并未同罗杰斯谈什么实质性的问题，但被给足面子的罗杰斯则再未从中作梗。

经过多个回合的谈判，在上海锦江饭店的小礼堂，双方终于达成了共识，签署了《中华人民共和国和美利坚合众国联合公报》。

美国承认，台湾是中国领土的一部分。

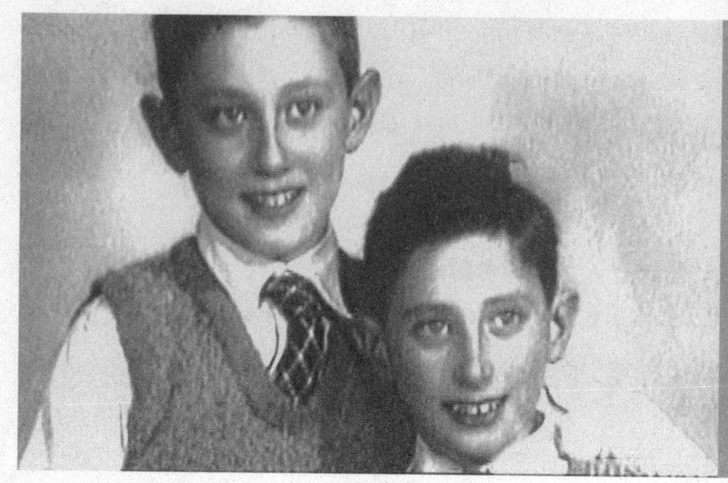

基辛格1923年5月27日生于德国菲尔特市的一个犹太家庭，1938年因逃避纳粹对犹太人的迫害，随父母迁居纽约。基辛格和弟弟瓦尔特（图右）在反犹太浪潮中被赶出校门，被迫转到一所仅限于犹太人就读的学校读书。（基辛格供图）

◎“超级智囊”

勇于面对各方阻力，能够在艰难时境中达到自己的目标。基辛格这种越挫越勇的性格与他童年的经历有着密切的关系。

基辛格童年时期的成长艰难坎坷，遭受过纳粹的迫害，13位至亲丧生纳粹屠刀之下。在他15岁时，也就是在纳粹疯狂灭绝犹太人的暴行尚未正式实施前，基辛格全家迁往美国。

美国对他来说，完全是一个新的天地。他再也不用担心在马路上行走时，对面会有人冲过来对他大打出手。玛格丽特·麦克米兰教授说：“这影响了他对美国的态度。这里曾是他们一家人的避难所，而且他在这里过得也不错。”

很快，基辛格凭着出色的学业成绩和充满智慧的头脑获得了人们的认可。

高中毕业后，基辛格去服兵役。在军营中，基辛格成了美利坚合众国的公民，他的人生观也发生了重要的转变。基辛格之前的理想是当一名会计，但这个理想在军营里发生了改变，他遇到了他的第一个人生导师：弗里兹·克雷默（Fritz Kraemer）。

这位导师认为，基辛格很有政治头脑，建议他服完兵役后去读哈佛的政治学系。他把基辛格那颗20岁的、年轻而机敏的心，引入了伟大的思想者和哲学家的殿堂。

1947年，基辛格进入哈佛大学，本科主修政府管理和哲学。就学期间，他创造了哈佛本科史上的一个学术传奇：其毕业论文的篇幅为空前的383页，

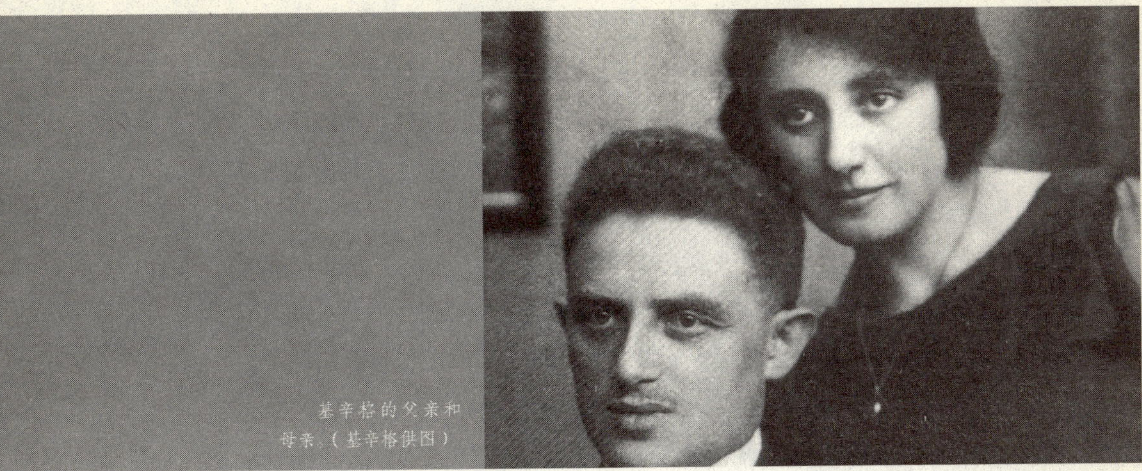

基辛格的父亲和母亲。（基辛格供图）

以至于校方不得不出台了一个“基辛格规则”，规定以后毕业论文的长度不得超过基辛格论文的三分之一。

在哈佛攻读博士学位阶段，基辛格开始逐渐形成了自己的政治哲学。他的博士论文选题不是当时热门的核武器问题，而是19世纪的两位政治家——奥地利大公梅特涅（Metternich）和英国的卡索里（Castlereagh），论述他们如何在拿破仑帝国崩溃后建立起欧洲新的势力均衡。

论文反映出基辛格与其他同学的不同之处：他更倾向于从历史的探索中，找到对当今世界有益的东西，也就是我们说的以古鉴今、古为今用。从他的博士论文中，也能看到他后来政治主张的影子，那就是：外交的主要目的是维护稳定，而实现稳定的重要手段就是大国之间要保持势力的均衡。

美国前驻华大使芮效俭（Stapleton Roy）分析道：“基辛格不赞成通过干涉、操纵或者战争的方式来达到权力的均势。他认为，国家应该相互建立关系，防止出现一个与本国利益相悖的超级大国。”

一些基辛格研究者认为，正因为他经历了动荡的童年，所以他所主张的政治哲学是始终把世界局势的稳定放在了首位。玛格丽特·麦克米兰教授就持这样的看法：“个人经历在很大程度上影响了基辛格。他认为稳定是压倒一切的，只谈意识形态是危险的，而构建一个均势世界则是非常重要的。”

毕业后，基辛格在母校哈佛任教了一段时间。1969年尼克松就职总统后，基辛格被任命为国家安全事务助理，从此开始了他的白宫岁月。

就在基辛格进入白宫后不久，很快就有了一个让他实践自己政治主张的机会。

1969 年 3 月 2 日、15 日和 17 日，中国和苏联在珍宝岛先后发生三次较大规模的武装冲突，这也是中苏两国矛盾长期摩擦的结果。由于中方预先有准备，苏方损失不小，被毁坦克、装甲车达 17 辆。苏联领导层反应十分强烈，一些军方强硬派主张一劳永逸地消除中国威胁，要对中国的军事、政治等重要目标实施"外科手术式核打击"。

得知此事后，尼克松在同基辛格等高级官员磋商后认为：西方国家的最大威胁来自于苏联，而一个强大中国的存在是符合西方战略利益的。

1969 年 7 月，尼克松访问亚洲，在关岛发表了讲话。此后，这次讲话被扩展成为尼克松主义。其中的一个观点是：如果一个核国家对于美国的盟国，以及对美国的利益具有至关重要影响的国家发动核攻击，美国是不能允许的。

1969 年 8 月，在加州 St.Clemente 尼克松的西部别墅，尼克松和基辛格，还有国家安全委员会的一批官员举行会议。

根据基辛格的回忆，当时尼克松说：我们觉得，不能允许苏联去粉碎中国。

基辛格说，我完全同意总统的观点。

这个观点说出来后，下面是大吃一惊，因为尼克松似乎是把一个美国长期以来看成是主要对手的国家的继续生存，视作是美国一个非常重要的利益。所以，从这个意义上来说，尼克松政府或者说基辛格本人当时在防止苏联采取极端的，或者说非理性的行动方面，具体来说就是对中国进行核打击的问题上，发挥了限制作用。

苏联人终于放弃了对中国实施核打击的想法。1969 年 10 月 20 日，中苏

【珍宝岛自卫反击战】

珍宝岛自卫反击战是中国人民解放军边防部队在珍宝岛击退苏联军队入侵的战斗。珍宝岛位于黑龙江省乌苏里江主航道中心线中国一侧，历来为中国领土，当地居民祖祖辈辈在这里从事生产活动，中国边防军也一直在这一地区执行巡逻任务。自 20 世纪 60 年代初期后，随着中苏关系的不断恶化，中苏边界开始多事。60 年代中期后，苏联不断对中国实施军事压力和威胁，在中苏边界上挑起事端，多次制造流血事件。

1969 年 3 月 2 日，苏军出动七十多人，分乘二辆装甲车、一辆军用卡车和一辆指挥车，从苏联境内分路向珍宝岛急进，打死打伤中国边防巡逻人员多人。中国边防巡逻分队被迫进行自卫还击。经一个多小时激战，中国边防部队击退了入侵珍宝岛的苏联边防军。3 月 15 日凌晨，苏军边防军炮击中国境内纵深地区。中国边防部队同入侵苏军共激战九个多小时，胜利地保卫了珍宝岛。17 日，苏联边防军又出兵往岛上埋设地雷。中国边防部队以炮火将其击退。

珍宝岛自卫反击战，中国边防部队用鲜血和生命维护了国家的主权和尊严。

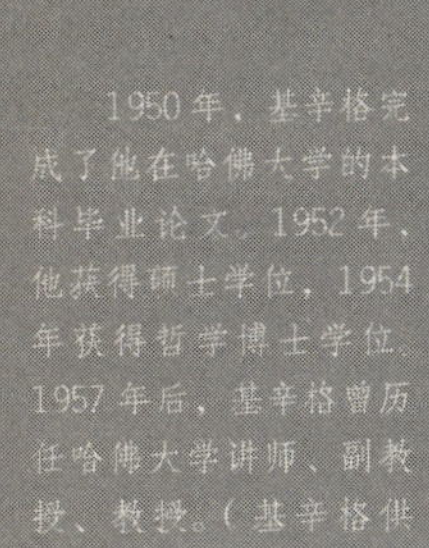

1950年，基辛格完成了他在哈佛大学的本科毕业论文。1952年，他获得硕士学位，1954年获得哲学博士学位。1957年后，基辛格曾历任哈佛大学讲师、副教授、教授。（基辛格供图）

边界谈判在北京举行，由珍宝岛事件引发的紧张对峙局面开始缓和，中国面临的一场危机也随之化解。

主张世界多极化和保持强国之间的势力均衡，这是尼克松和基辛格共同的政治理念。两年之后，也是在两人的共同推进下，才促成了中美两国之间的破冰之旅。

◎ 破冰之后

破冰之后，尼克松曾表示，要在他的任期内完成中美建交的大业，可万万没有想到，美国政坛随后出现了一系列变故。就在尼克松访华后的四个月，1972年6月，“水门事件”披露。

1974年8月9日，尼克松成为美国历史上第一位辞职的总统，黯然告别政坛。副总统福特继任，中美建交的事，暂时被搁置起来。

【水门事件】

水门事件（Watergate scandal）是美国历史上最不光彩的政治丑闻之一。

在1972年的总统大选中，为了取得民主党内部竞选策略的情报，1972年6月17日，以美国共和党尼克松竞选团队的首席安全问题顾问詹姆斯·麦科德为首的五人，闯入华盛顿水门大厦民主党全国委员会办公室，在安装窃听器并偷拍有关文件时当场被捕。

在随后的调查中，尼克松政府里的许多人被陆续揭发出来，并直接涉及尼克松本人，从而引发了严重的宪法危机。1974年8月8日，尼克松宣布将于次日辞职，成为美国历史上首位辞职的总统。

基辛格　美国前国务卿

在尼克松剩余的任期内，我们经历了一次巨大的国内危机——水门事件。在那种情况下，要提出和中国建立正式外交关系几乎是不可能的。然后，新一届总统上台了，这需要两到三年的时间让国会来准备方案，而国会一直以来就认为中国是我们的敌人，由此，中美正式建交的进程才被推迟了。但是，中美之间的关系，无论是在尼克松时期还是福特时期都一年一年地不断改善；最后到了卡特时期，双方建立了正式的外交关系。

坚冰虽被打破，但航道还未开通；中美建交的谈判仍在缓慢而秘密地推进着。在纽约44街的一幢小别墅里，中国首任驻联合国安理会代表黄华与基辛格进行着密谈，过家鼎作为中方笔录也见证了这一年多的秘密会谈。

过家鼎　基辛格秘密访华期间中方笔录

我们那时候已经买了一栋楼，在林肯中心10层楼的一个旅店，下面有车库。基辛格派一辆很次的旧车，开到车库里边，我们就从车库上车。车开出去，到44街门口，停在那儿，然后我们就上去。他（基辛格）和洛德两个人在那儿等着，有点心、咖啡；然后就谈，谈完了就走。就这样，维持了一年多的时间。

到了1973年，中美互相在对方的首都建立了联络处，起到了临时大使馆的作用。

基辛格　美国前国务卿

我们在双方的首都均建立了联络处，基本上可以算有外交关系了。那个时候，联络处实际上和大使馆差不多。

卜励德成了第一批派驻中国的美国官员，谈到这个，他感到十分自豪："我们是23年来第一批常驻中国的外交官，我的工作是加强两国的联系。我们仍然讨论一些基础问题，如贸易、旅游和投资。"

同年，基辛格被任命为国务卿，这是一个外国移民在美国政界所能坐到的最高交椅。担任国务卿后，基辛格每年都要到中国来进行建交的谈判。

1978 年，芮效俭被任命为美国驻中国联络处副代表。他见证了当年谈判的艰辛，其中最大的难题还是台湾问题，“我们当时与台湾建交并承认蒋介石政权，所以，与中国谈判和承认中国就十分困难。”

在 1974 至 1975 年间，时任国务院副总理的邓小平为促进中美建交，还与基辛格有过多次的外交交锋。

基辛格　美国前国务卿

我记得有一次晚宴，我坐在邓小平旁边。他讲起自己的想法，他不是跟我说，他其实是在跟别人说，其他人变得非常安静。我之所以提到这一点，是因为这很神奇。这位政治领袖所提到的，后来都实现了。几乎所有他的预测，都在他有生之年实现了。他创造了 20 世纪 90 年代中国发展的腾飞时期，但这也带来了新的挑战。

最终，在卡特总统（James Earl Carter）执政时期，中美双方终于达成了协议：美国同意与台湾断交，并从台湾撤军；但是，在对台军售问题上，美国不肯做出让步。

芮效俭　美国前驻华大使

邓小平同意两国建交，尽管在军售问题上意见还是不一致，当时我也在场。从中国立场来看，这是一个大的让步。

对台军售问题，直到中美两国建交三年后的 1982 年，才在《八一七公报》

【八一七公报】

《八一七公报》的全称是《中华人民共和国和美利坚合众国联合公报》，简称《中美联合公报》。中美建交时，对台湾军售问题因未达成共识而搁置。里根上台后，双方经过长时间的谈判，于 1982 年 8 月 17 日达成协议，发表公报。除重申美国承认中华人民共和国政府是中国唯一合法政府，并认知只有一个中国，台湾问题是中国内政问题，美国无意执行“两个中国”或“一中一台”政策外；主要强调美国不打算长期向台湾出售武器，而向台湾出售的武器在性能和数量上将不超过中美建交后近几年供应的水准，美国将逐步减少对台军售。经过一段时间，最终解决该问题。

这一公报是中美三个联合公报中唯一专门针对台湾问题的，也是三个联合公报中争议最大的一个。《八一七公报》的达成，使当时紧张的中美关系得到缓解，使中国在国际上有了更大的回旋余地。

尼克松与基辛格。1973年9月22日基辛格宣誓就任美国国务卿后所摄。当尼克松牵连于水门丑闻中，执掌外交事务的基辛格的这项任命，被视为一项绝对必要之举。（资料片截图）

中得到解决。

1979 年 1 月 1 日，中美两国正式建交。而作为中美关系破冰者的基辛格，却在 1977 年退出政坛。对于没能最终亲手促成两国的建交，基辛格说他并不感到遗憾。

基辛格　美国前国务卿

我对自己能做成这样的事情非常自豪，而且，我觉得这是一笔很大的财富，对美国总统和两个政党来说都是有益的。

对于基辛格这位中美关系的破冰者，美国前劳工部长赵小兰（Elaine Chao）始终心怀感激，“正因为他当初的中美破冰之旅，我们一家才得以团聚。千千万万的中美家庭也得益于此。”

退出政坛后，基辛格仍致力于改善中美之间的关系，成了两国的民间大使。1982 年，基辛格创建了基辛格咨询公司，因为很多大公司的经营者们都希望亨利·基辛格为他们的业务带来国际化视野，告诉他们“怎样在中国做生意”。

基辛格对中国的了解也越来越深入，甚至对中国的当代艺术也产生了浓厚的兴趣。当然，他是从一个外交家和政治家的眼光来欣赏艺术的。

虽然离开了政界，基辛格对国际政治的影响力依然不可小觑。他对里根政府和布什政府的外交政策均产生过重要的影响，尤其在中美关系上，他依然是美国政府的重要智囊。

基辛格　美国前国务卿

我认为，现在的局势和冷战时期已经大不相同了。冷战时期，美苏之间是对立的关系，而中国，在我秘密访问之前是整个被排除在国际体系之外的。而现在的局势是，我们还要处理诸如核武器扩散之类的问题，但彼此并不存在明显的、难以跨越的对立关系。

现在中国和美国在核武器扩散等问题上具有相似的考虑，并且双方在这些问题上已经开始了合作。我们都通过在联合国安理会的投票，尝试着将这些问题摆上议事日程，并且双方都在实施已达成的协定。这和 1971 年时的情况相反，现在美国和中国是伙伴，要共同面对一些困扰。

现在的国际局势，已经不是一个国家和另一个国家的敌对问题了，而是一个全球性的问题。

根据芮效俭的回忆，在1991至1995年他担任美国驻华大使期间，基辛格每年都要到中国来，每次来都要花上好几小时向他详细了解中国以及中美关系的情况。

在1989年后的几年里，中美两国的关系也经历了一些起伏，有时甚至还会落到冰点。在“中国驻南斯拉夫使馆被炸”和“中美战机相撞事件”发生后，基辛格曾多次访问中国，并呼吁保持中美之间的正常交往。

基辛格　美国前国务卿

我们的关系确实有紧张的时候。这两个事件从某种意义上说是意外，谁也不想造成那样的后果。在这两件事中，我已经尽我所能来平息事态。我当时以非正式的方式访问了中国，并且尝试去促进双方达成谅解，因为我认为，中美之间的冲突对于双方都是不利的。而我作为第一个来中国的美国官员，有这个责任去维系这种关系。

在这个相互关联日益紧密的世界，一定会有不同意见。问题是我们无法避免所有的争吵，但是我们可以避免它们失控。

芮效俭　美国前驻华大使

基辛格认识到中美关系的重要性。1989年秋天，他会见了邓小平，后来我在中国的时候，他又去了一次。当时，中国没有很多美国高层访问者，所

【中国驻南斯拉夫使馆被炸】

当地时间1999年5月7日午夜，以美国为首的北约悍然用导弹袭击中国驻南斯拉夫联盟大使馆，造成三人死亡，二十多人受伤，使馆建筑被严重毁坏。袭击事件发生后，世界舆论为之哗然，国际社会和世界人民纷纷对北约轰炸中国驻南使馆这一野蛮行径予以强烈谴责。

【中美战机相撞事件】

中美撞机事件发生于2001年4月1日。一架美国海军EP-3型侦察机在中国南海执行侦查任务，中国海军航空兵派出两架歼－8II战斗机进行监视和拦截，其中一架僚机在中国海南岛东南70海里上空与美机发生碰撞。中国战斗机坠毁，飞行员王伟跳伞后下落不明，后被中方确认死亡，而美国军机则迫降于海南岛某机场。

以，我认为他的来访是十分有帮助的。

正因为有这样的接触，芮效俭和基辛格两人结下了不解之缘——芮效俭后来成为了基辛格咨询公司的总经理。

在芮效俭眼中，基辛格是一个对下属要求严格的上司。他永远用一个外交家的眼光来看问题，哪怕是在处理一些非常琐碎的问题时也是这样："工作时你要保持警惕，因为他会突然询问你对某件事的看法。他要求严格，欣赏高质量的工作，不喜欢犯错和低质量的工作。"

基辛格已经成为中国人民的老朋友。他退出政坛后还多次访华，都受到了中方高规格的接待和人民热忱的欢迎。他多年来一直不懈地致力于改善中美两国关系，因为他认为中国在当今国际政治格局中的地位日益重要，他主张中美两国领导人应该定期会晤，加强沟通。

基辛格　美国前国务卿

这个世界面临许多新问题，比如说武器激增、环境问题、气候变化，还有能源问题等等，对于国际体系来说都是新情况。而中国和美国正在寻找一条合作的道路。双方的领导人已经在今年（2009 年）会面了，7 月底的中美战略与经济对话在华盛顿举行。这是新一轮双边关系的深化，我认为这是非常有前景的。

一个完美的世界秩序，是一个能够让大部分国家十分满意的环境，这样他们就能通过和平的方式来解决争端。这个世界很复杂，全球人口在不断增长，仅靠一个国家是不能够左右世界秩序的。

今天，中国和美国都面临着特殊的责任。我们是最发达的工业国家，虽然现在领先的程度大不如从前，而中国是最有活力的发展中国家。这两个隔着太平洋相望的国家，拥有世界上大部分的人口；两国目前的责任就是要密切合作。我很高兴地看到，我们在这一点上正不断进步。

如果说，基辛格过去致力于改善中美关系的努力更多是出于国家利益的考虑，现在，在逐步接触中国和中国人民后，他对这个国家生出了感情。

2009年7月，上海外语频道记者在纽约拜访基辛格。得知他将为美国申办2018年和2022年世界杯足球赛举办权，摄制组将一尊精心准备的中国古代女子蹴鞠铜像送给了这位耄耋老人，祝愿他申办世界杯顺利。

基辛格　美国前国务卿

我热爱中国人民也热爱中国文化，作为一名历史专业的学生，我被中国深深折服，这是世界上唯一能够拥有4000年不间断自主统治历史的国家，这是非常了不起的。我也非常欣赏中国朋友所展现出的优秀品质，他们忠诚、有责任心，而且非常智慧。

当然，一个人不能基于个人因素来考虑国际关系的问题，我也是考虑到客观的情况。现在全世界都面临着金融危机，危机触及人类生活的方方面面。只靠一个国家来解决是不可能的，而必须从中国和美国的共同合作来入手。

从很多方面来看，美国近几年的消费是由大量的中国贷款支撑的，而中国的出口市场主要是美国，这是基础，是世界经济继续发展的基础。而现在这些变了，因为客观条件发生改变了，因此，对于我们两国来说，如何弥补这次大萧条中出现的不足是非常重要的，然后，我们才会有更大的进步。

我们问及他成功的秘密，基辛格略作沉思，然后答道："我父母教育我，一旦我认定一件事是重要的、可以做出贡献的，那就要好好去做。这句话要永远记住。我现在是八十多岁的人了，我做了我应该做的。别人大可对此作各种评说，但是，我不会去评说自己做过的一切。"

（本文图片除署名外均由ICS提供）

【编导手记】

我们的“破冰之旅”

雷　霖　刘　炜

2009 年 9 月 27 日晚八点，上海外语频道十集大型纪录片《中国通》开篇之作《基辛格》与观众见面了。接到采访和制作这一节目的任务，也不过是 9 个月前的事情。

拨出第一个越洋电话，发出第一封邀请信，敲定第一位受访人物。尝试无数的采访邀请被婉言谢绝，无数的希望转瞬变为无奈，无数的邮件石沉大海，无数的约定被一改再改！每每这时，真的感到无助、失落，甚至濒临崩溃。但我们不放弃不抛弃，坚持就是胜利！

2009 年 4 月，我们得到一个天大的好消息，基辛格博士将在 5 月前往澳门理工大学演讲。我们在第一时间联系了活动的负责人，成为了第一家接洽的媒体。

2009 年 5 月，我们来到澳门。此时，仍没任何关于能否进行专访的回复，意外获悉基辛格在澳下榻的酒店后，我们就立马前往守候。我们的出现，引起了酒店安保和周围警察的密切关注，看我们久久逗留，要我们马上离开。就在磨蹭时，转机出现了，我们遇到了前外交部长李肇星，他答应为我们引见基辛格。说话的工夫，基辛格出现了，李部长热情地为我们介绍，这是我们第一次与基辛格近距离接触。

基辛格出现在记者招待会上，我们的提问是直接发出专访邀请："基辛格博士，我们是上海外语频道的编导，我们六人追随您的脚步，从上海来到澳门，希望有机会能够采访到您。"

那一瞬间，整个会场鸦雀无声。基辛格微微一笑，"好的，我答应你们。"

"什么时候比较方便呢？"我们步步紧逼。

基辛格笑了，"放心，当着台下那么多记者的面，我不会食言的。"

2009 年 7 月 1 日下午一点，距专访基辛格还有三个小时，我们就赶到了北京国际俱乐部饭店。早早地候在提前预订好的会议室，并对室内重新布置以达到最佳的录制效果。两台高清摄像机位置锁定，一台便携式小高清准备抓拍，灯光和录音就位，三架数码相机也没闲着。

下午四点钟是约定的采访时间，基辛格走了进来。他神情认真，步履轻松，那副标志性的框架眼镜后面，是一双可以洞察一切的眼睛。

“看，我说到做到！”基辛格那浑厚的男低音，伴随淡淡的德国口音。当发现特意给他准备的水和点心时，他微微一笑：“太好了，这正是我需要的。”

采访后，我们叙述了曲折的联络过程。基辛格略微惊讶，随即发出了爽朗的笑声：“看来，我身边的人你们都找了个遍！”

由于基辛格此行日程安排十分紧张，30 分钟的时间实在太少，我们提出前往美国拜访，老人欣然应允。他仔细盘算了自己 7 月份的行程，对我们的日程提出了建议。

2009 年 7 月 19 日，我们来到了华盛顿。美国的高差旅成本让我们节省一切可节省的开支，住到了离拍摄地驱车需两个多小时的酒店，连出机场的几美金行李车钱都不舍得花，将全部设备及行李往肩上一扛，穿梭于芝加哥、纽约、华盛顿之间。在美国，我们的大部分时间是在飞机、汽车上度过的。

当然，我们的主人公基辛格博士也让我们享受到了辛苦后的愉悦！在他纽约的办公室，他非常愉快地接受了我们赠送的铜质古代蹴鞠雕像，开心地将礼物向所有部门的员工展示了一番。

这个礼物是我们精心挑选的。在得知基辛格正在参与美国申办世界杯举办权后，我们特地从山东——中国足球的发源地订制了一尊古代女子蹴鞠铜像，希望能够给他带来好运。

鲍勃·霍克

——中澳关系的总工程师

Bob
Hawke

1953年，霍克毕业于西澳大学，并获得了法律和艺术双学位，同年被选为罗德学者，被派往牛津大学留学。在牛津大学学习期间，霍克创下了11秒喝下2.5品脱（1.42升）啤酒的当时吉尼斯世界纪录。（霍克图书馆供图）

鲍勃·霍克 Bob Hawke

1929年12月9日出生于澳大利亚南澳州博德敦。

现年82岁的霍克为澳大利亚前总理（任期1983–1991年）。自1978年首次访华后，30年间他先后八十多次访问中国。作为亚太地区政界领袖，他推动了亚太经合组织的成立，被称为“APEC之父”。同时，他也推动了被誉为东方达沃斯的亚洲博鳌论坛的成立。

Bob Hawke

◎ 首次访华

1972 年 12 月 21 日，中澳两国建交。从此，双边关系顺利发展。

现任澳大利亚国立大学中国学院院长的理查德·瑞格比（Richard Rigby），20 世纪 70 年代中期，曾经在澳大利亚驻中国大使馆工作。1978 年，时任澳大利亚工会理事会主席的鲍勃·霍克首次访华时，他担任陪同翻译。他回想起 1972 年的中国，“总是有一段《白毛女》的旋律在耳边回荡”。在他的记忆里，“（人们穿着）十分沉闷的制服，每个人都穿着那样的衣服，没有穿着时髦的女士。整个国家没有任何广告，全都是土褐色的衣服，完全不像现在人们提及中国时通常会有的兴奋感。”

1978 年的首次访华，令霍克对这个遥远的国度和那里的人们印象深刻。不过令他印象最深刻的还是一位中国领袖，他的远见和决策改变了这个国家，甚至改变这个世界。他就是邓小平，这场伟大变革的缔造者。

霍克　澳大利亚前总理

当时，对他外表的主要印象是他很矮小，但更显而易见的是他巨大的个人魅力。他非常自信，但绝无傲慢。当你和邓小平谈话时，便可得知你在和一位真正清楚了解自己国家和人民的领袖对话。他对于中国的发展方向很有主张，但同时也是个非常务实的人；他知道当时国家的能力有多大，知道量力而行。他是我整个政治生涯中所接触过的领袖中，令人印象最深刻的人物之一。

理查德·瑞格比　霍克首次访华随行翻译

具体内容没什么大秘密，没有比较敏感的题目，就是高级官员、最高领

1984年11月，霍克夫妇访问中国的小学。自霍克当选总理后，先后于1984、1986年两次访问中国。霍克的第一任夫人Hazel \Hawke \（左一）也多次陪同来访。（霍克供图）

导谈论的双边关系的重要性。彼此要互相合作，在这些领域注意发展关系，还有就是听邓小平讲一讲他自己对改革开放政策的观点。听他讲，特有意思。邓小平给人的印象非常深刻。

一进那个屋子，我就怔住了，他的气场特别特别强。有这样的人。我能想到有几个自己国家、其他国家的领导人，多多少少有点那个味儿；但没有一个像邓小平一样，坐在那儿发出的那个威力。他说话有力度，不说话也有那个力度。就是那种气场。

1978年首次访华之后，霍克对中国的发展以及中澳关系的未来更加充满信心。在霍克与理查德·瑞格比共事期间，他早已预见到中国的崛起以及中国对于澳大利亚的重要性。瑞格比阐述了霍克当时的观点："中国一旦改革开放，迟早要代替日本，而且要超过日本。当然，日本对我们来说还是很重要，可是中国会更加重要。所以说，日本要当我们十几、二十几年的合作伙伴，而中国要做一个世纪的合作伙伴，甚至时间更长。"

澳大利亚驻中国大使芮捷锐（Geoff Raby）也认为霍克是很有远见的："他看到了未来的发展趋势。他勇于调整政策来适应这些趋势，他比任何人更适合这个称号，他才是'中澳特殊双边关系的总工程师'。"

霍克　澳大利亚前总理

我那时候就非常肯定，中国将保持非常快的发展速度，将会改变其自身

霍克及第二任夫人布兰奇（右一）。布兰奇曾是霍克的传记作家，她在传记中预言霍克将成为澳大利亚总理。该传记在霍克1983年当选总理前的几个月出版，引起极大轰动。（霍克供图）

的结构，进而会改变我们整个的环境。但是，当时任何人都无法预料，中国会保持10%的年平均增长，但这一切就实实在在这样发生了。

历史证明，霍克的判断和决策是正确的。到2007年下半年，中国就取代日本成为澳大利亚最大的贸易伙伴——澳大利亚成为中国的第九大贸易伙伴，中国则是澳大利亚的第二大出口市场。

◎ 总理之路：亚洲中心

20世纪70年代末霍克担任澳大利亚工会理事会主席一职时，结识了作家布兰奇·达尔夫（Blanche d'Alpuget）。当时，布兰奇受邀为霍克撰写传记。在多年的接触了解之后，布兰奇成为霍克的第二任妻子。

当时的布兰奇并不认识他，甚至不知道霍克的名字，还以为他叫罗宾。因为她已经很久不住在澳洲，没有意识到霍克实际上是那么有名。

尽管如此，很快她就察觉到霍克独特的领导能力和政治潜力。除了霍克母亲之外，她是第二个预言霍克将成为国家总理的女人，并且，她还大胆地将这个预言写进了她的书中。

布兰奇·达尔夫　霍克夫人

他第一次读手稿时被吓到了，书中对他的描述非常直接而坦诚。你不妨想想，当时的他正处于事业的重要时期，他正在计划、期盼着成为总理，这本书史无前例地透露了他的缺点和抱负。

1983年3月，在布兰奇·达尔夫所著的《霍克传》面世后不久，霍克便当选为澳大利亚第二十三任总理。

霍克　澳大利亚前总理

当选当天非常巧，恰好是我父亲85岁的生日。他对我说，这可能是世界上儿子可以给予父亲的最好的生日礼物了。

我知道上帝赋予我才智，而我从父母那里获得激励，并充分发挥了我的天分。这不仅仅是为了我自身价值的体现，更是为了能为其他人做些事情。

1983—1991年间，霍克这位工党领袖成为澳大利亚历史上迄今任期最长、支持率最高的总理，并且连续赢得了四届联邦选举的胜利。这在澳大利亚历史上是极为罕见的。

霍克　澳大利亚前总理

成为一国的总理，当然是不得不提的值得骄傲的事情。它的满足感，不仅仅来自于成为总理这一事实，而更多是因为成为总理，你就能做很多事情，你的所作所为会影响你的国家。

布兰奇·达尔夫　霍克夫人

他改变了这个国家，他让这个国家变得更加文明，我认为这很重要。他为普通人创造了更好的生活，这是国内第一要务。在世界舞台上，澳大利亚更加国际化了，无论是在本地区还是在世界范围内，他都大大提升了这一点。

1983年，霍克当选为总理后不久，便立即组建了内阁。这些人和霍克一样，都拥有着不凡的国际政治远见。他们认为，与以往任何时期相比，澳大利亚的未来将会更紧密地与亚洲联系在一起。而在众多亚洲国家中，中国则尤为重要。

罗斯·加诺特（Ross Garnaut）便是其中的一位，他是当时霍克政府班子里重要的高级经济顾问，1985—1988 年担任澳大利亚驻中国大使，他是霍克对华政策的最佳代表和最坚定的拥趸。当时，他正在做关于中国经济的调查分析，当政才第一个月的霍克总理对此很有兴趣。

霍克　澳大利亚前总理

1983 年，我一当选总理后就阐述了澳大利亚的未来。从早年政治生涯开始，我就一直致力于发展澳大利亚和亚洲的关系，因为我看到了世界经济的中心将从大西洋地区，即美国和欧洲转移到太平洋地区，即亚洲。如果澳大利亚为他的人民考虑，就应该和亚洲各国发展良好关系，尤其是中国。

当选总理后不久，霍克就开始筹划他对中国的第一次国事访问。

芮捷锐在罗斯·加诺特任澳大利亚驻华大使时，为使馆的高级经济外交官，现任澳大利亚驻中国大使。令他记忆深刻的是每年 11 月的北京，早晨醒来时，便会发现马路边上堆满了白菜，那是当时人们过冬的蔬菜。街角小山般堆起的白菜，预示着冬天的来临。

1984 年冬天，当白菜又一次进入芮捷锐视线的时候，霍克开始了他走马上任后对中国的首次访问。

20 世纪 80 年代，中澳两国都在经历着史无前例的经济改革。自 1978 年改革开放之后，中国正逐步开放并大力发展重工业，尤其是钢铁工业。而霍克政府也在实施一系列改革措施，其中一项重要举措就是以减轻关税推动贸易自由化。因此，两国都在积极寻找互补型的合作伙伴。

中澳问题专家侯敏月分析道："澳大利亚的确是资源丰富的国家，但是资源是埋藏在地下的。拥有丰富的资源，并不一定意味着这个国家就一定富有，因为需要资金、技术，更重要的是需要市场来开发这些资源。最开始时，他们的资金来源和市场是英国，接下来是美国和日本，现在轮到了中国。这点毫无疑问。"

芮捷锐　澳大利亚驻中国大使

霍克预见到中国将对铁矿石有很大的需求，而我们需要中国方面对澳方的投资。因为当时我们的资金不足，还不足以开发这些资源，所以，当霍克来到中国，便与当时的总书记胡耀邦谈到对澳进行铁矿石的开采投资。

1986年，霍克再次访华。此次访华的行程安排非常丰富，他访问了四川、江苏和北京等地。

罗斯·加诺特　霍克政府高级经济顾问

霍克非常热衷于向澳大利亚民众展示中国的变化，所以，我们所有的筹备工作都是围绕这一点。他访问了中国各地，所有这些行程都在澳洲国内播出，所以，澳洲民众了解到发生的一切。我们为此做了大量准备工作，以确保可以向澳洲民众展示中国的改革是多么重要，这场改革将怎样改变我们生活的世界，以及这一切将创造怎样的机遇。

民众的反响相当积极，霍克是个受欢迎的总理。当他访华之前，他的支持率是74%；当他返回澳洲后，他的支持率达到了75%。访华前后的支持率都很高，显示了他为澳洲民众带来了对中国改革的正面看法。

霍克是众所周知的体育迷，他精通板球、网球和高尔夫。他不仅在运动场上结识了许多世界级的领导人，还经常和其他政界领袖在球场上斡旋磋商，达成共识，其中也包括中国领导人万里。

在1985年的一次北京之行中，当时的副总理万里邀请霍克打了一场网球。结果，霍克组合0：3负于万里组合；同年，万里应霍克总理邀请访问澳州，霍克以同比分扳回一城。这次访问作为一次成功的“网球外交”而被传为佳话。

在后来历时数月的政府高端会谈后，中澳两国共同宣布建立部长级经济联合委员会，与此同时，中国副总理万里展开了为期八天的对澳国事访问。双方签署联合声明，由澳大利亚议员约翰·布腾（John Button）和中国国家经委主任吕栋签署。部长级经济联合委员会每年召开，以探讨和加强双方合作，同时促进双方科技与经济领域的交流。

罗斯·加诺特在回忆当时两国开展全面合作的情况时，还补充道：“不仅是外贸有这样的沟通，还包括文化教育交流，我们大受鼓舞。因为当时澳洲政府所采取的一些举措，中国方面都相当积极地给予了回应。”

可以说，20世纪80年代中澳高层官员间的频繁互访，极大地推动了两国间的经济合作。80年代中国最大的两笔投资项目都落户于澳大利亚。

罗斯·加诺特　霍克政府高级经济顾问

霍克执政期间，中澳双边互补合作得到进一步拓展，包括铁矿石和其他各个领域的合作。这些项目都是改革的先锋，这些项目的运行，使得中国其他企业能够以此为参考进行海外投资。这些是真正的改革先锋，我认为，这夯实了改革开放政策，也促进了中澳贸易的发展，这对双方都有好处。

帕尔·阿鲁瓦理亚（Pal Ahluwalia）教授现任南澳大利亚大学副校长，他对霍克政府及其政策颇有研究。在他多次对霍克的采访研究中发现，霍克对亚洲，尤其是中国的特殊情感，不仅仅基于他的政治远见，更是建立在一种政治亲缘，或者说是一种政治友谊的基础上。

帕尔·阿鲁瓦理亚　南澳大利亚大学副校长

他非常细心、体贴，当他还是西澳的学生时，就和许多亚洲学生有交往，这在当时并不寻常。我这里谈到的亚洲人，是指来自亚洲各国的华人，而非英国人定义的亚洲人。当时，白澳政策仍然盛行，但是他仍和许多亚洲人交往，许多华人到他家吃饭作客，这就是我所谈到的“政治亲缘”。

霍克　澳大利亚前总理

老实说，我的前任惠特拉姆，他是1972年当选总理的，1971年就曾经访问中国。这里面有个很有意思的故事：当时，他被保守党的党魁攻击，被描述为访华的共产主义分子，而同一时期，基辛格也正在为尼克松访华做前期准备。1972年，惠特拉姆当上总理后，他便立即与中国建交。

我对于惠特拉姆的这些具有开创意义的工作表示敬意，不过，说起发展两国关系的实质性工作，那可是从我执政时期才开始的。

【白澳政策】

澳洲白人政策是一项种族主义的移民政策，它主要针对亚洲移民，在19世纪的澳洲实行。直到1973年，才由惠特拉姆（Edward Gough Whitlam）的工党政府终止了这项政策。霍克一直是这项政策的强烈反对者。

1929年12月9日，霍克出生于澳大利亚南部的一个普通人家。霍克小的时候，母亲便对他说："总有一天，你会成为这个国家的总理！"1983年，母亲的预言得到了证实。（霍克图书馆供图）

◎ 声名鹊起

在过去的半个世纪里，鲍勃·霍克以自己独特的方式，令一个时代的澳大利亚人为之倾倒。作为澳大利亚第二十三任总理，霍克一直生活在公众视线里，他是一流的板球手，是"罗德奖学金"获得者，同时，他更是一位政坛斗士。在他的政治生涯中，拥有过许多荣耀，他的领袖风采令整个澳大利亚折服。自从1985年澳大利亚引入选举制度以来，总理支持率达到75%这个数字是最高的。霍克创造了一个神话并将这一纪录保持至今，堪称澳洲历史上最受欢迎的总理。

1929年12月2日，霍克出生于澳大利亚南澳州博德敦。霍克的父亲是一位神职人员，母亲是一位热衷于教育事业的教师。他从小就受到双亲的深刻影响。

霍克　澳大利亚前总理

若是谈起我的童年时期，最重要的莫过于双亲对我无尽的关爱。他们爱我、鼓励我，那时候，他们就总是说，孩子应该受到鼓励；他们总是鼓励我更多地表达自己。

（我的母亲）她告诉我，你很幸运。你天生聪明，但你必须运用你的才智，发挥你的才智。当我进入小学后，学习课本上的知识对我来说易如反掌，但她要求我拿到小学奖学金。她总是推动我前进，而我也因此对自己充

霍克的父亲Clem \Hawke（右二）及母亲Ellie \Hawke（左二）。霍克称自己的性格形成及后来所有的成就都来自于父母的鼓励和支持。（霍克图书馆供图）

满自信。

不过，要说起霍克的历史使命感和步入政坛的决心，这一切都始于18岁那年他遭遇的一场严重的摩托车车祸。

霍克　澳大利亚前总理

当时我意识到，自己距离死亡是如此之近。这可能是我生命的转折点。我决定这一生要把自己的能力用到极限。

霍克在学校里一直非常聪颖。1953年，24岁的霍克以优异的成绩毕业于西澳大学，取得了法律和艺术双学位；并于同年被选为西澳大学的“罗德奖学金”得主，被派往牛津大学留学。

南澳大学霍克中心主任伊丽莎白·侯（Elizabeth Ho）对霍克的个人经历十分了解，她谈道：“1953年他到了牛津后，发现奖学金项目所学内容和他在西澳大学的非常雷同。于是，他自己就改了专业，改为研究澳大利亚的工资评定系统。”正是在牛津大学读书的两年期间，年轻的霍克坚定了自己为工党及人民奋斗的志向和决心。

伊丽莎白·侯　南澳大学霍克中心主任

这是他人生中很重要的一次选择。他将他的政治人生与劳工阶层联系在一起，而也正是因为这一点，他当选为澳大利亚工会理事会主席。正是当时那些生活条件不太好的人民做后盾，霍克从而跃入公众视线。

霍克　澳大利亚前总理

在进入议会之前，我作为工会领袖就已在澳大利亚公众中拥有着相当的知名度。难怪许多人说，工会主席是澳大利亚第二重要的职位，仅次于总理。

那个职位需要接触澳洲和来自世界各地的工人，我忙于解决一系列跨国界的争端和问题。在人们眼中，我是一个谈判专家，是和事佬。

多年的工会领袖生涯，让霍克成为惠特拉姆政府中最突出的人物；无论是在国内还是国际事务中，他均有建树。难怪博鳌亚洲论坛秘书长龙永图与他开玩笑，说这位澳大利亚工人阶级的一份子是“我们的一份子”。

霍克　澳大利亚前总理

我是发自内心地喜欢和人民在一起，喜欢和他们打成一片，不仅仅只是做他们的领袖。在选举过程中，我也喜欢和他们在一起。我相信，如果人们能够感觉到你对他们是真诚、真心的，他们也会拥护你。

我年轻时，父亲就曾对我说：如果你坚信上帝之爱，那就必须坚信人与人之间的兄弟情义。这一点我一直谨记在心。

无论何时何地，霍克总能和各种人打成一片。握手，签名，拥抱，开怀大笑，他以他的独特魅力征服了民众。并且将这种自信而成熟的社交能力，广泛地运用于国际国内政治舞台，这使他如鱼得水。

◎ APEC 和博鳌论坛

每年 11 月左右，一些特别的照片会出现在世界各大媒体的显要位置。世界政坛的风云人物，都会在那一时刻穿着同样的服饰，站成一排，让媒体拍照。这一年一度的世界领导人聚会，便是亚太经合组织——APEC 会晤。而这一世界级会议的最初倡导者正是霍克。

1989 年 1 月，霍克出访韩国。他在韩国商业协会发表讲话时，提议召开亚太地区各国的部长级会议。当时，曾为中国入世首席代表的龙永图却认为要建立这样一个地区性的国际会议难度很大："亚太地区各国的情况都不一样，历史、发展水平、文化和价值观方面大相径庭；所以，要把亚太各国聚合在一起，是一项艰巨的任务。"

霍克　澳大利亚前总理

1989 年，我们做了许多工作，在很短的时间内完成了这些工作。我在 1989 年 1 月提出这个概念，之后 11 月在堪培拉进行了第一次会晤。在非常短的时间内，创立了一个国际组织。

最初的两届 APEC 会议，在澳大利亚的堪培拉和新加坡举行，并且取得了圆满成功。然而在当时，世界上最大的两个国家——中国和美国却还没有加入这个组织。

澳大利亚驻中国大使芮捷锐当时的主要工作之一就是安排非官方谈判。他坦承，当时主要的难题就是如何找到让中国和中国台湾双双加入 APEC 的途径，因为这其实是个敏感的政治问题。

霍克　澳大利亚前总理

当时有两个阵营，一个反对中国加入，另一个反对美国加入。我说现实点吧，谈到亚太地区，怎么可能不包括中美两国呢?

我运用了我的号召力。1989 年，我有个非常好的外交官，他拜访了很多个尚未成为 APEC 成员的国家。他干得很不错，他去了很多地方，帮我拜访了很多高级官员，然后我再给他们打电话，或者去拜访这些官员。

龙永图　博鳌亚洲论坛前秘书长

霍克和其他亚洲国家的高层领导人就建议，在将中国台湾视为经济体而非主权国家的前提下，我们可以接纳中国台湾加入 APEC。最终，我国作为

【APEC】

亚太经济合作组织（Asia-Pacific Economic Cooperation）的简称，是亚太地区最具影响的经济合作官方论坛，成立于 1989 年。宗旨是：保持经济的增长和发展；促进成员间经济的相互依存；加强开放的多边贸易体制；减少区域贸易和投资壁垒，维护本地区人民的共同利益。

霍克的家位于悉尼北岸，依山傍水而建。沿着自家铺设的山路下来，便是这个小小的游艇码头。

主权国家加入了 APEC；而中国台湾之后以“中华台北”的名义，作为经济体也加入了 APEC。每个人都知道，经济体不是主权国家。这个问题的成功解决，使得中国大陆和中华台北都进入了 APEC 的框架内。

芮捷锐　澳大利亚驻中国大使

我认为非常重要的一点是，当我们解决了加入 APEC 的难题，我们也找到了解决 WTO 问题的方法。加入世贸组织有很多法律条文的问题，在那之后，中国又经过了十年谈判才加入世贸组织。但是，至少中国在加入 APEC 的过程中，那些政治障碍消除了。

1991 年，中国终于加入了 APEC 大家庭。十年后，第十三届 APEC 在中国上海举行。

有“APEC 之父”美称的霍克，将 APEC 看成是自己的一个孩子；同时，他还有另一个引以为傲的孩子，那就是拥有“东方达沃斯”之称的博鳌论坛。

1997 年 7 月一个潮湿的夏日午后，一些特殊的客人来到中国海南省东岸

【达沃斯论坛】

世界经济论坛（World Economic Forum，WEF）是一个非官方的国际组织，总部设在瑞士日内瓦。其前身是现任论坛主席、日内瓦商学院教授克劳斯·施瓦布 1971 年创建的“欧洲管理论坛”。1987 年，“欧洲管理论坛”更名为“世界经济论坛”。论坛因每年年会都在瑞士的达沃斯召开，故也被称为“达沃斯论坛”，被认为是“非官方的国际经济最高级会谈”。

退休后的霍克生活多姿多彩，出海钓鱼，收获颇丰。（霍克供图）

的一个小渔村博鳌。他们是日本前首相细川护熙（Morihiro Hosokawa）夫妇，鲍勃·霍克和他的夫人布兰奇·达尔夫。

霍克　澳大利亚前总理

我的一位中国企业家朋友来找我，他当时正在开发一个宾馆和度假村。他想听听我的建议，是否能够在开发项目的同时，设立一个国际论坛。然后，我就有了这个想法，就是建立一个东方的“达沃斯论坛”，这就是我当时的描述。

这位中国企业家就是蒋晓松。

20世纪90年代中期，正在海南投资开发房地产的蒋晓松，产生了将度假村开发与国际经济论坛相结合的想法，然而，那时的海南博鳌还只是个风光秀丽的小渔村而已。蒋晓松说：“我当时在博鳌只有一栋32个房间的职工宿舍，我们当时开玩笑说这是‘贵宾楼’。霍克夫妇就住在职工宿舍，也没别的地方。”

布兰奇·达尔夫　霍克夫人

那是很有意思的一段经历。我们开进这个小渔村，当时那里什么都没

【博鳌亚洲论坛（Boao Forum for Asia 缩写 BFA）】

或称为亚洲论坛、亚洲博鳌论坛，由25个亚洲国家和澳大利亚发起，于2001年2月27日在海南省琼海市万泉河入海口的博鳌镇召开大会，正式宣布成立。

有，除了很漂亮的小河，古老的村庄。跨过圆形的门洞，看到摆放着先人牌位的祠堂，不知道这些现在是否还存在。

当天晚上，我们住在一个水泥坯的房间，房间都还没有刷过涂料，很简单的房子。很难想象，现在已经发展成这样了。

当天下午，一场九洞高尔夫球的酣战之后，他们就边烧烤边开始商讨创立博鳌论坛的事宜。

蒋晓松　霍克朋友

当时的大背景是东南亚金融危机，亚洲当时没有一个共同的平台，没有能够对全球，哪怕对区域性问题发出一个共通的声音，所以有这个需求。

接下来，霍克先生也做了一件很重要的事，当时觉得由他与细川两人发起"博鳌论坛"还是有些单薄，霍克提议，就当时亚洲的领导人来说的话，拉莫斯可能是比较好的人选。

1998 年，澳大利亚前总理霍克、日本前首相细川护熙和菲律宾前总统拉莫斯（前任博鳌亚洲论坛理事长）一起向中国政府提出了设立亚洲博鳌论坛的想法。这个想法很快就得到了当时的国家副主席胡锦涛的认同。

2001 年，亚洲地区正从 1998 年的金融危机中慢慢复苏。这一年，亚洲博鳌论坛正式成立，共有 26 个成员国。

蒋晓松　霍克朋友

作为联合国五个常任理事国的中国来说，能把一个国际性组织的总部设立在中国，这是很好的。尤其是博鳌这个地方，海南是除台湾以外中国最大的岛屿。我是作为一位民间人士在开发，很中性，让其他国家比较容易接受你。

博鳌这个地方的固有色彩很少，当时在海南百分之七八十的人都不知道博鳌这个地方。这都是当时的一些条件，也是他当时思考的一些内容。

作为一个由发展中国家发起并主办的国际性论坛，亚洲博鳌论坛成立的最初几年，也遇到不少难题。当年中国加入世贸组织的首席谈判代表龙永图，曾任亚洲博鳌亚洲论坛的秘书长。他坦言，论坛建立初始，的确压力不小。

龙永图　博鳌亚洲论坛前秘书长

博鳌亚洲论坛的最初几年，我们十分缺乏资金，而且没什么知名度。霍克帮助我们获得澳大利亚企业和商业界的支持，我非常感激他在澳大利亚帮我们活动关节；即便现在，我们也从澳洲政府和企业界得到了极大支持。

霍克将博鳌亚洲论坛视为己出。他不仅投身于论坛的建立和总体框架工作，还对细节关注有加。龙永图透露："博鳌亚洲论坛最初设计的标志类似亚太地区的地图，但并没有包括澳大利亚、新西兰和波斯维克群岛。霍克说服我，说澳大利亚和新西兰是 APEC 成员，所以有必要修改标志将两国设计进地图。最后，他克服了种种困难将澳大利亚和新西兰加入了博鳌亚洲论坛的标志。"

对于霍克而言，求同存异这一理念并不仅仅只是一种政治技巧。这种东方的处世哲学也从思想上深深地影响着这位西方的领导人。蒋晓松将他这种出色的调解斡旋能力作了一个形象的比喻："像灰色在黑白之间，是大家都能接受的东西，不是很极端，而且幅度又最宽。在博鳌亚洲论坛的设计中间，霍克也加入了很多自己的智慧，在推进博鳌亚洲论坛的前进中间，他也有很多智慧。他对中国的哲学思想和精髓，并不是教条式的，而是在行为方式中接受。他理解中国人的想法，用中国人的思维去解决事情，这些都体现出他已经不仅仅纯粹是一个澳洲人了。"

霍克　澳大利亚前总理

我认为我是个谈判家，快速理解和阐述事情是我的天赋。我坚信谈判家的主要特征和最大的成功在于将自身置于谈判各方，这样你就可以理解并从他们的角度出发考虑问题。做到了这一点，你就可以帮双方了解问题的全貌，并且找到并强调双方的共同点。

求同存异，达成共识，是孔家学说和中国思想家的一个精髓，也是我所信、所求。

如今，博鳌这个曾经的南海小渔村，已经成为了闻名世界的"东方达沃斯"，并且在推动区域经济发展中发挥着重要的影响力及作用。

作为"论坛之父"的霍克，几乎每年都参加论坛。看着亚洲博鳌论坛在短短几年间如此迅速地成长，霍克感到欣慰而骄傲。不过，如今的他更加放松，

在悉尼东区的高尔夫球场内，每周至少两次可以看到霍克的身影。作为一个高尔夫热爱者，他有过三次一杆进洞的辉煌纪录。

而这一年一度的论坛，则更像是他和老朋友见面打球的盛大聚会。

龙永图　博鳌亚洲论坛前秘书长

霍克喜欢结交朋友，喜欢和大家打成一片。比如，博鳌论坛请了赵本山来表演。你也知道赵本山的表演是非常具有乡土特色的，甚至南方人都跟不上他的幽默笑话。但在一个小时，甚至两个小时的表演中，霍克始终在席间非常投入地观看表演；因为虽然他并不知道台上发生了什么，在说什么，但幽默的霍克知道这一定非常有趣。

表演结束后，他走上舞台和年轻人站在一起，唱起了澳洲民歌。赵本山和他徒弟都很惊讶，他们没想到这么高层的政治家竟然能够唱得那么好，当时的气氛很好。他是个能够营造气氛，和大家打成一片的人，他使大家都很开心。

作为一个国家的总理，一个一流的板球手，一位罗德奖学金获得者，一位有着三次一杆进洞纪录的业余高尔夫球爱好者，霍克的一生充满着成功与荣耀。然而，除此之外，他还拥有一件让他的澳洲同胞赞不绝口的创举。

霍克　澳大利亚前总理

在澳大利亚，我曾创造世界喝啤酒最快的纪录，这可是一笔很大的政治资本，我想这大概比我获得罗德奖学金更有价值。澳大利亚人喜欢啤酒，他们喜欢自己的总理创造了这个纪录。

以球会友，结交了不少重量级的朋友。美国前总统老布什就是其中之一。霍克手中所举的球杆就是老布什送给他的礼物。

我创下这一世界纪录是 1953 年，那会儿我还是牛津大学的学生。我们学院有个百年传统，就是吃晚饭时，如果没有穿上学院的袍子，就会有人要求你灌下 2.5 品脱的啤酒。那天，我去晚餐时就忘了穿袍子，于是，我不得不在 25 秒内喝完那 2.5 品脱的啤酒，否则，我就得为那些啤酒买单。结果，没想到我 11 秒内就喝完了，居然创造了世界纪录。

在过去的半个世纪里，霍克以所有这些荣耀和魅力征服了澳洲人的心。而回到家中，他也和所有普通人一样，过着简单平和的生活。

霍克　澳大利亚前总理

每天，我都要大量地阅读报纸和文章，我得让自己了解世界上发生了哪些事。我仍然活跃于商界，所以，我总通过电话洽谈和打理生意。每周至少打两次高尔夫，并尽量抽时间陪伴我的太太，我们有很多共同语言。

步入人生的第八十个年头，霍克的生活依旧繁忙而丰富。每当望着镜中的自己，看到那个虽已年届八十却依然精力充沛、自信满满的自己，他很满意。

一个敏捷的头脑和一颗年轻的心，耄耋之年的霍克，依旧年轻。

（本文图片除署名外均由 ICS 提供）

【编导手记】

啤酒达人·“APEC之父”·“气管炎”

徐 欣

2009年7月23日晚，《中国通》项目的最后一批海外摄制组一行三人从上海出发，前往澳大利亚，对澳大利亚前总理鲍勃·霍克（Bob Hawke）先生进行采访拍摄。

作为1983至1991年期间的澳大利亚总理，他至今仍保持着总理支持率75%的最高纪录；作为亚太地区政界领袖，他推动了亚太经合组织的成立，被称为“APEC之父”；在他的发起下，成立了被誉为“东方达沃斯”的海南博鳌亚洲论坛。

作为一个普通人，他还有一个让澳大利亚人至今津津乐道的身份，在11秒喝完了2.5品脱（1.42升）啤酒，刷新了当时该项目的吉尼斯世界纪录。

冬日的悉尼比我们想象中温暖，明媚许多。

13：30分，我们准时到达了霍克在悉尼北海岸的家。80岁、一头银发的霍克穿着短袖衬衫出来迎接我们，并得意地带我们参观他这幢依山傍水的四层别墅。

ICS和霍克先生已经是老朋友了，曾在北京、上海、海南见过面，并进行过专访。这次的见面，与其说是专访，我觉得更像是聊天。他回忆起早年从政时的艰辛与所作的取舍，讲述了退休生活的多姿多彩，还唠起了家常——幸福地称自己也是个不折不扣的“气管炎”。

聊天中，霍克说：“我的助手前两天帮我算了一下，我这辈子一共去过中国81次！81次！！”

见我们的反应没有他预期的那么大，他倒有点儿急了，“81次呢！！你对此不感到惊讶吗？”

嘿嘿，瞧这老头儿得意的！

很快，这个数字会变成82次——他的下一次中国行，就是今年（2009年）

2009 年 7 月，霍克在悉尼的家中接受上海外语频道的采访。

9 月！

2009 年 12 月 9 日，是霍克先生 80 岁的生日。他将在悉尼歌剧院举办他的生日派对，而我们也提早送上了生日礼物——一个刻有他中国名字的印章。

在上海时，鉴于霍克先生曾破过吉尼斯喝啤酒的世界纪录，我们送过一罐儿青岛啤酒作为小礼物，希望他没被我雷到！

在澳期间，我们还采访了罗斯·加诺特（Ross Garnaut），他是澳大利亚国立大学教授，著名的经济学家，中国问题专家。曾于霍克任期内的 1985 至 1989 年任澳大利亚驻中国大使，并为霍克在 20 世纪 80 年代两次对中国的正式国事访问做前后期准备。

当时他手下的政治及经济参赞，现在已成为中澳关系中至关重要的人物：一位是陆克文（Kevin Rudd），澳大利亚前总理；另一位则是芮捷锐，现任的澳大利亚驻华大使。

当谈及现在中澳关系出现的一些问题，及两国关系的未来走向时，天空中突然横跨出了一道彩虹。罗斯很兴奋地说：“瞧，这预示着我们两国的关系一定会更好！”

在澳洲拍摄的最后几天，我们还走访了位于阿得莱德的南澳大学霍克研究中心及霍克图书馆。重走时光隧道，浏览并拍摄了许多宝贵的历史文献和资料，其中还有霍克四岁时的模样……

中国通
CHINA
VISIONARIES

中曾根康弘

——中日关系的见证者

Yasuhiro Nakasone

中曾根康弘1918年5月生于日本群马县高崎市，是家中的次子。这是他和母亲（左二）、姐姐玏子（左一）以及弟弟良介（右一）的合影。（中曾根康弘供图）

中曾根康弘 Yasuhiro Nakasone

1918年5月27日出生于日本群马县高崎市。

现年93岁的中曾根康弘，是战后日本著名政治家，先后在日本内阁中的运输、防卫、国际贸易与工业等部门担任要职。1982–1987年间担任日本首相，被誉为“政坛常青树”。

从1947年当选国会议员，到2003年退出政坛，对于几十年来的中日关系，中曾根康弘是重要的见证人之一。20世纪70年代，作为日本内阁的重要成员，中曾根康弘一直主张并促进中日邦交的正常化。在其首相任职期间，中日关系被称之为两国邦交正常化后的“蜜月期”。1984年，3000日本青年应邀访问中国，取得了成功，中日民间交流十分频繁。卸任后他仍非常重视中日关系，强调构筑真正相互信赖的中日关系，为中日友好做出贡献。

Yasuhiro Nakasone

◎ 中日邦交正常化的推动者

中曾根康弘和中国的渊源可以追溯到20世纪50年代。1954年，东西方处于冷战之中，36岁的中曾根第一次访问了社会主义中国。当时，中曾根已是国会议员，他年轻有为，被称为“青年将校”。早在1947年，29岁的中曾根康弘就以全国排名第五的得票数成功地当选为日本国会议员，成为有史以来最年轻的国会议员之一。

1954年的那次访问遭遇了重重困难。当时，美国的《麦卡锡法》规定:“拒绝向访问过共产主义国家的政治家以及经济人士等颁发入境签证”，而一些前辈也强烈反对他访问中国。但中曾根还是不顾困难，组成了一个超党派考察团，毅然访问了苏联和中国，成为新中国成立后最早来访的日本国会议员之一。

徐敦信　中国前驻日大使

那时候，政治家到中国来访问可不是一件轻而易举的事，可能会受到人们的重视，也可能会遭到人们的批评甚至于谩骂。

因为那个时候，中日关系从新中国成立算起，到1972年邦交正常化，当中有23年之久处于不正常状态。所谓“不正常状态”，是指当时的日本政府追随美国执行的敌视中国的政策，不承认新中国，跟台湾当局保持所谓的外交关系。

中曾根康弘　日本前首相

我去中国这个行动，在当时是与美国的立场相对立的，美国的态度让日本人感到了威胁。但我认为，美国和中国对日本同样重要。对日本的将来而

1941 年，中曾根康弘（右三）毕业于东京大学法学部。（中曾根康弘供图）

言，除了和中国合作，别无出路。美国我们已经比较熟悉了，但对中国的情况还知之甚少。

当时，日本社会党的人已经访问过中国，介绍了一些中国的情况。但保守党的人谁也没去过，因此，保守党的人也应该亲自去了解中国，回国后向全体国民做个介绍。当时，我就是抱着这个想法去中国的。

林丽韫　时任周恩来总理译员

中曾根从赫尔辛基绕道到中国来，我个人觉得他也是很难能可贵的，作为一个年轻的国会议员，有这样的理想也好，想开拓中日友好的道路也好，他抱有这样的想法，我们当时接待他就觉得，他是一个有良好愿望的青年政治家。我们也是尽我们所能，尽量好地来款待这位远道而来的国会议员。

中国，无论是路人的表情还是热闹的街景，抑或是商店里的水果、蔬菜，都深深地印在中曾根康弘的脑海里。他参观了北京和广州，感到不管是共产党员还是服务人员，都充满着抗日战争时期八路军那种纪律严明、服务大众的精神。他看到虽然当时的中国正在起步，还没有发展起来，但是人民团结一致；即使还很贫穷，物资匮乏，但新中国的人民吃苦耐劳，爱国热情高。

同样，林丽韫对这位年轻的政治家也是记忆清晰："我第一次见到他的时候，感觉他人还是挺开朗的，不是绷着一张政治家的面孔，让你感到不好亲近。有时候，我们随便唱唱歌。他是可以交流的一个人，很友好的一个人。”

徐敦信　中国前驻日大使

不管这次他出于什么样的动机，或者结果如何，但是有一条，百闻不如一见。至少，他可以看到新中国是一个什么面貌。他也许对旧中国不甚了解，但他毕竟对新中国产生了一个印象，回去之后必然会产生一定的效应。

当时，西方国家对中国有一种隔阂。西方对中国的报道，大多是负面的，误解也很多，所以，中曾根来华访问，从客观上来讲，是一件好事，我们是欢迎的。

虽然当时中日邦交处于不正常状态，但新中国采用“以民促交”的外交政策，推动了中日两国关系的发展，中日的民间贸易交流一直非常密切。据说，当时周恩来接见最多的外国人就是日本民间代表。日本民众要求两国友好，中日邦交正常化的呼声也越来越高。

20 世纪 70 年代，国际局势风云变幻。1971 年 10 月，中国恢复了在联合国的合法席位，这一重大事件对日本的震动很大。

徐敦信　中国前驻日大使

当时的日本政府极力阻止中华人民共和国加入联合国。但是，中国击败了这种阻挠，恢复了合法席位，驱逐了蒋介石集团。这件事在日本引起了很大的震动，因为这件事情从政治上来讲，标志着日本外交政策的一个失败。日本阻止中国进联合国这么多年，到这个时候，日本的对华政策宣布破产了。所以，老百姓就批评当时的政府，这成为当时日本政坛角力的一个焦点。

【中国恢复在联合国的合法席位】

中国本是联合国创始者及安全理事会常任理事国，但自 1949 年大陆政权易手，联合国的席位仍然长期由国民党代表把持。

1971 年 10 月 25 日，联合国大会以 76 票赞成、35 票反对、17 票弃权的多数票通过了阿尔巴尼亚、阿尔及利亚等 23 个国家“关于恢复中华人民共和国在联合国的一切合法权利并立即把台湾代表从联合国及其一切机构中排除”的提案。

10 月 26 日，中华人民共和国外交部代部长姬鹏飞接到联合国秘书长吴丹有关此事的正式通知。

11 月 15 日，中华人民共和国代表团正式出席联大第二十六届的全体会议。

1945年2月，中曾根康弘和小林茑子结婚。婚后，茑子成了中曾根工作的坚定支持者。（中曾根康弘供图）

1971年，中美借名古屋举行的世界乒乓球锦标赛开始“乒乓外交”。1972年，美国总统尼克松访华，中美关系开始正常化。

毛里和子（Kazuko Mori） 早稻田大学教授

美国总统尼克松表示，1972年的上半年就可以访华，此话一出，便在全世界引起了轩然大波。最受中美关系影响的是日本、韩国和越南，三国都非常惊讶。

孙东民 《人民日报》原驻日记者

中美接近，日本人怕赶不上车，就是中美关系改善先于中日关系改善，即美国率先实现中美邦交正常化。

美国人竟然没有在事前跟日本打招呼就和中国修好，日本称美国的这一外交举动为“越顶外交”。此时，日本反华的佐藤内阁秘密托人给周恩来带口信说，佐藤荣作（Sato Eisuku）首相“要求亲自访华”，但是这个要求被周恩来拒绝了。

周恩来对来人说:“佐藤政府说了不做。”很显然，中方不打算以佐藤内阁为谈判对象。佐藤内阁立即遭到了国内舆论的猛烈攻击。

1972年，佐藤内阁下台，田中角荣（Tanaka Kakuei）、福田赳夫（Fukuda Takeo）等各大派系开始争夺首相职位，中日关系面临着历史的转折点。

当时，在日本国内要求日中友好的团体遍及各地。各个地方的议会、地方的政府都纷纷表态，甚至于做出决议，要求恢复中日邦交。中日文化本来渊源就比较深，要求跟中国交往，延续文化交流友好历史的力量也很大。那时的

【名古屋世乒赛】

1971年，在日本名古屋举行第三十一届世界乒乓球锦标赛，4月4日，在世乒赛期间，美国选手科恩无意走入接送中国队的车辆，中国运动员庄则栋赠送给他一面杭州织锦。中美运动员的友好交往引起日本记者关注。

4月6日，世乒赛接近尾声，毛泽东主席作出决定，邀请美国乒乓球代表团访问我国。于是，正在日本的中国乒乓球队向美国乒乓球队发出访华邀请。在此次世乒赛上，中国队不仅收获了四项世界冠军，更重要的是小小乒乓球推动了大球，“乒乓外交”打破了中美两国二十多年来交往隔绝的局面。

日本有一句话，把日本社会出现的要求中日邦交正常化的民意，称作“大势所趋，人心所向”。

中江要介（Nakae Yosuke） 日本前驻华大使

田中角荣在自民党总裁选举前做出了约定，一旦当选就一定要实现中日邦交正常化。他用这样一种承诺去争取选票。

在自民党总裁的选举中，田中跟福田是两个旗鼓相当又互相对立的派系，就看其他派系支持其中的哪一方。如果都支持福田的话，福田上台，那么，邦交正常化就不能实现；支持田中，那么，田中就有可能实现中日邦交正常化。

中国前驻日大使徐敦信特别指出：“中曾根派当时的政治动向非常重要。应该说，对日本外交来讲，这是一个重要选择，是一个选择的切换。”

日本政治评论家本泽二郎（Honzawa Jiro）也持同样的观点，他认为“虽然当时中曾根的势力非常弱，但起到了决定性的作用”。

中曾根康弘 日本前首相

当然，我也遇到了不小的反对声。可以说，自民党内部形成了以岸信介为中心的“台湾派”，福田赳夫也是其中的一员。当时自民党内部分成了两个派别，但说到哪方会赢的话，我觉得只有团结一致，我们才有可能胜利。所以，包括我在内，大平正芳、三木武夫等都表示支持田中角荣。在这个前提下才成立了田中政权，为恢复中日邦交正常化，我们才这样做的。

中曾根对田中的支持，使很多媒体将他比作“风见鸡”，意思是“顺着事态的变化而改变自己的立场，这在政治上非常地讨巧”。政治评论家本泽二郎说“很多日本人也是这么认为的”。

据曾为中曾根内阁政府新闻发言人的宫胁磊介（Miyawaki Raisuke）披露：“很早以前，中曾根就把中日友好当成是自己不可动摇的信念。我记得中曾根是这样说的，当‘风见鸡’也不见得是件坏事，正因为房顶上的‘风见鸡’一般都插得很牢，所以才能在随风旋转时不被风吹跑。对政治家而言，‘风见鸡’或许还是个褒义的比喻。”

中曾根康弘的助手田中茂对‘风见鸡’是这样解释的：“他心里的信念是

1946年，中曾根康弘不顾父亲的强烈反对，辞去了内务省官员的职务，投身政治，参加议员选举。1947年4月，28岁的中曾根康弘在新宪法实施后的第一次国会众议院议员选举中当选，成为有史以来最年轻的国会议员之一。（中曾根康弘供图）

不会改变的，只是根据形势的变化而随机应变，观察清楚将来的发展趋势是什么。”

《人民日报》原驻日记者孙东民还从中看到：“在政治中他需要游泳。他比较务实，有灵活性。当了政治家以后，我觉得他逐步养成了一种大局观。他多次强调，发展中日友好是大局。”

1972年，在中曾根康弘等人的努力下，田中角荣入主首相府，并于9月访问北京，中日关系实现了正常化；次年，担任田中内阁通产大臣的中曾根康弘第二次来中国访问，并受到了周恩来总理的接见。

中曾根康弘　日本前首相

当时，我与周恩来在一天之内进行了三次会谈，加起来长达七个小时。在第一次会谈结束后，我们又提出要进行第二次会谈，第二次结束后又提出了第三次。第三次会谈是在凌晨零点开始的，从这件事可以看出，周恩来和我对今后中日关系的发展都非常关心。

有意思的是，中曾根当时虽然是作为通产大臣访华，会谈却基本没涉及贸易、经济问题，而是和周恩来就世界安全保障问题各抒己见。最后一次会谈结束是在午夜一点，在走出人民大会堂时，周总理一直把中曾根送到外边的台阶下，还给他披上了大衣。

1984年3月，中曾根作为首相访华，邓颖超在会见中对他说，今天，我要向你透露一个埋藏在心底十多年的秘密，恩来曾对我谈起对阁下的印象，他说你年轻有才干，是成为日本首相的人物。今天，他的预言实现了。

◎ 中日关系的黄金时代

1982年11月，中曾根康弘出任日本战后第十七位首相。那年，正是中日关系迎来自1972年两国邦交正常化后的第十个年头。

在头十年中，两国关系取得了一系列成果。1978年10月，时任国家副总理的邓小平访问日本。这是战后，也是新中国成立后，中国第一位主要国家领导人到日本访问。

当年10月23日，《中日和平友好条约》批准书交换仪式在东京举行，条约正式生效，从法律上进一步巩固了两国和平友好的政治基础。时任日本首相的福田赳夫曾形象地将《中日和平友好条约》比作在两国关系间架起了一座"铁桥"。他说，如果1972年中日邦交正常化是在中日间搭起了一座"木桥"，那么，条约的签订就好比是建起了一座"铁桥"。

也是在1978年，中国共产党第十一届三中全会召开，开启了中国改革开放历史的新时期。改革开放为中日之间扩大贸易提供了基础。20世纪70年代末，日本政府在大平正芳（Ohira Masayoshi）执政时期开始向中国提供第一批日元贷款，两国贸易交易额持续增长。据中国海关统计，1972年，双边贸易额只有11亿美元；1978年达到48亿美元。在中曾根康弘上任首相的1982年，中日贸易额达到了创纪录的103.8亿美元。

缔约的成功和中国改革开放的开始，合力推动了20世纪80年代中日关系的发展。在此背景下，中曾根康弘执掌了日本内阁，出任了自民党总裁和国家首相。

担任过中国驻日大使的徐敦信，长期从事对日工作。自中日邦交正常化

【第一批日元贷款】

日本政府给中国贷款，始于1979年12月，日本当时的首相大平正芳访华时所作的承诺。那时，中国刚开始实行改革开放政策，急需大量资金发展经济。日本政府在1979到1984年，通过海外经济合作基金对华提供总额达3300亿日元的长期低息贷款，主要用于中国的海港、铁路以及水力发电站等项目。

以来，徐敦信前后接触过十几位日本首相；中曾根是他接触比较多的一位，留给他的印象也比较深。

徐敦信　中国前驻日大使

11月26日，中曾根康弘当上首相，中曾根内阁成立。月底，11月30号，他就接见我们当时的驻日大使。他讲的话很简单，旨在说明中日关系不会变化，日本的对华政策不会变化。日本将继续按照大平、铃木内阁的政策发展中日友好，发展、扩大中日经贸交往。

第二天，12月1日，中曾根康弘就打国际电话给我们当时的总理，他明确讲到，中曾根内阁将继续中日全面友好合作的政策，不会变化。他还说："我本人虽然也参与了对华关系的掘井，但我还愿意在新的情况下，继续挖一些新的井。"

在这前后，中曾根康弘在国会也公开地强调：中日两国已经有了良好的、扎扎实实的基础，下面的事情就是要在这个基础上，进一步扩展中日之间的政治、经济、文化交往。

在徐敦信的眼中，政治家中曾根康弘颇有长处：他思想明确，政策主张鲜明。此外，他还特别具有国际视野。

20世纪70年代后期，中美日三国之间实质上是一个准同盟关系，以共同对抗苏联。1978年，中日签署和平友好条约后，日本放弃了"等距离"方针，把对华关系在其外交体系中的优先顺序提到了对苏关系之前。

《人民日报》原驻日记者孙东民在1982到1989年间在日工作，见证了中曾根内阁全部的外交政策。他对中曾根留有深刻的印象。

孙东民　《人民日报》原驻日记者

中曾根首相是日本战后比较有影响的政治家之一，他的特点是重视现实，非常务实。此外，他看问题注意从战略高度出发，具有大局观。他上台以后，在对外交往中做了两件事：一件事就是加强日美同盟，要把日本当成一艘永不沉没的航空母舰，加强日美的军事同盟；另一件事情就是重视同亚洲国家关系的调整，其中最重要、最被重视的就是调整与中国的关系。

中曾根认为，对中国的关系和对美国的关系，是日本外交的两个轮子。

但迄今为止，和中国的关系这个轮子比较弱。在加强与美国的关系时，日本必然也要改善与中国的关系。

执政后，中曾根首相对发展中日关系抱有积极的态度。在就任两个月后的施政演说中，中曾根首相强调，“尤其重视与日本邻近的亚洲和太平洋地区的外交”。

在发表的首次政见演说中，中曾根重申日本外交的基本方针是，“在与欧美等自由主义国家的协调下，进行自主的外交努力”。他说，“美国是我国在政治、经济等广泛领域内用牢固的纽带联结起来的最重要的伙伴”，同时他还强调，“进一步加强同亚洲国家的相互理解和友好关系是重要的”。日本“要为在地理上也有密切关系的这个地区的和平与繁荣而发挥积极的作用”。后来，中曾根首相又在国会上重申：坚持日中友好是日本政府的一项重要的“基本政策”。

中曾根康弘　日本前首相

事实上，日本长期以来受到了中国文化的影响，而日本的文化也影响了中国。两国之间在文化融合、和平共处的基础上紧密合作，亚洲各国人民也会欣然支持。这同时有助于中国、日本等亚洲国家和美国的平等对话。所以，中日友好必须世世代代地持续下去，在我心里，一直有这样的想法。

1984年3月23日，应中华人民共和国政府邀请，中曾根康弘以首相身份访问了中国。虽然自上台之后，他已访问过了美国、欧洲和韩国等国家；但中曾根一直强调，他本人也要来华访问，同时欢迎中国领导人访问日本。在这期间，中曾根还派遣了内阁的主要成员到中国访问。

启程前，中曾根在东京会见中国记者时说，早在1954年，他曾作为日本第一个国会议员访华团成员访问过中国，这次是他第四次访华。他是日中友好事业中的一个“老掘井人”。

3月23日，在中曾根踏上中国土地的当天，《人民日报》称中曾根首相为“中国人民的老朋友，长期致力于中日友好事业”。

中曾根首相是中国中止了18年之后，重新恢复鸣礼炮欢迎国宾待遇的第一个外国领导人。在此次访华中，中曾根首相在华停留了四天。他参观了故宫、毛主席纪念堂，还驱车到已故的廖承志家里悼念。时任中共中央总书记胡耀邦邀请中曾根首相参加私人家庭晚宴；他还受到时任中共中央顾问委员会主席邓小平的接见，两人畅谈了将近两小时。至今，他对那次和邓小平的会见仍然记忆犹新。

中曾根康弘　日本前首相

我和邓小平进行了深入的会谈，在人民大会堂谈了很久。邓小平对我讲了很多肺腑之言，包括中国目前面临的困难，比如中国共产党存在的部分腐败、官僚主义等现象，这是一次很坦率深入的交谈。我也说了将来日本应当怎样跟中国相处，还谈到了中日两国对待苏联的态度。在这点上，中国和日本的意见是一致的。

宫胁磊介　前中曾根内阁政府新闻发言人

邓小平是个伟大的领导人，他心胸宽广，给中国提出了很多切实可行的改革方案。邓小平没有因为对方是外国人而不坦率地表达，对中国未来发展的一些想法，是尽了全力地解释给对方听。正因为这样，中曾根才从心底里尊敬邓小平。

在和邓小平会谈时，小平同志讲到两点：一是要用长远眼光来审视和发展中日关系；二是向中曾根介绍了中国的改革开放，并提到希望日本企业家看到，现在到中国来投资合作，将来对日本是最有利的。之后，中曾根向小平同志提出了一个私人问题，给人留下了深刻的印象。

【廖承志】

1908年9月25日生于日本东京，青少年时期在日本学习生活了11年。20世纪20年代，在日本参加中共“东京特支”革命活动，曾经两次被捕，进行英勇斗争。1928年，在早稻田大学第一高等学院留学时，继续从事革命活动，被日本当局拘捕并驱逐出境。

廖承志可谓中国人中与日本关系最深者，他把日本称为第二故乡。新中国成立后，廖承志主持对日工作，在开展“民间外交”发展中日两国人民友好和争取改善两国关系、促进中日邦交正常化，以及缔结《中日和平友好条约》等方面做出特殊贡献。尤其是他的经历与辛亥革命后的中日关系史密切相连，正如日中友好协会理事长宫崎世民所说：“如谈论日中友好关系的发展，离开廖公是无法谈的。”

徐敦信　中国前驻日大使

中曾根首相说，我看了毛主席纪念堂，看到了你当时年轻的照片。你这一生充满传奇，日本人也称作“三起三落”，传奇性的人生。你这一生当中，最痛快、最高兴的是什么时候？你这一生当中，最痛苦、最难受的又是什么时候？

小平同志回答说，你问我最高兴、最得意的是什么时候？那是解放战争的三年。那个时候，我们是以少胜多，以弱胜强。从装备来讲，国民党的要比我们的好得多，但是我们取得了胜利，非常高兴。这种高兴的程度，至今难忘。

至于你问我最苦恼，或者是最烦恼的、最不高兴的时候，当然是“文化大革命”这一段。也有其他朋友问过我，说你是怎么挺过来的？其实很简单，就是乐观，乐观主义，相信前途是光明的。所以，你看我现在身体才这样健康。如果天天烦恼，天天自己跟自己过不去，我现在就不可能有这样的身体，也不可能做现在领导中国这样的工作。

中曾根首相的访华，使中日两国达成了一系列重要协议。

改革开放之初，我国的现代化建设缺少资金支持，中国政府希望通过国际合作解决资金问题。而在日本国内，自20世纪70年代开始，日本战后第一次出现了消费热潮。国内垄断资本急于摆脱美国控制，渴望恢复与中国的经贸交往，以解决其原材料和市场缺乏的困难。以至于日本前首相吉田茂（Yoshida Shigeru）卸任后也承认，“地缘政治与经济利益法则将会是主导日中关系的两大关键，双方终将会超越意识形态与历史问题来面对彼此关系”。“经济援助”某种意义上是这种“地缘政治与经济利益法则”的产物。

访华期间，在北京的记者招待会上，中曾根康弘曾说，当前日中经济合作发展顺利，日本有诚意帮助中国实现“四化”。第二批日元贷款将协助运输、邮电、能源等方面的七个项目的建设。他说，在力所能及的范围内同中国在资金、技术、开发调查等方面进行合作是日本的基本方针。

徐敦信　中国前驻日大使

第二批日元贷款确定了下来，我记得是4700亿日元，比第一批日元贷款数目当然扩大了。因为政府贷款是政府的资金，是政府政策的一种体现，政府的资金来自于老百姓的税收，向这样一个制度不同的国家提供政府贷款，就意味着日本支持中国的现代化建设。所以，日本政府下决心向中国提供贷款，这是一件了不起的事情，也是中日关系向好的方向发展的一个重要标志。

这个日元贷款对中国的现代化建设起到了非常重要的作用。这期间的中日经贸关系，每年都创下最高纪录。

中曾根首相认为：对于日本来说，中国是地理位置最接近的，是 21 世纪发展的重要国家，日中两国关系对世界和平与稳定有着重大意义。在访问期间，中曾根特别强调了双方要坚持“中日关系四原则”。这“中日关系四原则”是在 1983 年，时任国家领导人胡耀邦访日时同中曾根首相确认的，即：和平友好，平等互利，相互信赖，长期稳定。其中，“互相信赖”一条是中曾根特别提出的。

徐敦信　中国前驻日大使

中曾根表示，他接受“长期稳定”的提法。但是他也清楚，这讲的是不要受别人的干扰。比方说，中美关系不好，那么中日关系就会受到影响；中美关系好了，中日关系也会受一点影响。我们认为，中日关系不应受到中美关系，或其他国际问题的影响。中曾根觉得，要做到长期稳定，还得要加一条，叫“相互信赖”。应该说，还是有长远眼光的。一直到今天，中日之间仍然面临一个建立“相互信赖”的问题，或者加深“相互信赖”的问题。

这次访华，中曾根康弘还特别提出到武汉参观。

当时，国外领导人来华到武汉访问的还不多。当中曾根首相抵达武汉时，从机场到宾馆的路上，老百姓夹道欢迎。马路上、人行道上、窗户边上都站满了人，有些孩子甚至爬到了树上欢迎。

中曾根首相当时坐在小汽车里，他让车窗全部放下来，同时他的半个身子、胳膊都伸到了窗外。中曾根佩戴着白手套，像参加竞选一样，不停地向路人招手致意。他心情非常好。

徐敦信　中国前驻日大使

在晚宴上，湖北省的党政领导人讲话后，轮到中曾根首相致答词，其中很自然地讲到他为什么到武汉来。他说，我之所以向往这个地方，到这儿来访问，是因为武汉三镇是辛亥革命的发生地。这时，坐在下面的武汉同志给他鼓掌了。

中曾根讲到这儿时，把稿子放下，脱稿讲了一段。大意是，当然，我也非常向往有机会访问中国的革命圣地延安，此时，下面又报以热烈的掌声。这是脱稿讲的。我当时就感到，作为一个政治家，中曾根康弘是很有政治敏感性的一个人。

就在1984年中曾根康弘首相访华当年，日本3000青年开始访问中国，掀起了中日友好关系的新高潮。3000日本青年分别来自日本的47个都、道、府、县，涵盖了日本社会各界。临行前，中曾根首相亲自为这些访华青年壮行。他呼吁，日本青年要以双倍的力量紧握中国青年的手，以双倍的声音同中国青年同声高唱。

此次日本青年访华，是应时任中国国家领导人胡耀邦的邀请。1983年访日时，胡耀邦在东京对四千多名日本青年发表演讲，正式提出中国将邀请3000名日本青年到中国参观访问，加强两国青年间的了解。

中曾根康弘　日本前首相

胡耀邦提出邀请3000日本青年访华后，我们感到很惊讶，也非常地感谢。我们从日本全国各地区召集了3000青年，送往中国。他们先周游了中国各个省市，最后来到北京。旅途中，他们深切体会到了中国人民对日本青年的友好情谊，很热情。并且，他们将这份情谊传达回日本。所以说，此次日本青年访华是一个成功之举。

中方为此次3000青年访华做了精心地准备，时任全国青联主席的胡锦涛在机场欢迎了日本青年。《人民日报》记者孙东民当年跟随日本青年乘坐第一班飞机到达上海，目睹了日本青年访华的全过程。

孙东民 《人民日报》原驻日记者

我记得，日本青年对中方提出了八百多项要求。要求参观这儿，或是参观那儿，都是很具体的要求，主要是想了解中国。后来，中国青年联合会一一满足，一个一个地落实。

日本青年分别前往中国各地参观访问，深入农村、工厂、街道。在各地访问结束后，3000 人汇合到北京，受到了中国领导人的亲切接见，并参加了中国的 35 周年国庆典礼。

中江要介 日本前驻华大使

1984 年是中华人民共和国建国 35 周年。10 月 1 日国庆节当天，北京举行了盛大的庆祝晚会。我当大使不久，很快就有机会参加中国国庆节的盛大晚会，所以我很期待。当年晚会也邀请了这 3000 名日本青年，在天安门广场和中国的年轻人进行了一次声势浩大的聚会。晚上还有烟花表演。在我看来，那是 1972 年中日邦交正常化后最盛大的一次中日交流活动。

毛里和子 早稻田大学教授

回想起来，上世纪 80 年代是一个最纯真的时期，中日两国关系比较好。双方在交往时，彼此都十分真诚、非常积极。3000 青年访华就是一个极佳的例子。

日本青年应邀访华的活动在日本引起了巨大的震动。一些访华青年回国后到日本各地做报告，讲述在中国的经历。在日本民间友好人士的努力下，第二年（1985 年），500 名中国青年乘坐“中日友好之船”应邀回访了日本。自此之后，中日两国的青年交流就成了一个既定的传统，再也没有中断。

中曾根认为，为实现 21 世纪的日中友好，青少年将起重大作用。在访华期间，中曾根在北京大学停留了将近三个小时，发表了演讲，他说：“青年的奋斗正是开创 21 世纪的关键。我确信无疑，如果两国青年携起手来奋斗，则任何困难都能够克服，任何理想都可以实现。”

之后，他还和 20 名学生代表进行了座谈，这充分表明中曾根首相对于把中日友好事业传递给下一代的高度重视。1986 年，中曾根康弘作为首相再次访华时，应邀出席了“中日青年交流中心”的奠基仪式。

就在1984年中曾根访华的当年，在中日领导人的倡导下，“中日友好21世纪委员会”成立。它由两国各界知名人士组成，既是两国之间的桥梁，也是联系政府和社会的纽带。2010年2月，第五届“中日友好21世纪委员会”第一次会议在中国举行，中国国务院总理温家宝会见了双方委员，时任日本首相的鸠山由纪夫也发来了贺信。中日友好关系在不断地向前发展着。

◎ 两国关系遭遇曲折

中日关系在发展过程中，既有晴天也有阴云。在中曾根康弘担任首相的前两年，中日关系平稳、健康地发展着，但在第三年，两国关系却出现了波折。

1985年8月15日，在世界反法西斯战争胜利40周年的时候，中曾根康弘作为首相，战后第一次正式参拜靖国神社（Yasukuni Shrine）。

孙东民 《人民日报》原驻日记者

在日本国内，很多人对参拜非常不满，尤其是在野党，强烈反对此举。但最终，中曾根首相还是参拜了靖国神社。那天我也在现场，看到好多打扮成旧军人模样的人。虽然整个参拜不到5分钟，但我看到真是大吃一惊。我觉得，这应该是中曾根内阁在中日关系方面留下的一个污点。

徐敦信 中国前驻日大使

当时，中曾根带领着大部分的阁僚去参拜了。而且在参拜的时候，按照他们的习惯做法，都要在签到簿上签名，签到簿上明确写着：内阁总理大臣中曾根康弘。这引起了我们的强烈反应，当然，我们进行了抗议，进行了批评。不仅是政府，中国的老百姓，中国的舆论，中国的学术界都明确指出了：在8月15日这一天，这件事严重伤害了中国人民的感情。事实上，因为看到了一点苗头，在8月14日，我们外交部的新闻发言人已经进行了警告：如果日本的领导人、日本首相去参拜，必将严重伤害中国人民的感情。但中曾根首相还是去了。

林丽韫　时任周恩来总理翻译

我们批他，就是因为东条英机等甲级战犯被供奉在靖国神社里。如果你去参拜它，那么东南亚、东亚各国就会强烈反对。

本泽二郎　日本政治评论家

中曾根内阁刚成立的时候，我们很多人都很支持他，包括我也是。没想到，他后来竟然去参拜了靖国神社，还主张“永不沉没的航空母舰”，这些言行完全不能想象。

中曾根康弘是一个立志要改变国家命运的人。在第二次世界大战中，1945年2月，当他得知弟弟良介在作战中遇难后，内心十分悲恸。“二战”的经历使中曾根决心要成为一名政治家，为日本振兴努力。

中曾根康弘　日本前首相

8月15日是“二战”结束的纪念日，是大家都很悲痛的一天，当年我也参加了“二战”，战友和我的弟弟都战死了，所以，我在那个日子去参拜了靖国神社。作为自民党的总裁，由于自民党内部也出现了“一定要去参拜”的声音，所以我接受了这样的意见，因此去参拜了。

徐敦信　中国前驻日大使

中曾根在台上的时候，正好迎来战后40周年，就是1985年。中曾根当时认为日本应该进行“战后总决算”，意思就是说，战败这个历史阶段过去了，日本应该重新发展，以新的面貌前进，也就是要追求成为政治大国。这就是后来的一些政治家讲的，日本要变成正常国家。因为战后一段时间，日本的状态是不正常的，不正常的表现中重要一条就是，它是一个战败国，老是需要道歉；此外，日本的宪法都是别人给起草的，它没有自主的宪法。

正是在这个背景之下，中曾根康弘以首相的身份去参拜了靖国神社，这一举动引起了轩然大波。当时，“中日友好21世纪委员会”中方正计划赴日访问。由于日本首相参拜靖国神社，中方向日方表示，预定的访问要推迟。时任中国驻日使馆公使衔参赞的徐敦信经历了此次事件。

在漫长的人生旅途中，中曾根康弘一直坚持坐禅。担任首相的五年间，他几乎每个周末都到“全生庵”坐禅。现在他每月也要去两次左右。对他来说，坐禅可以一扫心中阴霾，恢复内心的宁静与活力，这也是他长寿的秘诀。（中曾根康弘供图）

徐敦信　中国前驻日大使

得知预定访问推迟后，日本外务省亚洲局局长就会见我。他说，我今天见你，是奉中曾根首相的指令前来的。在靖国神社问题上，我们知道了中国的意见，今后会遵照中国的意图来处理这件事。此外，我们希望“中日友好21世纪委员会”不要受到影响，继续开会。这件事情当然是一个重要信息，这等于转达了中曾根首相公开不便讲的、内部讲的一个口信。因此，中方赴日访问的时间只是推迟了一天，“中日友好21世纪委员会”还是开会了。

中江要介　日本前驻华大使

那时我正好担任大使，胡耀邦请我吃了好几次饭，我们在饭桌上交换了彼此的许多意见。他的意见总结说来就是，靖国神社里供奉的都是当时的甲级战犯，也就是说是他们领导的战争；正因如此，中国人民和亚洲其他国家的人民才会如此反对。而在那些战争遇难者家属看来，就是那些甲级战犯杀害了他们的亲人，因而就更不能接受日本首相公然参拜靖国神社的行为。

中曾根康弘　日本前首相

当时中国的反应非常强烈，要求日本首相对于参拜的行为进行反省，他们的态度非常强烈。由于中国做出了如此严正的抗议，所以我谨言慎行，从第二年开始停止了参拜。

1985年11月，中曾根首相以政府声明的形式做出了一个决议，内容是：我去参拜靖国神社不是为了祭拜甲级战犯，而是为了一般的民众。此外，我们去参拜并不意味着为过去的战争翻案，我们承认远东国际法庭对战争罪犯的判决；另外，他还提出了一点，就是我们无意使日本首相参拜靖国神社成为一种惯例。

由此可见，他内心中是有所反思的。到了下一年的1986年8月15日，中曾根以首相的名义给当时的中国领导人写了一封信。当时，人们不知道有这封信，后来才知道这封信的内容。

中曾根在信里提到，他去参拜靖国神社，完全不是要肯定战争和军国主义，而是出于尊重日本国民的感情，追悼一般的战殁者和祈求国际和平。但是他说，虽然战争过去了40年，但那段不幸的历史至今在亚洲邻国、在国民心中留下了不幸的伤痕。考虑到正式参拜对侵略战争负有责任的特定领导人的靖国神社，会不可避免地对贵国等亚洲近邻国家的国民感情造成严重伤害，我做出了高度的政治判断，今年决定不去参拜靖国神社。

徐敦信　中国前驻日大使

后来证明，1985 年之后，中曾根康弘再没去过靖国神社。他不去了，作为首相的他再没去过，知过必改就好。如果说思想没有理解，还没通，知难而退也可以，不去就好。这体现了这样一个精神，就是中日关系还是要发展。

在我的心目当中，中曾根还是能顾全大局的。据我所知，新世纪以后，在小泉纯一郎首相坚持参拜靖国神社的过程中，中曾根康弘作为前首相，还出来说了一些话，就是希望小泉能够顾全大局，意思就是让他不要去参拜靖国神社了。

1986 年 9 月，中曾根再次蝉联首相后，在国会重申：不能否定日本军国主义侵略中国的事实。

中曾根康弘　日本前首相

我在议会上，被在野党质问对于大东亚战争、太平洋战争的看法。当时我说，对于像美英这样的国家而言，这样的战争只不过是普通的战争，和 19 世纪在欧洲发生的各类战争，如普法战争一样，只是普通的战争。不过，对于亚洲国家而言，日本的举动意味着侵略。这不仅是对资源的占有，或维持日本势力的一种方式，我认为，这就是一种侵略行为，尤其是对中国的所作所为更毫无疑问是一种侵略行为。关于是否是侵略的问题，在议会上，我和在野党进行了激烈的辩论，让包括中国在内的全世界的人看到，日本首相承认这是一场侵略战争。

孙东民　《人民日报》原驻日记者

中曾根首相在这个里边提到了“侵略战争”。他是在任期间，是在日本的政治家中，比较早地以“侵略行为”这种语言来反省日本侵略战争的少数的政治家之一，尤其是保守党的政治家之一。

徐敦信　中国前驻日大使

中曾根首相说到这个程度，应该说也还是不容易的，因为毕竟他之前没人说过。作为日本首相，他是考虑到了日本的舆论，考虑到了他周围的政治情况。

◎ 卸任之后

1982—1987 年间，中曾根蝉联三届首相，主政长达五年之久，这在风云变幻的日本政坛上实属罕见，因此，他被誉为“政坛常青树”。

曾建华　中国人民外交学会亚非拉部主任

对整个国际大战略，中曾根康弘是很清晰的。他当时异常活跃，在国际舞台上，跟罗纳德・里根（Ronald Reagan）、撒切尔（Margaret Hilda Thatcher）夫人，还有当时的密特朗（Francois Mitterrand）关系都很好，跟美国的关系尤其好。我记得他当时去美国时，媒体将他跟罗纳德・里根的交情叫作“罗纳德康弘关系”，所以说，两个人的关系特别密切。

1983 年，在威廉斯堡举行的西方七国首脑会谈上拍纪念照的时候，中曾根康弘站到了位于中央的美国总统里根的身边，这件事一时成为街谈巷议的话题。

中江要介　日本前驻华大使

无论是上电视，登报纸，甚至在出席世界首脑会议时，中曾根总爱站在人群的正中央。拍集体照的时候，他不由自主地就出现在了镜头的中央。

1987 年，美国《时代》杂志评论说：“中曾根康弘将日本置于世界地图之上，同时将世界置于日本地图之上。”即使首相卸任后，中曾根康弘在日本政坛的影响力仍然深厚和广泛。现在，中曾根康弘在位于日本东京的砂防会馆四楼的事务所里工作。砂防会馆这栋建于 1957 年的建筑物，尽管从外观看来不很起眼，甚至有点破旧，但自从当年田中角荣一派以此为据点后，这里多年来一直是日本政治的中心。

中曾根康弘勤奋好学，知识渊博，著书多部，书法、绘画样样擅长。他曾说过"政治家应该有艺术细胞"，才能把国家治理成"高尚文明之邦"。（中曾根康弘供图）

田中茂　中曾根康弘助手

中曾根先生一般在早上的 10 点半到 11 点之间来，晚上 6 点到 6 点半左右回家，每天如此。他现在的工作包括和一些官员见面，和海外的一些知名人士会谈，还有就是读一些相关资料。另外，中曾根还忙于世界和平研究所的活动。他创建了这个研究所，在那里也做了很多事情，出席学术研讨会等，每天都很忙。很难相信这是一位 91 岁老人的时间表。

我经常会和中曾根去国外。他坐上飞机就看书，不太吃饭；或者就是睡觉，醒来了要么就是看书，要么就是看资料。反正就是读书，学习。

1993 年 1 月，中曾根康弘在东京发起成立了"亚太议会论坛"（APPF）并担任论坛主席至 2004 年，中国是论坛创始国之一。这个论坛旨在通过讨论共同关心和感兴趣的问题，加深各国议员之间的相互了解和信任，扩大共识，进一步促进亚太地区更广泛地合作。

徐敦信　中国前驻日大使

1993 年，正好是我去日本当大使的那一年。我到日本没多久，中曾根康弘就曾找过我，说要成立这样一个论坛，因为亚太地区合作从政府层面上来讲，从领导人、政治家层面上来讲，已经有APEC。那么，亚太地区的合作从前景上看，议会不应置身事外。用我们的话来讲，这就是适应多极化、适应全球化的发展趋势。中国作为亚太地区一个大国，不能不参加。

对于亚太议会这个论坛，当时我们还有一些担心的地方。比方讲，关于怎么组织台湾“议员”的问题。我很坦率地跟他讲，中国作为这个地区的大国，我们关心这件事情，肯定会积极参加的。主权国家的议员可以来参加，不是主权国家的地方议员，如香港的议员、澳门的议员能参加吗？台湾的所谓“议会”的“议员”能参加吗？我很坦率地把这个问题提出来了。

林丽韫　时任周恩来总理翻译

1991年，我当时是人大常委委员，全国人大派我率团去参加亚太议会论坛的第二次筹备工作。

我过去接待过中曾根，开会之前，我就到他的住所去拜会他。因为台湾老想挤进国际空间，国际上的有些议员也是站在“两个中国”的立场上来制造言论。如果这样的话，一些问题就会在论坛上出现，作为人大代表去参加，不能不发生论战，或者批驳，甚至很尖锐的驳斥。没必要出现那种不友好的情况。后来，基于中日友好这个角度，作为主席、创始人，中曾根把议程处理得非常好，我们在会场上就没必要去争论台湾这个事了。

徐敦信　中国前驻日大使

也正是在中曾根康弘当主席的过程中，这个问题解决了。所以，亚太议会论坛，我们后来一直都在参加。

从1998到2003年的这五年当中，我几乎每年都参加这个会议，跟中曾根每年都有交往。在这个过程当中，这个原则就确认了，它是主权国家议员参加的。所以，到后来尽管西方国家，像加拿大、澳大利亚、美国，很多议员唠叨台湾要来参加，认为台湾不参加是不公平的，不具代表性的，但是这条原则已经确认了。

2004年，中国国家主席胡锦涛在人民大会堂会见了出席亚太议会论坛第十二届年会的中曾根康弘和各国代表团团长。

胡锦涛强调，在新的时代背景下，中日两国领导人要从维护两国人民的

2007年，中曾根康弘以89岁高龄，率领300人的“日中青年世代友好访问团”访华，见证中日友好走过的历史。他还特意带上了在美国读书的长孙到敦煌参观，希望家族后辈能有机会了解中国文化。（中国人民外交学会供图）

根本利益，促进地区和世界的和平、稳定与发展的高度出发，推动两国关系不断向前发展。在涉及中日关系政治基础的历史问题上，要坚持“以史为鉴、面向未来”。他重申了中国在台湾问题上的原则立场。

中曾根康弘表示，台湾当局不应该主张“台独”或谋求加入联合国，应该恢复两岸对话，实现“三通”。他希望日中双方立足大局，妥善处理两国关系目前所面临的障碍，为两国关系的长远发展打下坚实基础。

中曾根康弘一直关注着中国的发展，特别关注着中日关系的发展。

2007年6月，中曾根康弘以89岁的高龄，再次带着当年3000访华青年中的300人，组成“日中青年世代友好访问团”，沿着当时的路线，故地重游，共叙友情，见证中日友好走过的历史。

中曾根康弘　日本前首相

这次访问是为了纪念中日邦交正常化35周年。我考虑到1984年曾经访问中国的一些人，现在都还健在，所以，决定召集他们再次访问中国。这次访问的300人中，有大约200人是当年访问过中国的，剩下的100人是新增加的。

2007年6月19日下午，中共中央总书记、国家主席胡锦涛在北京人民大会堂亲切会见了来华访问的中曾根康弘，以及日本日中青年世代友好代表团的主要成员。

在联谊晚会上，胡锦涛发表了热情洋溢的致辞。他说，岁月可以改变人们的容颜，但改变不了人间的友情。正是由于中日双方各界人士的共同努力，中日绵延二千多年的友好传统才得以发扬和光大，两国老一辈领导人缔造的中日友好事业才得以传承和发展。

中曾根在致辞中，对中国政府和人民的盛情款待表示衷心感谢。他说，日中两国都是亚洲大国，相信双方通过共同努力，一定能推动日中关系进一步发展，为促进亚洲和平与发展做出贡献。他愿意为中日友好事业奉献毕生力量。

在这次将近十天的访问行程中，中曾根先到上海，随后又到杭州参观，还远赴甘肃省的敦煌，欣赏历史悠久的莫高窟。

曾建华　中国人民外交学会亚非拉部主任

抵达上海当天，正下着倾盆大雨，我们中国人民外交学会的杨文昌会长，还有团中央书记处的书记等一批领导都在机场迎接。看到中方这么多领导冒雨在旋梯边迎接他，中曾根那天心情非常好。习近平副主席刚到上海任书记不久，随后会见了中曾根，还送给他一份特殊的礼品，中曾根感到很愉快。

在杭州的时候，我记忆最深的就是他在游船上的情景。刚开始跟大家聊得很欢，后来大概有五到十分钟，中曾根一句话都不说，坐在那里，一个人静静地看着船外面的景色。我感觉他思绪万千……

中曾根在有生之年还是想做一些事情，想为这个国家、民族，为中日两国关系，为国际关系多做一些事情。虽然未竟之愿还很多，但是他一直还保持着内心的平和，因为云起云落他已经看得太多了。

中曾根曾说，在中国，他心里有三大夙愿想要实现，其中之一就是游览敦煌，欣赏中国这一珍贵的文化宝藏。

曾建华　中国人民外交学会亚非拉部主任

中曾根看过很多有关敦煌方面的书籍，但是一直没有机会亲眼来看看。在莫高窟，我们带中曾根先看了几个洞窟。他的真诚佩服从内心辐射到脸上，充满了喜悦，他觉得中国文化在那个时代已经登峰造极。我们原本打算

2009年6月22日，《中国通》摄制组在位于东京市区的中曾根康弘家中进行采访。当时，年事已高的中曾根偶得感冒，但他还是非常愉快地接受了采访，畅谈了他与中国间的渊源。

就看两个窟，但是他要求增加到三四个。后来实在累了，毕竟年纪已经很大了，我们给他准备了一个凳子，坐在洞口歇一会儿，边歇着边听，听了没多久，他执意继续走。

这次来敦煌，中曾根还带来了中曾根弘文，他很喜欢这个孙子，这次专程把在美国留学的孙子叫过来，跟他一起来中国看看，目的是让弘文增加一些中国文化的知识。中曾根对中国的文化是非常欣赏，也有很高的造诣，他的书法，中文字写得非常好。

中曾根康弘被称作"首相书法家"，他曾经说过，"政治家应该有艺术细胞"，才能把国家治理成"高尚文明之邦"。在中曾根的事务所内，到处挂着他创作的画作。他的美术作品《箱根的秋天》曾参加日本政治经济界文化画展和群马县美展，并获得群马县美展一等奖。他懂音乐、喜唱歌，并参加演出，他还是一名游泳健将，就是在高尔夫球场上，也时常显露英姿。

从20世纪50年代开始，中曾根康弘就十分看重"结缘、敬缘、随缘"，他和邓小平之间的交情让人难忘。邓小平的坦荡和不凡让中曾根敬佩，他一直把这位长者当作朋友。

徐敦信　中国前驻日大使

小平同志这位传奇式的人物在日本老百姓中也广为知晓，所以，他的去世，日本各界都非常重视，舆论也非常重视，中曾根就是其中之一。

中曾根是那天一早给我打电话的。他当时已经不是首相了，作为一个前首相，他说我要来，20日一早我要来悼念。我说非常感谢他的好意，但是，我们的灵堂正在布置过程当中，请你稍候，我会跟你联系。电话挂了以后没多久，他来了。

灵堂那个时候还在铺设，等我们灵堂铺设好，可以接待客人的时候，大使馆的院子里面已经排了长队了，排第一个的就是中曾根，这给我印象非常深。他抢先来，第一个来，反映他对小平同志的一种敬意、悼念、评价和追思，以及对发展中日关系的重视。

在漫长的人生旅途中，中曾根康弘一直坚持参禅。在担任首相的五年间，他几乎每个周末都到“全生庵”那里。对他来说，坐禅可以一扫心中阴霾，恢复内心的宁静与活力。

中曾根康弘　日本前首相

我认为作为一个人，特别是对于政治家来说，心理调节是必不可少的。坐禅是调节心态的一个很好的方法。

（本文图片除署名外均由ICS提供）

【编导手记】

一次来之不易的对话

王　硕

中曾根康弘是日本前首相，1947年步入政坛，是近几十年中日关系发展史的重要见证人，也是世界上老资格的政治家。采访这一重量级人物对我无疑是一个巨大的考验。虽然我以前也制作过一些专题片，但像《中国通》系列这样的重大题材还是第一次。

《中国通》项目获得了中国人民外交学会的大力支持，通过外交学会牵线搭桥，我们得到了中曾根的助理——田中茂的联系方式，并通过他联系采访中曾根。

大概和日本人的性格有关，田中茂做事小心谨慎，每次给他发E-mail后，都要等一到两周后才有回音。他在看了我们的节目介绍，了解了《中国通》系列采访的其他人士名单，并询问了采访时间、主要问题后，终于确定了接受采访，时长是30分钟。

当时我们决定在5月27日——中曾根过91岁生日时赴日拍摄，还为他准备了生日礼物。中曾根得知后，主动把采访时间延长到了40到60分钟。

一切似乎都进展得很顺利，但没想到由于因公出国的批件迟迟不能下来，我们无法按原计划赴日。为了表示诚意，我们把精心准备的给中曾根先生的生日礼物：一副寿字，一个刻有他名字的印章，以及一张刻有他中国朋友生日祝福语的光盘快递给了中曾根先生。在这张光盘上，中国人民外交学会杨文昌会长祝他生日快乐，并希望帮助实现他在中国的三大愿望。

之后，我们怀着忐忑的心情给田中茂打了电话，希望能延期采访。中曾根得知我们的特殊情况后表示了理解，过了几天，他终于答应了延期采访。

6月中旬，我们来到了日本。虽然是夏天，但东京阴雨绵绵，气温也不算高。

田中茂50岁左右，彬彬有礼，面容和善可亲。接待我们时，他提到中曾

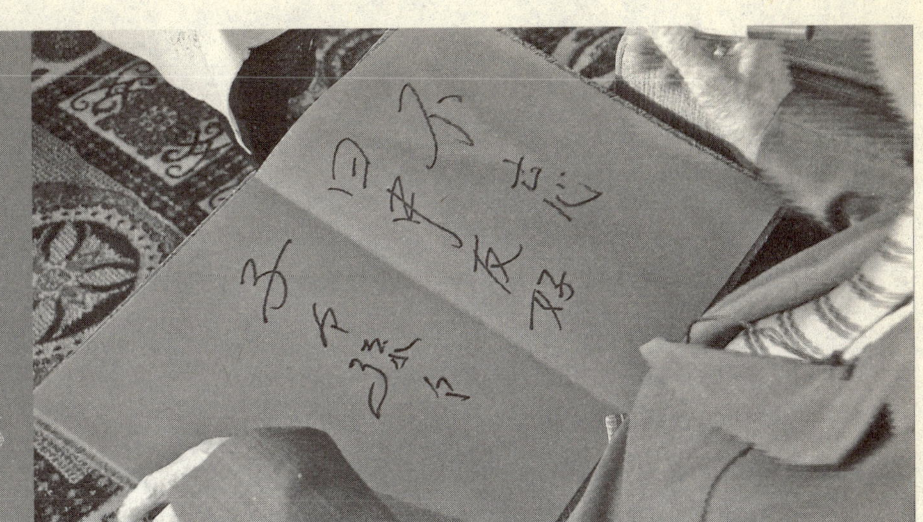

2009年6月22日，在采访结束后，中曾根康弘欣然为《中国通》节目题词："不忘日中友好，子子孙孙。"

根先生最近身体不太好，但采访是定在周末，中曾根先生也很重视，到时应该没问题。

我有些忐忑，但同事安慰我说，日本人做事非常认真严谨，既然田中茂没有提到取消采访，应该没问题。

在日本采访的前几天，我们联系到了中曾根康弘家乡的资料馆去拍摄，还到 NHK 去查询资料，并采访了日本前驻华大使、中曾根政府新闻发言人、早稻田大学专家等人士。

日本人做事注重细节。例如，我们预定了酒店的会议室采访，酒店就在会议室门外和大堂各竖了一个牌子，说明上海外语频道在几号房间工作，就像举办婚宴时的公告牌一样。为了布置拍摄地点的桌椅和摆设，酒店工作人员还专门画了一个房间布置图来征询我们的意见。

一切进展得都非常顺利，但由于还没采访到中曾根康弘，我心里总是定不下来。

星期三晚上，田中茂请我们到著名的银座吃烤肉。烤肉很美味，烧酒也很香甜，我却感到惴惴不安，不由得胡思乱想：本来是我们求人家办事，对方却如此热情地招待我们，难道是有什么变故，打算拒绝采访了吗？

同事笑我神经过敏，说日本人待客通常热情。没想到，不测真的发生了。

星期五是我们预定采访中曾根的日子。当天早上 9 点，田中茂打来电话，说中曾根偶得感冒，不能接受采访。

当时，我们极其紧张，打电话回上海请示了领导，领导希望我们能再和中曾根沟通，最好这次能采访到。

我们再同田中茂电话沟通，但他态度很坚决："我很理解你们，但这是中曾根姐姐和医生的建议。"

放下电话，大家都很沮丧。

为了这期节目，我们项目组筹备了三个多月，联系过将近二十名采访对象，克服了重重困难办下签证。如果采访不到中曾根康弘，片子的分量就会轻很多。

我就想，豁出去再找一次田中茂，看事情会不会有转机。

"反正最糟也就是采访不成。我去骂他一顿总可以吧。"带着这种既有点绝望，又有点冲动的心情，我们再次前往田中茂的办公室。

我们为中曾根准备了一个世博会的海宝纪念币做礼物，本来准备在采访时赠送给他的。我就揣着这个纪念币，如同护身符似的。

田中茂见到我们后很是吃惊，想不到我们竟然找上门去。

我就说，我们都很重视这期节目，不但频道重视，政府也很重视。签证这么困难，好不容易来到这儿，如果有缓和的余地，可不可以商量一下，比如减少采访的人数、缩短采访时间。我们还可以推迟几天回沪，希望能在中曾根先生身体条件允许的情况下，完成采访。

我们的日语翻译跟田中茂开玩笑地说，如果采访不到中曾根，别说年终奖了，我们可能连工作都没了。

田中茂也很为难，他提出："你们先回上海，我可以找日本的媒体代替你们采访，然后把片子寄到上海。"

我心想：这不太好吧，就回答说，这次的拍摄我们用的是国内最先进的高清设备，恐怕和日本的不同啊。谈到后来，气氛有点僵。同事都不说话，我也不说话，就看着田中茂。事后，同事形容我当时一副"你不给我答复我就不走"的无赖表情。

最后，田中茂答应会征求中曾根本人的意见，当天一定回复我们。我们忐忑不安地回去等消息。

下午，好消息来了，中曾根愿意推迟两天接受采访。

项目组领导得知后，也全力支持我们，帮助我们解决了很多后顾之忧。

6月22日，田中茂自己开车，早早送我们来到了中曾根位于东京市中心的寓所。

中曾根看上去有点疲惫，他在旁人的搀扶下躬着腰、拄着拐杖，一点点踱进屋里。跟以前看到的影像资料相比，我感到他真的老了。

老归老，中曾根回答起问题仍然是思路敏捷。包括在听到“参拜靖国神社”这样敏感的问题时，他脸上的微笑完全没有变化，看着镜头的视线也没有任何转移飘忽。我心里说，不愧是老道的政治家。

透过监视器，田中茂看到了采访拍摄的效果，他觉得我们很专业，因此在预定的问题采访结束后，还允许我们多问了一个问题。

采访中曾根总算是有惊无险地结束了，接下来就是紧张而繁重的后期工作。在后来的几个星期里，我和同事们天天泡在后期机房中，夜以继日地奋战。节目播出后，得到了业内专家和观众的好评，在这一刻，我感到了前所未有的轻松，觉得所有的付出都是值得的。

胡安·安东尼奥·萨马兰奇

——助燃中国百年奥运梦

Juan Antonio Samaranch

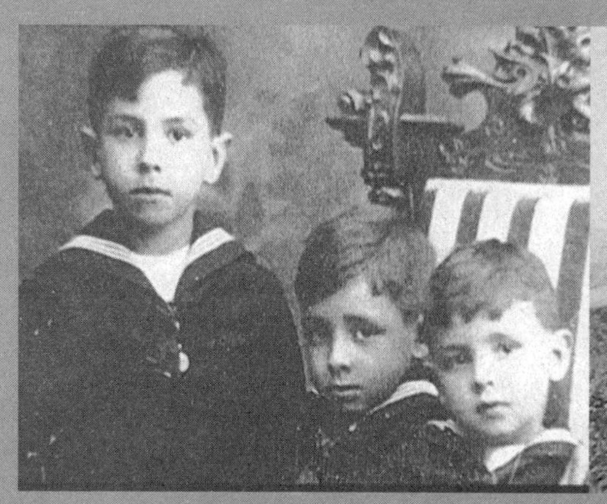

1920年7月17日，萨马兰奇生于西班牙巴塞罗那一个纺织资本家家庭。图为童年的萨马兰奇（图左）与二位弟弟。（萨马兰奇供图）

青年时代的萨马兰奇已展露出对体育的热爱。图为萨马兰奇参加西班牙斗牛节活动。（萨马兰奇供图）

胡安·安东尼奥·萨马兰奇
Juan Antonio Samaranch
1920.7.17-2010.4.21

西班牙人，国际奥委会终身名誉主席。

在萨马兰奇领导奥委会的19年中，国际奥委会成为全世界历史最悠久、最有影响力、最富有的国际组织。在萨马兰奇的支持下，中国先后实现了重返奥运大家庭、夺得第一枚奥运金牌、获得2008年奥运会举办权的梦想。2010年4月21日，萨马兰奇病逝于西班牙巴塞罗那，享年89岁。

◎ 重返奥运大家庭

半个多世纪前的1932年，洛杉矶奥运会举行在即。中国国民政府因中日交战决定不参加第十届奥运会。伪满洲国政府在报纸上宣称：刘长春和于希渭是东北人，将代表满洲国参加第十届奥运会。随后，刘长春却在《大公报》上发表声明："本人为中华民族炎黄子孙，中国人绝不代表伪'满洲国'出席第十届奥林匹克运动会。"

得到张学良资助的8000银圆，中国人第一次踏上了前往奥运会的征程。1932年7月8日上午10时，刘长春从上海启程，乘威尔逊总统号邮船去美国参加奥运会。经过整整21天的海上长途航行，刘长春于7月29日下午4时抵达洛杉矶。

第二天，第十届奥运会正式开幕，开幕式上，中国代表队排在第八位入场。代表队是临时拼凑的，刘长春当时是旗手，他第一个走进体育场。

长途奔波的疲劳，使得刘长春没能进入100米和200米短跑的决赛，但是这位单刀赴会的英雄，为中国拉开了进入奥林匹克的序幕。

1958年，由于当时的国际奥委会执行了错误的"两个中国"政策，中国不得不退出国际奥委会。自那时起，中华人民共和国和国际奥委会中断了联系。

在1958年后的20年里，中国内地拒绝参加大型的重要国际体育赛事，而

【中国退出国际奥委会】

1954年，国际奥委会第四十九届会议在希腊举行。在这次会议上，中华人民共和国在国际奥委会的合法席位终于得到承认。但是，中国台湾省地方体育组织也被列入国际奥委会所承认的各国奥委会名单。这分明是坚持"两个中国"的错误态度。

1956年，国际奥委会在某些人的操纵下，继续蓄意制造"两个中国"。在多次提出抗议无效的情况下，中国奥委会毅然做出决定，于1958年8月19日发表"关于同国际奥委会断绝关系"的声明。

台湾作为一个省却一直代表着中国出席各种赛事。

这样不合理的情况持续了 20 年后，奥运会大家庭已经意识到不能再缺少中国这个拥有世界五分之一人口的国家。1978 年，时任西班牙驻苏联大使并同时担任国际奥委会副主席的萨马兰奇，第一次踏上了中国的土地。

何振梁　前国际奥委会副主席

上世纪 70 年代后期，也就是文化大革命刚结束的那几年，中国内外的环境已经改变了很多，但那仍然只是一个开端。萨马兰奇从那时就已经意识到中国和中国人民的潜力。中国的一切事物对于初来乍到的他来说，都是那么的新鲜，他尽可能地了解这个国家、这里的人民和体制，还有中国人到底在想什么，追求什么。

但是，如何解决中国在奥运会的合法席位依然是一个棘手的问题。

当时，有国际奥委会委员问何振梁，能否接受在奥林匹克会旗下入场，而不是在国旗下入场。

何振梁反问道："你知道为什么我们的国旗是红色的吗？那是我们许许多多为了中国人民的自由独立而奋斗的烈士用鲜血染成的。你能够想象我们在其他旗帜，而不是我们自己的国旗引导下入场吗？"

当时，国际奥委会内部分成两大观点：一派认为台湾应该有独立的奥委会，不应该让它退出，这是所谓"一中一台"的观点；而基拉宁（Michael Morris Killanin，1914–1999 年，国际奥委会第六任主席，爱尔兰记者、体育活动家）、萨马兰奇等人认为，让八亿人民进来是主要的事情。台湾在劝说之下，也同意作为一个地方单位存在，不能够影响整个主体进入国际奥林匹克运动。

【名古屋决议】

具有划时代意义的《名古屋决议》的主要内容是：根据"一个中国"的原则，确认代表全中国奥林匹克运动的是中华人民共和国的奥委会，正式名称为"中国奥林匹克委员会"，会址设在北京，使用中华人民共和国的国旗和国歌。台湾地区的奥委会，会址设在台北，正式名称是"中国台北奥林匹克委员会"，不得使用原来的旗、歌和徽记，其新的会旗、会歌和会徽均须经国际奥委会执委会批准。之后，各国际体育组织也都循此"奥运模式"解决了我国的合法席位，同时允许台湾作为我国的一个地方性组织在国际体育组织中拥有其席位。

1984年7月29日，中国射击运动员许海峰摘取了第23届奥运会的首枚金牌，这也是中国自1932年参加奥运会以来获得的第一枚奥运金牌。萨马兰奇为其颁奖。（资料片截图）

1979年，国际奥委会在日本通过了《名古屋决议》，退出奥运会21年的中国终于重返了奥运大家庭。根据决议，国际奥委会恢复中国奥委会的合法权利，并决定台湾以“中国台北奥委会”这一地区性组织名义参加奥委会。

萨马兰奇　国际奥委会荣誉主席

我认为这是一个很好的范例，它说明了和平与理解可以在体育中永存。

1980年，萨马兰奇当选为国际奥委会第七任主席。1984年的洛杉矶奥运会是萨马兰奇主席任期内的第一届奥运会。刚刚重返奥运大家庭的中国，派出了一支庞大的代表团，浩浩荡荡前往洛杉矶。半个多世纪前的1932年，刘长春代表中国第一次参加奥运会也是在洛杉矶。52年后，洛杉矶体育场没什么变化，但中国代表团从6人增加到了353人！

体育收藏家蒋世玮的父亲是代表团的一员，属于中国的媒体代表。他随身带着一个很小的照相机，却没有拍照，因为当时激动的他完全忘记了这回事儿。当中国代表团几乎从他身边走完时，他才想起来拍照。因为他拍得晚了，只拍到了代表团的尾端。

1984年第二十三届奥运会的第一个项目是男子气手枪，中国运动员许海峰扬威赛场，射落洛杉矶奥运会的首金。萨马兰奇亲自来到赛场，为许海峰颁发了奖牌。

何振梁　前国际奥委会副主席

全中国人民以及身在海外的华人都沉浸在喜悦之中，中国终于能平等地和其他国家在一起比赛了。这第一枚金牌有着太多太多的含义，这是奥林匹克运动会一百多年以来中国获得的首枚金牌，也是1984年洛杉矶奥运会的第一块金牌，更是萨马兰奇主席在任期内颁发的首枚金牌。

在那场比赛中，有两位中国运动员获得了奖牌：一位是获得了金牌的许海峰；另一位是王义夫，他获得了铜牌。所以，赛场上要升起两面中国国旗，但是现场只有一面，之前没有人料到中国运动员能在一场比赛中获得两块奖牌。

从此，中国人彻底甩掉了“东亚病夫”的帽子。

1984年，中国运动员在洛杉矶奥运会首战中囊括了15枚金牌，沉浸在巨大喜悦中的中国人民，随即迎来了新中国成立35周年的国庆。

前国际奥委会副主席何振梁说，在经历了长达十年的“文革”之后，我们终于迎来了一个盛大的国庆日。因此，我们邀请了许多知名的外国朋友，萨马兰奇正是其中一位。

何振梁陪着萨马兰奇观看了群众游行和阅兵，萨马兰奇对这些井然有序的场面印象极为深刻。他告诉何振梁：“你们国家有那么好的组织能力，应该申办奥运会。”

海苏·桑斯（Jesus Sanz）　西班牙亚洲之家主席

我想，萨马兰奇是被中国文化的多样性所吸引。他不仅满足于和政治家、政府、商人打交道，他还很想了解周围在发生着什么，社会是如何吸纳年轻人的观念、想法，解答他们的怀疑和困惑，保障他们的权利，以及满足他们对于未来的憧憬。我觉得，他是一个很有好奇心的人。

这次的中国之行让萨马兰奇对中国有了更新的印象，他渐渐爱上了中国的文化。他的家中渐渐摆满了中国国画、书法、陶器与瓷器。

有一次，西班牙巴塞罗那华人华侨协会荣誉会长林传舜先生去萨马兰奇家拜访，根本看不出这竟然是一个西班牙人的家。

萨马兰奇不仅热爱中国文化，对中国的运动员更是表现出了极大的支持。他和邓亚萍的忘年交友谊，在中国已经成为近乎家喻户晓的一段佳话。

1986年4月28日，萨马兰奇在中国体育集邮协会成立大会上致辞。身为国际体育集邮联合会主席的萨马兰奇，参加北京第11届亚运会时，将他捐赠给奥林匹克博物馆的邮票全部带到中国，举办奥邮展览，以推动中国体育艺术事业的发展。（洛桑奥林匹克博物馆供图）

邓亚萍　前乒乓球世界冠军

我和萨马兰奇第一次见面是1991年，在日本。那时，我正在参加女单的决赛，这是我获得的第二块世界金牌。我的教练说："国际奥委会主席将为你颁发奖牌，这是非常光荣的事。"

我问："为什么？"因为那时我还只是一个18岁的女孩，没有意识到那么重要的人将为我颁奖。他为我颁奖的时候，还邀请我去在洛桑的国际奥委会总部。

国际奥委会总部坐落在瑞士洛桑，萨马兰奇在这里工作了二十多年。他的办公室是很好辨认的，因为里面摆着各种各样中国人民送给他的小礼物。他先后访华近三十次，与中国人民建立了一条牢固的纽带。

在总部大楼前，有两座雕塑，一座来自中国内地，另一座来自中国台湾。奥林匹克博物馆位于国际奥委会总部不远处，萨马兰奇把许多个人收藏捐赠给了博物馆，里面包括许多来自中国的礼物。

邓亚萍　前乒乓球世界冠军

萨马兰奇告诉我："你是我第一个正式邀请去洛桑参观国际奥委会总部的运动员。"那一刻，我感到了自己是多么地荣幸。

在国际奥委会吃午餐的时候，萨马兰奇主席来到我们中间。他给了我许多巧克力，但是他对我说："你要少吃一点，否则会太胖，打球的时候就没法灵活移动了。”他还说，“你一定会成为世界乒坛的头号种子，当你在巴塞罗那——我的家乡比赛的时候，我会亲自为你颁发奥运会金牌的。”

后来，在1992年的巴塞罗那奥运会上，当比赛打完两局后，萨马兰奇还没来，因此，裁判说：“你们只能等一等，因为主席还没来。”我们就等了几分钟，等他来了再开始比赛，最终我获胜了，他为我颁发了金牌。

◎ 巴塞罗那情缘

1992年，萨马兰奇把奥运会带回了家乡巴塞罗那，奥运的气息顿时使这个拥有两千多年历史的古城更加充满了活力。

萨马兰奇于1920年7月17日出生在西班牙巴塞罗那一个纺织资本家家庭，青少年时期，他就展露出对体育的热爱，曾从事冰球、拳击、足球等多项运动。

萨马兰奇　国际奥委会荣誉主席

小时候，我们家就住在巴塞罗那。在我家附近，有一个滑冰场，我就是在那里学会了打冰球。

出于对体育的热爱，萨马兰奇从商学院毕业后，在巴塞罗那一家报社做体育记者。之后，他还自己出钱组建了第一支西班牙国家冰球队。

阿尔贝托·比纳斯（Alberto Vinas）　西班牙加泰罗尼亚国际大学教授

冰球是百分之一百来自加泰罗尼亚的运动。在巴塞罗那举行的冰球世界杯是萨马兰奇第一次成功组织的赛事，最终，西班牙取得了冠军。这是西班牙自内战以来，国家队第一次获得冠军。

1951年，萨马兰奇当选为西班牙冰球联合会会长。四年后，他担任西班牙奥委会委员。1967至1978年，他成为西班牙奥委会主席。

巴塞罗那奥林匹克基金会的哈维尔·拉松颂（Javier Lasuncion）告诉我们，生活中的萨马兰奇一直在进行体育锻炼：“我仍然记得他在宾馆穿着T恤衫做运动的场景。他会随身带着日常运动所必需的器械，以便做运动。他的腕关节有时会感觉不适，经常转核桃来舒展关节，所以，许多人都想以此作为礼物送给他锻炼用。”

1966年，萨马兰奇在罗马当选为国际奥委会委员。从1974至1978年，他担任国际奥委会副主席。

萨马兰奇　国际奥委会荣誉主席

渐渐地，我的名字被国际奥委会成员所熟知。也就是这样，我逐步进入了国际奥委会。

◎ 第一次申奥

有了在西班牙举办奥运会的经验，萨马兰奇意识到中国也可以这样。举办奥运会可以让人们了解一个国家，推广国家形象，还能使这个国家有更大的发展机会，消除人们对它的一些成见。

在20世纪90年代初，中国先后举办了全运会、第十一届亚运会，以及第一届东亚运动会，这些大规模的体育赛事无疑为2000年申办奥运会进行了预演和准备。

张清　北京奥组委国际联络部部长

在这样一个背景下，我们1990年举办了亚运会。可以说，局部地改善了中国的周边环境和亚洲环境。但是要申办奥运会，那就不光是亚洲的问题了，会面临全世界更大范围的舆论，你必须都得克服。

何振梁　前国际奥委会副主席

在北京举行的第十一届亚运会上，萨马兰奇率领一支庞大的奥委会代表团参加了开幕式；这在以往的亚运会上从未发生过，超过六十位奥委会委员来到北京参加了这次开幕式。此行使萨马兰奇更加确信，如果奥运会在北京举行，一定会取得巨大的成功。

中国不仅从这几次大型赛事中积累了举办大型国际运动会的宝贵经验，也鼓起了志在必得的信心。在1990年举办亚运会之后，中国亚运委员会迅速改组成申奥委员会，准备参与 2000 年奥运会举办城市的申办。萨马兰奇看到了中国政府和人民为本国举办赛事所付出的巨大努力，为此非常感动。

1993 年 5 月，萨马兰奇赴北京与当时的中国奥申委领导会面。一天下午，萨马兰奇要求工作人员为他提供一辆自行车，他在天安门前骑上自行车，置身于中国首都自行车的洪流中。

海苏·桑斯　西班牙亚洲之家主席

萨马兰奇这样做，想表明生活是在前进的，有时回首过去是无益处的，中国正在改革开放的道路上前行。我觉得，他想让我们知道，我们应该支持中国人民的改革。我认为，这是一种对中国人民理解和认同的姿态。

与此同时，在中国，每个人都在为申办奥运会积极做着准备。中国人民表现出了非凡的热情，他们写信、签名，参与各种与申奥有关的活动。

北京奥组委国际联络部部长张清回忆："当时，内部提的口号是'志在必得'，就是这场战役只能赢不能输。那时候，可以说从最高领导到老百姓，都营造了这么一种大氛围。"

对于这一点，就连身为老外的巴塞罗那国际新闻基金会主席罗莎·玛莉亚·卡拉夫（Rosa Maria Calaf）都感觉到了："中国人民都非常热情，力求将每件事做到完美。每一个申办奥运会的国家都想展示出最好的一面，因为奥运会就如同一个国家的橱窗，所以这很合理。可是，一些西方媒体开始抨击中国的申奥准备工作。萨马兰奇当时指出，国际奥委会应当只是从体育的角度来考察北京，他们不太相信中国有能力组织奥运会。所以，中国方面还需要做大量的工作来使西方世界信服。"

何振梁　前国际奥委会副主席

1993 年 9 月 23 日晚，国际奥委会在蒙特卡洛进行投票。那次，奥委会想将宣布结果的仪式办成一场秀。当时，我们和其他申奥城市的代表团、媒体都聚集在摩纳哥的蒙特卡洛。我当时作为奥委会的第一副主席，最后一个走上台。

张清　北京奥组委国际联络部部长

我看不出萨马兰奇的喜怒来，所以，一直到他宣布之前，我们都没有看出来怎么样。但是从老何的表情可以发现一些蛛丝马迹，我们看到老何尽管想微笑，但是笑不出来。我们从他面部上看出来，情况可能够呛。

第一轮投票结束后，土耳其伊斯坦布尔以六票首先遭到淘汰。德国柏林在第二轮中败北，英国曼彻斯特在第三轮遭到淘汰。在前三轮的投票中，北京始终领先。最后一轮投票结束后，由主持计票的塞内加尔籍委员穆拜将当选城市写在一张卡片上，并放入密封的信封中，交给主席萨马兰奇。

何振梁　前国际奥委会副主席

当时只有我和萨马兰奇两个人在后台，我对他说："悉尼会赢。"

他说："你怎么知道？我还没打开信封呢！"

我说："我能肯定！"

萨马兰奇说："首先我要感谢下列城市参与了这次竞选。"他感谢了五个城市，因为北京以字母"B"开头，就先点了北京。萨马兰奇刚讲完北京，国内观众就欢呼起来了，大家误以为北京获得了举办权。萨马兰奇接着感谢参与申办的其他城市，依次是柏林、曼彻斯特和悉尼。

这时，国内缓过劲来，大家发现搞错了。萨马兰奇接着宣布："获胜城市是悉尼。"

邓亚萍　前乒乓球世界冠军

当我听到这个结果时，简直不敢相信。我们团队的成员们面面相觑，都说不出话来。大家一言不发，因为每个人心情都是一样的，这不是你个人的输赢，而是中国输了。

张清　北京奥组委国际联络部部长

我们都懵了，从领队到一般的工作人员。尽管是在正式场合，合唱团的孩子们都开始号啕大哭起来。虽然我们这些成年人也感到很失望，但我们似乎接受了事实，安慰他们说："没关系的，这不是什么大事。我们可以重新再来，这次的经历是你们宝贵的财富。"

我们仅以两票之差输给了悉尼。如果有一票投给了我们，那就打了个平局，情况会完全不一样。在中国申奥代表团回国的飞机上，所有的人都在哭，每个人都无法忘记这次经历。

作为主席的萨马兰奇不能流露或是说些什么，他必须保持中立，不偏不倚，但中国申奥失败，的确令他非常失望。

几乎所有中国人对当时申奥失败都没有心理准备，但事后人们开始冷静下来，反思这次失败的原因。

张清　北京奥组委国际联络部部长

萨马兰奇，包括我们的其他一些朋友确实认为，以中国的经济实力当时申办奥运会还差一点。如果晚些年办，没什么坏处。而且中国是第一次申办，其他国家，包括悉尼都不是第一次了。所以，这两个因素凑到一起，导致了中国第一次申奥的失利。

虽然经历了申奥失利，但中国人并没有气馁，他们还是积极关注奥运，参与体育事业。邓亚萍的话表达了大家的心声："我在训练上要比别人多花一倍的努力。我认为，萨马兰奇正是看到了我身上的这种精神，所以他始终支持我，因为他觉得我体现了奥林匹克精神。"

当年在巴塞罗那奥运会上，邓亚萍在赛场上等待萨马兰奇的出现。但在1996年的亚特兰大奥运会上，当运动员们还在热身阶段，萨马兰奇就已早早地来到赛场，准备观看邓亚萍的决赛。

邓亚萍　前乒乓球世界冠军

那一次，主席和他的夫人一起来到了赛场。我的领队跑来告诉我："你的爷爷来了！"我问："谁是我的爷爷啊？"

他说："萨马兰奇先生，国际奥委会主席。"

我说："啊！这次他来得真早啊！"

邓亚萍果然不负众望，在亚特兰大的比赛中再次摘得冠军。在颁奖典礼上，萨马兰奇又一次为她颁发了金牌。

邓亚萍　前乒乓球世界冠军

他给我颁发奖牌的时候，拍了拍我的脸，我哭了。许多中国人说因为主席拍得太重了，否则你不会哭的。在我的乒乓球生涯中，他给我颁发过五块金牌。我觉得，我是世界上从萨马兰奇手里接过金牌最多的人。

中国人这种坚忍不拔的精神深深打动了萨马兰奇。多年来在与中国打交道的过程中，萨马兰奇对这个民族的好感不断在加深，他甚至亲切地把何振梁称作为他的“兄弟”。

萨马兰奇　国际奥委会荣誉主席

何振梁经常陪在我左右，多年来，我一直非常珍惜我们之间的友谊。他是个非常睿智的人，有着深厚的文化底蕴，对我来说他不仅仅是朋友，还是一位大师。

林传舜　西班牙巴塞罗那华侨华人社团联合总会名誉会长

萨马兰奇与何振梁就像两兄弟一样，他们经常有说有笑。有时在吃饭时，他们经常鼓掌、敬酒，根本不像是两位奥委会的领导人。

在中国第一次申奥失利后，萨马兰奇曾向何振梁表示，在他任职主席期间，国际奥委会犯过两次错误：第一次是百年奥运会没有回归它的发源地雅典举办，而是给了亚特兰大；第二次是 2000 年跨世纪奥运会给了悉尼而不是北京。对于第一次错误，现在已经有了弥补，国际奥委会把 2004 年奥运会的举办权给了希腊雅典。现在他的愿望是，在他任职期间，可以看到对于第二个错误的弥补。

其实，早在中国第一次申奥失败的第二天，萨马兰奇就建议何振梁，中国应该考虑申办 2004 年奥运会。但当时，多数人都认为马上再次申请各方面的条件还不成熟。之后，萨马兰奇多次向当时的中国领导人建议，中国应该再次考虑申办奥运会。他还表示，希望在他的主席任期结束前，看到中国的申办能有个结果。

1999 年 4 月 7 日，北京市市长刘淇在瑞士洛桑国际奥委会总部，向萨马兰奇正式递交北京承办 2008 年奥运会的申请。（资料片截图）

海苏·桑斯　西班牙亚洲之家主席

萨马兰奇一直努力把奥运会推向整个亚洲，他总是不断提到，中国迟早会举办奥运会。我认为萨马兰奇做了很多贡献，使中国成为一个更为开放的国家，并且为中国建立了更多与外界交流的纽带。

1999 年 4 月 7 日，时任北京市市长的刘淇和中国奥委会前主席伍绍祖，在洛桑向国际奥委会主席萨马兰奇正式递交了北京市申办 2008 年夏季奥运会的报告。

◎ 第二次申奥

张清　北京奥组委国际联络部部长

说实话，中国申办 2000 年奥运会失败后，萨马兰奇好像觉得自己欠了我们一个人情，他非常想帮助我们成功。所以，在第二次申奥的过程中，他应该是有点撕破老脸了，试图说服许多人，以至于都不顾及自己是奥委会主席的身份了，给我们出了很多主意，也做了很多人的工作。

林传舜　西班牙巴塞罗那华侨华人社团联合总会名誉会长

这一次，萨马兰奇三次前往非洲。在这三次非洲之行中，他为中国争取到了 15 张选票，这 15 张选票为我们 2008 年申奥的成功起到了至关重大的作用。

虽然经历了第一次申奥的挫折，但中国在准备申奥方面一直做着不懈的努力。与第一次申奥不同的是，这次中国邀请了许多国际奥委会的委员来到中国实地考察。

楼大鹏　前北京奥申委体育主任

因为那些团体与中国的联系不多，就如同医学诊断，要眼见为实。我觉得，他们来中国很好。这样，他们才能了解中国是如何在为申奥做准备的第一手信息。我觉得，给他们留下印象最深的不是我们的设施，因为在那个时候，我们还没有很多建造好的设施，而是我们人民的热情支持给我们加了分。

为了让奥委会知道中国普通的百姓支持奥运会，中国做了一次民意调查。当时像法国、加拿大这样的申办城市，支持率是40%多一点。而中国调查下来，支持率高达94%，连中国人自己都觉得支持率高得难以置信。

国际奥委会评估团自己在北京王府井做了一次随机调查，发放了1000份问卷，最终结果是96.9%，比我们自己做的调查结果还高。他们相信了，并承认他们之前根本就没有想到过。

从那以后，在市民支持率上，北京一直都排在第一位，别的城市都无法与之相比。

楼大鹏　前北京奥申委体育主任

当我们在2001年再次申奥的时候，中国包括北京在内的变化和进步是巨大的。如果你1992年到过北京，那在2001年，你会发现一个完全不同的北京。

可以说，我们在1992年尽了全力，但还是受到客观条件的限制。当时，当你要向奥委会委员提交报告时，都很难找到彩色复印机，有些都是手写的。但是在2001年，因为有了先进的技术和设备等，我们的申奥文件比1992年的更漂亮。

在去莫斯科之前，我们在自己的委员会面前做了彩排，他们给了我们一

萨马兰奇与时任国际奥委会副主席的何振梁交流工作。萨马兰奇亲切地称何振梁为他的“兄弟”。自 1979 年中国在奥委会重新获得席位后，他们一直保持着深厚的友谊。（资料片截图）

些建议，比如，你看上去还有点僵硬，不够自然，回去对着镜子练习。当我们去莫斯科的时候，就像学生上考场一样。在最后一刻，你只要走上台，希望一切顺利就行了。

2001 年 5 月，国际奥委会在国际奥委会官员网站上公布了国际奥委会评估团对五个申办城市的评估报告，北京为三个领先城市之一。

2001 年 7 月 13 日，国际奥委会第 112 届全体会议在莫斯科举行，2008 年夏季奥运会的主办城市将在大会上被选出。中国申奥代表团再次踏上了征程。

“不论你们今天作出什么决定，都将载入史册。但是只有一种决定可以创造历史。”2001 年 7 月 13 日下午，作为北京申奥代表团最后一位陈述人，何振梁发言的第一句话，立刻轻轻地敲打着在场的每一位国际奥委会委员和电视机前每一位观众的心。虽然第一次失败了，但是八年后，当中国重新整装出发，情况已大不相同。

“我亲爱的同事们，如果今天你选择了我们，我保证北京会让你骄傲。”何振梁动情地说道。

激动人心的投票环节紧张地进行着。第一轮结束后，中国以 44 票遥遥领先；第二轮结束后，监票的委员交给萨马兰奇一只密封的信封，这意味着已经有城市超过半数投票，提前成为 2008 年奥运会举办城市了。

何振梁　前国际奥委会副主席

当投票的结果出来，萨马兰奇拿着密封的信封从我身边走过，去致谢并宣布结果。我注意到，他微微地向我点了点头，幅度很小，只有我能注意到，观众看不到。但别人问他意见时，他总是说："不，不能说。"其实，我知道他为什么说不。

2001年7月13日，莫斯科时间下午6时，萨马兰奇走上讲台，拆开信封，庄严地宣布：2008年第二十九届奥运会举办权授予北京！

中国北京以56票，即以比第二名多伦多多出34票的过半票数提前胜出。全国都沸腾了，欢乐的气氛似乎把所有的东西都掀翻了。每个人脸上都挂着来自心底的笑容，流下了快乐的泪水。人潮涌入北京的大街小巷，夜空中绽放的明亮烟花，将偌大的北京城照得亮如白昼。

何振梁　前国际奥委会副主席

会议结束后，我走到台上感谢萨马兰奇。他知道我作为当选人的习惯，我们会拥抱。因为媒体都在，当我们握手的时候，他用法语对我说："这次，我不欠你太多了。"

你知道吗？这次我们没有拥抱，只是握手。他不想给媒体留下他偏袒北京的印象，他要展现一个不偏不倚的主席的形象。

2001年7月13日，在莫斯科举行的国际奥委会第112次全会上，萨马兰奇宣布北京市获得2008年奥运会主办权。（资料片截图）

◎ 国际奥委会主席的中国情缘

在宣布完北京申奥成功后，萨马兰奇结束了21年的国际奥委会主席生涯。作为国际奥委会终身荣誉主席的萨马兰奇，也是国际奥委会史上第一个全职主席，他平均每天工作15个小时，一周作20次讲演，代表奥委会出访，每个月飞25000公里。而他一个月里只能回巴塞罗那探望自己的家人一次。

2000年悉尼奥运会是萨马兰奇在任期内的最后一届奥运会，在开幕式上致辞的时候，萨马兰奇含蓄地用西班牙语为病重的妻子送去了问候："你好，西班牙！"

演讲结束后，他马上乘飞机回巴塞罗那探望妻子，在中途转机时，他接到了儿子的电话，才得知爱妻已经辞世。仅仅在几天以后，萨马兰奇就回到悉尼，做了任期内最后一次的奥运会闭幕辞。

萨马兰奇是第一个住在洛桑的国际奥委会主席。作为一个西班牙人，他生命中的很大一部分时间是在瑞士度过的。

据洛桑皇宫酒店经理助理披露："国际奥委会的官员们经常在洛桑召开大型会议，从这里可以眺望日内瓦湖和阿尔卑斯山，罗格主席和萨马兰奇也经常住在这里。只要有会议，委员们就会来这儿。"

1951年，结婚典礼上的萨马兰奇夫妇。2000年悉尼奥运会开幕式时，萨马兰奇的夫人玛丽亚病危去世。在返回巴塞罗那几天后，悲痛中的萨马兰奇重新回到悉尼，完成他在任期间最后一届奥运会的工作。（萨马兰奇供图）

何振梁　前国际奥委会副主席

中国老百姓不叫他萨马兰奇，都叫他“萨翁”，这是对年长者的尊称。他几乎每天都会收到普通中国百姓写给他的信，为他做的小礼品，他试图回复每一封信。

我不想冒犯任何一位西班牙领袖，但我们常说：“萨马兰奇是在中国最著名的西班牙人。”每个人都认识他。

巴塞罗那国际新闻基金会主席罗莎·玛莉亚·卡拉夫也是这样看的：“在中国，他感觉像在家一样，他受人爱戴和尊敬。也许正因为如此，他很喜欢上街和普通百姓说话。他喜欢被人宠着。”

与萨翁接触较多的邓亚萍觉得：“作为运动员或是中国的普通百姓，我们都被他的诚实和友好所打动。所以我觉得中国人和萨马兰奇的友谊将会很长久，不仅因为他将奥运会带到了中国，更因为我们和他已经拥有了长达三十多年的友情。”

邓亚萍　前乒乓球世界冠军

当我们在全世界进行火炬传递的时候，我们经历了许多磨难，接触了很多媒体和普通群众；他们对于北京奥运都各自持有许多不同的说法，甚至有人说，奥委会选错了举办2008年奥运会的城市。而在那一刻，萨马兰奇主席第一个站出来说：“中国北京是一个正确的选择，北京是举办奥运会再合适

无论在多么忙碌的情况下，现年89岁的萨马兰奇还坚持保持每天锻炼半小时的习惯，他的一生和体育紧密地联系在一起。（资料片截图）

不过的城市了。”

他告诉我：“我不在乎什么主义不主义，中国政府正在帮助中国人民走上幸福生活的道路。13亿人民过着幸福的生活，这才是最重要的。”

2008年8月8日，萨马兰奇作为国际奥委会荣誉主席出席了北京奥运会的开幕式。时间开了一个小小的玩笑，这一年，萨翁正巧88岁。

北京奥运会拉开了序幕，整个世界向中国投来了关注的目光，恢宏盛大的奥运会开幕式，把中国的古老文明和生机勃勃的现代化景象传递到了世界各个角落。

海苏·桑斯　西班牙亚洲之家主席

我觉得他非常高兴和满足，因为北京奥运会举办得很成功，原来外界对于北京奥运会一直有许多的担忧。

林传舜　西班牙巴塞罗那华侨华人社团联合总会名誉会长

萨马兰奇说：“这会是一届史无前例的奥运会，是奥运会历史上最辉煌的一页。”理论上，我们不知道今后是否还有奥运会能超越北京，但萨马兰奇却说：“就算有，北京奥运会也是一个具有历史意义的里程碑。”这不只是一届成功的奥运会，而是奥运会历史上最成功也是最精彩的奥运会。

《萨马兰奇奥林匹克回忆》中文版封面。

罗莎·玛莉亚·卡拉夫　巴塞罗那国际新闻基金会主席

他对于奥运会成功举办的喜悦溢于言表，他甚至还在西班牙的报纸上刊登了一些与之有关的文章和信函。所以，他对奥运会成功举办的喜悦是众所周知的。

第二十九届北京奥运会吸引了史上最多的参与者，从来没有哪届奥运会有如此巨大的投资，中国也赢得了破历史纪录的 51 枚金牌。

阿尔贝托·比纳斯　西班牙加泰罗尼亚国际大学教授

我认为，通过北京和巴塞罗那奥运会，你可以看出他是个非常有魄力、有勇气的人。因为每当他有了一个想法之后，无论外界有多少指责，他都会付诸实践。他会努力奋斗来捍卫自己的想法直到实现为止，从这一点上说，萨马兰奇是一个勇士，他深信人们最终会接受他的想法。

邓亚萍对我们说："当主席结束北京奥运会事务，回到巴塞罗那时，他感觉到身体很不舒服。可当他为了残奥会再回到北京时，他就像换了个人似的，什么都好了。我和萨马兰奇秘书安妮开玩笑说，主席应该住在中国而不是巴塞罗那，因为这里让他觉得更舒服。"

何振梁　前国际奥委会副主席

萨马兰奇曾经说过，在他的一生中得到过许多奖项，拥有过很多头衔，但他最珍视的头衔是“中国最好的朋友”。

萨马兰奇　国际奥委会荣誉主席

我想告诉中国朋友，在遥远的巴塞罗那，你们有着一位忠诚的朋友。

（本文图片除署名外均由 ICS 提供）

【编导手记】

追寻奥林匹克精神

陈亦楠

2009年3月，萨马兰奇先生给上海外语频道发来了亲笔签名的邀请信，盛邀《中国通》节目组前往巴塞罗那进行拍摄采访。在我们办理因公签证的过程中，萨马兰奇先生的秘书不厌其烦地写信、打国际长途到西班牙驻沪领事馆，极力促成我们的采访之行。

在远赴西班牙之前，我们已经在国内先后采访了一批中国赫赫有名的体育人。当知道我们要制作这么一部有关萨马兰奇先生与中国体育、与中国百年奥运梦的纪录片后，前国际奥委会副主席何振梁、前乒乓球奥运冠军邓亚萍、前北京奥组委国际联络部部长张清和前北京奥申委体育主任楼大鹏等体育界要人，都纷纷予以极大的支持，并在百忙中抽出时间接受了我们的采访。

回忆中国体育艰辛的发展历程，他们感慨万千，说到动情处，许多人更是忍不住落下眼泪。在整个采访过程中，中国体育人这种坚忍不拔的精神也深深地感染着我们。看似一次次简单的体育会议，其实都是一场场艰难的外交实战。中国体育界的精英们，不仅要具备良好的心理素质，还要精通外交，游走于各国政要、媒体、运动员、委员等形形色色的人物之间。往往是一件小事、一种态度，有时甚至是一个小举动，都可能影响着最后的重大决定。我们体育界的人士好比走钢丝的人，步步都要小心。

但当他们谈到萨马兰奇时，无不畅怀直言，心存感激。他们每个人都有着同萨翁亲切而温暖的趣闻轶事，都委托《中国通》节目组把他们的问候带去西班牙。

5月10日，《中国通》节目的第一路海外采访摄制组，带着萨马兰奇的邀请信，远赴他的故乡——巴塞罗那，不远万里探寻这位奥运传奇人物成长和生活的足迹。萨马兰奇出生于这座风光旖旎、历史悠久的城市，我们时不时地感受到当地加泰罗尼亚人的浪漫与热情。摄制组第一站来到了萨马兰奇先生的办公室，受邓亚萍等中国朋友的委托，给萨翁带去了各方赠送的礼品以及祝福。

萨马兰奇把1992年奥运会带回了故乡巴塞罗那，使这座古城更加充满了活力。摄制组前往位于蒙锥克山的奥运中心，这里坐落着巴塞罗那体育博物馆。馆内的许多展品来自于萨马兰奇的个人赠送；还专门有一个展区，陈列着萨马兰奇作为国际奥委会主席期间工作和生活上的物品。该博物馆馆长哈维尔·拉松颂先生称赞萨马兰奇是巴塞罗那的英雄和骄傲，在当地，他的名字家喻户晓。

在接下来的日子里，摄制组辗转于巴塞罗那和洛桑，陆续采访了巴塞罗那华侨荣誉主席林传舜先生、西班牙亚洲之家总经理海苏·桑斯、西班牙加泰罗尼亚国际大学教授阿尔贝托·比纳斯、巴塞罗那奥林匹克博物馆馆长、萨马兰奇在洛桑下榻酒店的负责人和洛桑奥林匹克博物馆讲解员等人；他们对萨翁都大加赞赏，为我们讲述了萨马兰奇不为人知的一面。

就在《中国通——萨马兰奇与中国百年奥运梦》播出不久，也就是在距摄制组赴西班牙拍摄采访不到一年的时候：北京时间2010年4月21日晚，萨马兰奇因心脏病抢救无效不幸逝世，享年89岁。

这个消息来得那么突然，大家震惊万分。当晚，所有参与《中国通》项目的制作成员都悲痛不已，节目的受访嘉宾以及业内同事纷纷通过电话和短信互相安慰，在心中默默悼念这位慈祥老人，怀念他对中国人民的情谊。

中国人民外交协会杨文昌会长高度评价萨马兰奇为“中国人民的老朋友”，何振梁缅怀萨翁“永远活在奥林匹克事业中”，邓亚萍表示“萨马兰奇让人类更加享受体育带给的快乐，得到精神的感召”……

从1978年第一次踏上中国大地，萨马兰奇与中国结缘32载；共同经历了各种风风雨雨，在患难中见真情，与中国人民结下了深厚的友谊。正如他自己所说：“在遥远的巴塞罗那，中国人民永远有一位忠诚的朋友！”

罗高寿

——中国是我的第二故乡

Igor Rogachev

20世纪30年代，罗高寿（右二）与父亲、母亲、妹妹。父亲老罗高寿是位汉学家，在中国参加过震惊世界的北伐战争，并且是第一个把《水浒传》和《西游记》完整翻译成俄语的译者，译著广受苏联读者的好评。（罗高寿供图）

罗高寿（伊戈尔·罗加乔夫）Igor Rogachev

当代俄罗斯著名的外交家、国际问题专家。苏联外交部副外长，曾任俄罗斯联邦第一任驻中国特命全权大使（任期1992–2005年）。

1932年3月出生在莫斯科。1955年毕业于莫斯科东方大学，历史学博士；精通俄语、汉语、英语、法语和乌兹别克语。他在中国生活和工作了近三十年，拥有四十多年的外交生涯，亲历和见证了中苏、中俄关系从蜜月—冰河—复苏，一直到建立战略合作伙伴关系的不同历史时期，长期致力于中俄两国关系的友好发展。

Igor Rogachev

◎ 与中国结缘的童年

20世纪20年代，苏联成立，共产国际派驻代表前往国民政府，转达有关指示，并对中国的革命进行支持和援助。

在中国第一次国内革命战争时期，共产国际提出并促进了第一次国共合作，帮助孙中山改组国民党并重新制定革命纲领，提出了关于中国革命的一些理论和方针政策，指导年轻的中国共产党人领导中国革命。

罗高寿的父亲老罗高寿（阿列克谢·彼得罗维奇·罗加乔夫），来到了大革命时期的中国，并参加了举世闻名的北伐战争。

罗高寿　俄罗斯联邦第一任驻华大使

我的父亲是汉学家，也是外交官；所以，中国朋友很熟悉他。正是父亲，对我选择研究中国问题和学习中文有着决定性影响。第一次他到中国去是1924年，首先到的是广州。他那时已经学会了汉语，所以，中国朋友很快给他起了中文名字：罗高寿，我继承了这个名字。

“罗高寿”这个名字既保留了原来的俄语发音，又巧妙结合了寿比南山终不老的寓意，富有浓郁的中国色彩。而罗高寿原来的俄罗斯姓名——伊戈尔·罗加乔夫，在中国反倒很少有人知道了。

作为学者的老罗高寿，说话慢条斯理，但很有深度。他非常平易近人，性格比较稳重。

高莽　俄语翻译家、作家

我记得，老罗高寿在张家口的时候，给冯玉祥当过翻译；后来又调到广州。那时候，革命中心在广州，老罗高寿给鲍罗廷，也就是孙中山的总顾问当过翻译，这都是地位很高的翻译。

他跟北伐军一块儿，了解了很多地区的民俗风俗，不同阶层人们的生活思想状况，所以，对他来讲这是一个很重要的时期。那时候，他接触过革命者，也接触过反动派；所以，在研究汉学方面打下了很好的基础。

随身翻译的工作，让老罗高寿接触了孙中山先生的思想，他把《三民主义》翻译成俄语，翻完后正好赶上苏联的卫国战争，所以这本书就没有出版。

老罗高寿回国后，开始从事翻译工作，将中国的古典文学名著翻译成俄文，他是第一个完整翻译《水浒传》和《西游记》的俄语译者。还将鲁迅的名作《祝福》、老舍的小说《无名高地有了名》等中国现代文学作品译成了俄文，广受苏联读者的好评。

对于老罗高寿当年的翻译，在俄罗斯科学院远东所工作的中国学家、罗高寿妹妹斯捷潘诺娃·罗高寿还记忆犹新："我妈妈在打字机上打字。爸爸一边翻，我们当时一边读，一边纠正打字时的错误。正是在那时，我和哥哥罗高寿结识了这些作品。从某种意义上说，我们也参与了翻译，帮了爸爸的忙。"

作为一名俄语翻译家和作家，高莽知道其中的难度。他说："中国人都知道《西游记》中的孙猴子、猪八戒等，但这对外国人来讲，可不是这么简单的事情。所以，老罗高寿就写了几本有关孙悟空、猪八戒的书，以便俄国读者能够更深入地理解《西游记》这本书。"

由于父亲老罗高寿的缘故，罗高寿与中国的不解之缘，早在出生三个月时就已结下。罗高寿 1932 年 3 月出生在莫斯科，母亲将襁褓中的他带到了苏联驻新疆迪化（现乌鲁木齐）总领事馆。

罗高寿　俄罗斯联邦第一任驻华大使

父亲对我的影响非常深刻。因为我小时候在中国呆过两次，每次都是呆三年。第一次在乌鲁木齐，从 1932 到 1935 年；第二次在哈尔滨，从 1936 到 1939 年。我的父亲在这两个地方，都是在苏联总领事馆工作。所以，我从小就知道中国，中国是我的第二个故乡。

中国朋友常常问我：罗大使，你什么时候开始学中文的？我说，我刚出生只有三四个月大的时候就去了中国，当然，第一语言是汉语。我的妹妹是在中国新疆塔城出生的。

斯捷潘诺娃·罗高寿　俄罗斯科学院远东所中国学家、罗高寿妹妹

我们当时还打架呢，小孩子总是这样。住在哈尔滨时，我们在松花江里游泳。每个礼拜天，我们坐小船到松花江去玩。

那时候，老罗高寿负责领事馆的新闻工作。三十来岁的他，抚养着小罗高寿和他的妹妹。然而，平静的生活不久就被打破了。1937年，“七七卢沟桥”事件爆发，日本发动全面侵华战争。被占领的哈尔滨，街头到处都是日军。几个月后，日本人封锁了苏联总领事馆。

罗高寿　俄罗斯联邦第一任驻华大使

现在，我不记得是什么缘故，日本人说要封锁苏联总领事馆。谁也不让出去，谁也不让进来。但那时已是冬天，气温为零下15到20度，非常冷。

我们都是小孩子。我记得我们的父母不让我们出去，不让我们玩雪，因为雪可以收集起来当水喝。只有一个人帮忙，那就是法国总领事，他坐自己的小汽车到领事馆，给小孩子们带来一些吃的。

1939年，七岁的罗高寿和六岁的妹妹跟随父母回到苏联，结束了在中国的童年生活。尽管回国后的罗高寿和中国没什么接触，但是他常常从父亲那里听到有关中国的故事和消息。那时，老罗高寿在莫斯科大学教书。

◎ 中苏蜜月期里的青年

1949年10月1日，新中国成立。两天后，中苏建交，苏联成为第一个和中华人民共和国建立外交关系的国家。

20世纪50年代初，罗高寿考进了父亲的母校——莫斯科东方大学，学习汉语专业。当时，正是中苏两国交往最频繁的年代；由于口译人手不够，只好调用在校学生。

罗高寿在学校里是优等生，经常被派出去做随团翻译，陪同中国各种代表团在苏联参观访问。这一工作，让罗高寿对中国文化产生了浓厚的兴趣。

童年的罗高寿（图右）与妹妹斯捷潘诺娃在中国。罗高寿出生一个月后，父亲就将襁褓中的他带到了苏联驻乌鲁木齐总领事馆。之后，妹妹诞生在新疆，至今还保留着当时在中国的出生证明。（罗高寿供图）

罗高寿　俄罗斯联邦第一任驻华大使

中国天津队大概五六十个人来苏联的时候，我陪他们去了基辅和高加索。我两个多月没有上学，考试也没有参加，后来，教授专门到学校去考我。

第二次是你们的篮球队来，也是在苏联呆了一个半月，他们在这里训练，我们一直和他们在一起。1955 年，著名京剧表演艺术家梅兰芳率团赴莫斯科演出，我给梅兰芳做翻译。那时，我第一次看到他演出，从此，就非常喜欢。

梅兰芳的演出在莫斯科获得了巨大成功。当时的罗高寿，已是莫斯科东方大学五年级的学生，作为京剧团的翻译，他有幸观看了大师演出的《贵妃醉酒》、《霸王别姬》等剧目，并为之倾倒。京剧，就此成了他的终生爱好。

【中苏建交】

1949 年 10 月 1 日，毛泽东在《中华人民共和国中央人民政府公告》中宣告，我国同外国的外交关系要建立在平等、互利和互相尊重领土主权的基础上。当天下午，政务院总理兼外交部长周恩来即以公函形式向各国政府发出这一公告。这是新中国的第一个外交文件，是通过使馆向外国政府发出的第一个照会。10 月 2 日晚，苏联副外长葛罗米柯致电周恩来，表示苏联政府决定同中华人民共和国建立外交关系，互派大使。同日，苏联宣布断绝与国民党政府的外交关系。3 日，中苏正式建交。苏联首任驻华大使罗申向毛泽东递交了国书，王稼祥担任中国第一任驻苏联大使。

20世纪50年代，罗高寿考进了父亲当年的母校——莫斯科东方学院。（罗高寿供图）

也就是在这一年，罗高寿从莫斯科东方大学毕业。那时，很多单位都需要汉语翻译，罗高寿参加了中苏阿穆尔河（黑龙江）流域的综合勘察队。

罗高寿　俄罗斯联邦第一任驻华大使

1955年6至8月，我到布拉戈维申斯克，也就是黑河对岸，参加中苏边境考察队。那时，中苏两国科学院的考察队要从布西开始上黑龙江，有时在苏联境内下船过夜，有时在中国境内下船过夜。就这样，一直一路北上，我们一共用了一个半月，坐船航行了1500公里。这段经历很有意思，对我的影响很大。

阿穆尔河（黑龙江）流域的勘察工作，使罗高寿对流域沿岸有了丰富的感性知识。几十年后，当罗高寿参加边界谈判时，有关那个地区的知识他全都用上了。

1956年初，也就是罗高寿毕业的第二年。一天，苏联外交部副部长费德林打电话给自己的老师老罗高寿，说在中国国务院领导下工作的苏联专家顾问处需要两名译员。于是，年轻的罗高寿以苏联专家的身份来到了北京，在国务院外国专家局担任翻译。外国专家局把罗高寿派到了卫生部，当时的部长是李德全。

李德全是冯玉祥的夫人，一位非常有名的女政治家。让人感到巧合的是：

在 20 世纪的 20 年代，老罗高寿跟随冯玉祥走南闯北，现在，他的儿子小罗高寿又在冯玉祥夫人李德全领导下工作。

罗高寿在卫生部工作时，正逢血吸虫病在中国肆虐，就如毛泽东主席曾在《送瘟神》中描述的那样："绿水青山枉自多，华佗无奈小虫何。千村薜荔人遗矢，万户萧疏鬼唱歌。"

罗高寿跟随当时苏联卫生部副部长科切尔金领导的苏联医生小组，亲眼看到遭受血吸虫病痛苦的人们。这次在中国的实地调查，让罗高寿深深感到中国人民对他的需要，同时也体验到为人民尽职的喜悦。

罗高寿　俄罗斯联邦第一任驻华大使

那时，在中国武汉有血吸虫病，病情非常厉害！很多人都病死了。我们从武汉坐船南下，在很多地方下船检查当地的情况。我们到了农村很多地方，其中有一个村子，83% 的人差不多都病死了。最后一天，我们去了上海，在那里有个全国医学会议。科切尔金副部长作了报告，谈了他对于这个病的想法和方案。

我们回到北京后，身体都不好，我们两个人都病了。科切尔金肚子不好，瘦了 8 公斤；我瘦了 12 公斤。

过了一个时期，罗高寿的领导决定把他派到俄语《友好报》，报社在北京东四十三条。

《友好报》是中苏蜜月期，在中国用俄文出版的杂志。也就是在这个报社，俄语专家罗高寿认识了俄语翻译家、作家高莽；两人从同事成为朋友。

高莽　俄语翻译家　作家

苏联专家那时受到另外一种待遇，跟我们吃的也不一样。那时候，苏联

【中苏蜜月期】

从 1953 年斯大林逝世到 1958 年，中苏两党两国关系进入蜜月期。

中苏两国"蜜月期"里的文化关系，与这一时期双方的外交、政治、经济关系有密切联系。在 20 世纪的 50、60 年代，中国外交上的"一边倒"政策、《中苏友好同盟互助条约》的签订、经济上苏联对中国的大力援助以及中苏文化在意识形态方面的趋同等多重因素的综合作用，使中苏文化关系进入"蜜月"阶段。

是老大哥，一切都好，所以对罗高寿这样的苏联专家特别照顾。我记得，他当时很爱打球。我们有个小院，他很爱在院子里打球，而且戴着眼镜。我就问，你戴着眼镜怎么打球？他说，我原来在学校里还当过足球队队长呢。

菲利克斯·斯特洛克　苏联驻上海总领事

那时，我们都是年轻人，罗高寿大概23岁，我24岁。他在运动方面很厉害。我们有时在外面玩，回来休息都晚了，他总是早晨七点就起床做运动，我们觉得很奇怪。他会按照自己定的计划做事，无论发生什么。比如，到时间应该做体操了，他就做。

不到一年时间，苏联政府决定把罗高寿调到苏联驻中国大使馆工作。

1958年1月7日，罗高寿到大使馆报到，担任翻译工作。这是罗高寿生命中的一个转折点，从此，开始了他的外交官生涯。

中俄友好协会理事李英男教授第一次见到罗高寿时，他还是个中学生。

李英男是老一辈无产阶级革命家李立三之女，母亲李莎是俄罗斯人，因为这层原因，罗高寿和李家有着多年的深厚友谊。

李英男　北京外国语大学俄语中心主任

我周围的同学全都是俄罗斯的孩子，其中也有一些父母在大使馆工作的。有一次，我很偶然从一些年纪比我大的同学中打听到，伊戈尔·罗加乔夫来了，罗高寿来了。

我就说是谁呀？然后她就告诉我：罗高寿是名门出身，他父亲也是外交官，中国通。他自己也是特别优秀，汉语特别好，很年轻，长得也很英俊。所以，那些女孩子们都是他的崇拜者，用现在的话说，就是他的粉丝。

我就对罗高寿产生了一点好奇心，他究竟是一个什么样的人？

有一次，我跟同学在使馆区散步时，远远地看到罗高寿。我同学就说，那就是，你好好看看吧。我一看，确实个子比较高。他那个时候很苗条，是文质彬彬的一位青年，很有知识分子的样子。

罗高寿1958年进入外交部，之后一直从事对中国的工作。

苏联外交部第一亚洲局分管三个国家：中国、蒙古和朝鲜，他一直在这个

擅长弹钢琴的罗高寿大使，经常被中国的广播电台、电视台邀请去演奏。图为罗高寿为《中国通》赴俄摄制组演奏钢琴曲。他兴致盎然地弹奏了《莫斯科郊外的晚上》、《康定情歌》、《团结就是力量》等耳熟能详的曲目。

局里工作。就在罗高寿进入苏联外交部的同一年，中国政府授予他“中苏友谊勋章”。

正如俄罗斯前总理叶夫根尼·普里马科夫所说：“作为一个俄罗斯人，罗高寿爱俄罗斯，但是他同时也爱中国，他爱中国并不比爱俄罗斯少。”

罗高寿　俄罗斯联邦第一任驻华大使

对苏联专家来说，没有比这再高的荣誉了，得到“中苏友好勋章”是最高的荣誉。今年（2009年）是中华人民共和国成立60周年。前几天，我得到消息，你们将送新的纪念章给60位俄国的政治家、外交家、活动家、医学家和新闻工作者，其中也包括我。

罗高寿很庆幸在自己外交生涯起步时，就接触了中国许多叱咤风云的人物；他曾给毛泽东、周恩来、刘少奇、朱德、陈毅和邓小平等中国国家领导人做过翻译。直到今天，他还记得给毛主席翻译时的那些事。

1960年2月，苏联代表团按赫鲁晓夫的指示前往南方与毛泽东主席会晤，罗高寿陪同当时的苏联大使安科，第一次为毛主席担任了翻译。

罗高寿　俄罗斯联邦第一任驻华大使

毛主席讲话的时候，常常用湖南话，所以旁边要有两个翻译，先从湖南

罗高寿位于莫斯科的家中，到处摆放着中国物品，连他的爱犬也是专门从北京空运过来的。

话翻成普通话，然后我再从普通话翻译成俄语。

我们早上坐飞机到广州，大概 11 点左右。本来，我们想一到广州毛主席就会接见我们。但中国朋友对我们说，对不起，毛主席刚睡觉。他工作了一晚，这是他在延安养成的习惯，所以请你们等一会儿，等他睡醒了，我告诉你们。

我们等了一天，大概晚上七八点的时候，通知我们可以见毛主席了，我们就上了车。本以为很近，没想到从市区到了郊区，又到了山上。车子在山上转来转去，然后我们看到一幢二层楼高的房子，中国朋友说这就是毛主席住的地方。

下车以后，毛主席就出来了，与我们一一握手，然后请我们到他的会客室。我们一坐下来就开始谈，谈了差不多一个半小时到两个小时，毛主席说，我们休息下，我请你们吃晚饭。那时候，已经是晚上 11 点或 11 点半了。

我们来到食堂，桌子已经摆好了。菜非常好，毛主席说我们喝酒，然后，就看到毛主席吃起辣椒像是在吃苹果或者葡萄。他一口辣椒，一口酒，我们看到后，都觉得非常惊奇。饭后，他又请我们到会客室，继续谈话。我们告别的时候，是深夜 12 点半或 1 点了。

◎ 中年：中苏关系出现裂痕

1953年，赫鲁晓夫上台后，发表了反斯大林的报告。

1959年，赫鲁晓夫访问美国，寻求两大阵营的合作，加紧推行“美苏合作，主宰世界”的路线。随着矛盾和冲突的不断出现，中苏之间出现裂痕。中苏两国关系从半明半暗的分歧走向了公开的分裂。20世纪50年代后期，中苏两党由意识形态的分歧发展为历时十余年的公开论战。

1960年，苏联单方面撕毁了304个专家合同、撤回苏联专家1390人。

1963年7月，苏联方面公开发表了《给苏联各级党组织和全体共产党员的公开信》，全面地对中共的观点进行批判，施加压力。次年，中国方面发表了九篇“评苏共中央公开信”的文章，全面反驳了苏共的论点；中苏大论战全面展开。

罗高寿　俄罗斯联邦第一任驻华大使

1960年夏天，我从莫斯科休假结束，坐火车回北京。在很多车站，我意外地看到火车里都是苏联专家和他们的家属。

我问他们，你们为什么回莫斯科呢？他们说这是上面的指示，我没弄明白是怎么回事。回到北京以后，苏联大使给我们介绍了情况，当然，我认为那时我们双边都犯了错误。

回想那个时候，北京外国语大学俄语中心主任李英男说：“我觉得，苏联和中国好像是两个世界了。苏联是个外星世界，我们那时候除了在《参考消

【赫鲁晓夫】

赫鲁晓夫（1894-1971年），曾任苏联共产党第一书记、部长会议主席。1964年10月，被迫辞职。在苏共二十大上，赫鲁晓夫通过秘密报告的方式，揭露了斯大林在大清洗中的暴行，结束了斯大林时代。秘密报告公开后，震撼了世界和国际共产主义运动，掀起了世界范围的“去斯大林化”运动。其政策受到中国共产党的抨击，使中苏两党两国关系趋于恶化。

赫鲁晓夫主张东西方缓和以避免核战争，对外提倡“三和路线”：即和平共处、和平竞争、和平过渡。但他的对外政策仍然导致美苏核对抗，他是冷战期间第二次柏林危机、古巴导弹危机等事件的主要策划者。

息》上能看到一些消息，还有一些官方报道外，没有其他任何渠道。自己最亲密的亲戚朋友在那边怎么样，我们都不知道，也没敢打听。”

1961 年，罗高寿回到莫斯科，继续在苏联外交部任职，从事亚洲方面的事务。四年后，他被派往华盛顿，在苏联驻美国大使馆工作，处理和中国有关的亚太问题，但当时不断升级的中苏紧张局势，把罗高寿又召回了中国。

互为邻居的中苏两国，拥有东西两端的共同边境，在中苏关系处于蜜月期的时候，两国边境相安无事。1964 年，中苏开始了第一次边境谈判；1969 年 3 月，中苏两国边境珍宝岛地区发生大规模武装冲突，这一事件标志着中苏同盟走向终结。

1969 年 4 月，珍宝岛战斗刚结束不久，罗高寿作为苏联驻华使馆参赞，再次来到中国工作。这时，正值中苏两国关系处于最低潮，这个参赞，他一直当到 1972 年。

罗高寿　俄罗斯联邦第一任驻华大使

1969 年 2 月，苏联驻美国的德布列尼大使收到莫斯科指示电报，上面这样写道：德布列尼大使同志，今天要和罗高寿谈话。情况是这样的：现在在中国北京，情况非常困难，我们急需好的专家和汉学家，决定将罗高寿升为参赞，到北京大使馆工作。

我到了北京以后，那里的气氛非常紧张，最好别再回忆起那个时候。

当时我们的大使馆被封锁了，周围有好几千人，24 小时喊着不友好的话。打倒苏修！打倒美帝！打倒克里姆林宫的新沙皇！吊死勃列日涅夫！枪毙柯西金！当时要去市区也很困难，一个人不行；如果送人到飞机场也很困难。所以，我们都不允许带家属到北京。

中苏两国关系处于最低潮。

【“九评”】

1963 年，在中苏两党会谈期间，苏共中央于 7 月 14 日公开发表了《给苏联各级党组织和全体共产党员的公开信》，信中就中苏分歧、斯大林评价、南斯拉夫问题以及民族解放运动、战争与和平、和平共处和国际共产主义运动的团结等问题全面地对中共的观点进行批判，以造成更大的声势，对中共施加压力。

从 1963 年 9 月到 1964 年 7 月，《人民日报》、《红旗》杂志发表了九篇编辑部文章，同苏共展开大论战；这就是九评苏共中央的公开信，也叫作“九评”。

当时在中国，与苏联有关的一切都被盖上了“苏修”的帽子。作为外交官的罗高寿深深地感受到两国间的相互猜疑和不信任。

作为外交官，罗高寿要忠诚自己的国家，但出于对中国文化和中国人民的深厚感情，罗高寿的内心是非常痛苦的。

斯捷潘诺娃·罗高寿非常了解这一点，“我哥哥罗高寿看到两国之间这样的状况很伤心，我们两个国家之间这样的关系是很不正常的。他也希望关系能够正常化，一切都好起来。罗高寿在北京使馆和华盛顿使馆工作的时候，为这个目标做了他所能做的。”

在中苏关系最紧张的时期，两国的外交关系和交往并没有中断。当时的主要官方渠道，一个是边境谈判，一个就是经济贸易的关系，虽然降到了最低限度，但还是保持着联系。

就在这个时期，罗高寿成为中苏边境谈判代表团成员，开始参与两国边境的谈判工作。

李凤林　中国原驻俄罗斯联邦大使

当时，双方的外交官会有些接触和交流，比如说，我们边境代表团在中国谈判的时候，去外地访问，在火车上或者是休息的时候，也会聊到这些情况。我觉得说心里话，当时两国代表都对边境谈判僵持的局面表示担忧，也觉得应该想办法来解决。

罗高寿作为一个外交官的特点就是很温和，很理智，很务实。遇到这种问题的时候，双方肯定会表达自己的观点，同时，也可以在这种交谈中寻找解决问题的办法。

【苏修】

“苏修”是“苏联修正主义”的简称。是指苏共对客观世界、社会生活等所持有的系统的理论和主张，是打着社会主义旗号的资本主义，是大国沙文主义的体现。

1956-1966 年的十年间，过去亲密无间的中苏两党翻脸相向，中共批判苏共是“修正主义”，苏共则指中共为“教条主义”。双方起初密函对责，继而公开论战，由意识形态之争发展到指着对方领袖点名道姓地互骂。两党、两国关系遂急剧恶化，终致爆发 1969 年的中苏边界武装冲突。

中国从此把苏联视为主要敌人，为了钳制苏联而于 1972 年与美国复好。“中苏大论战”的遗恨延续了 30 年，直到 1989 年戈尔巴乔夫访华，中苏两党的关系才算开始回归正常化。

○ 十年：中苏关系正常化谈判

经历了风风雨雨之后，到了1979年，适逢《中苏友好同盟互助条约》30年期限已到，中方以此为契机提出就国家关系问题进行谈判，由此开始中苏关系正常化长达十年的谈判。

当时，在苏联和中国，对于正常化谈判都分别持有不同的意见。

1982年，时任苏共中央总书记的勃列日涅夫发表“塔什干讲话”，表示愿意改善中苏关系，但是破冰的过程是相当缓慢的，双方都非常谨慎。

罗高寿　俄罗斯联邦第一任驻华大使

七八十年代，双边关系出现了很多错误。但慢慢地还是感受到我们的关系应该是好的，远亲不如近邻。困难很多，但我们慢慢沟通、协作，解决了这些问题。

安德烈·德尼索夫　俄罗斯外交部第一副外长

80年代中期，双边关系的改善开始起步。这首先是从文化方面开始的，有医疗专家代表团、贸易代表团、经济合作代表团互相往来；虽然规模都不大，但是关系在逐步改善。

1985年，此时的罗高寿已为苏联外交部第一亚洲局局长。这个时候，正值中苏关系正常化开始进入较为重要的一个阶段，开始酝酿举行更高层的，甚至是高峰会晤。

1986年，罗高寿被任命为苏联副外长，同时还担任中苏边境谈判苏方代

【中苏边境谈判】……………………………………………………………………

中苏边境谈判从1964年开始，共经历了1969和1987年三次谈判。

1991年苏联解体后，双方达成协议，决定将谈判继续下去，中苏边界成为我国同俄罗斯、哈萨克斯坦、吉尔吉斯斯坦、塔吉克斯坦四国的边界。

1999年12月9日，中俄签订了《中俄国界线东西两段的叙述议定书》。中俄之间的边界除了一处没有达成协议以外，其他地段的边界已经划定；同时，通过友好协商，我国同哈、吉、塔三国也陆续签署了国界协定，解决了历史遗留的边界问题。至此，这条七千多公里的国界线真正成为连接我国同四国人民友谊的永久和平、稳定、繁荣的纽带。

表团的团长。

李凤林　中国原驻俄罗斯联邦大使

这些年，从俄罗斯方面透露出来的一些信息，包括档案材料，可以看到一点：当时苏联内部对于解决中苏边界问题的看法和做法实际上是有分歧的。应该说，当时苏联外交部的看法，以及他们提出的建议是符合实际的。所以，我想从这个意义上讲，罗高寿作为最了解中国的外交官，他起的积极作用应该是肯定的。

在20世纪80年代后期，罗高寿频繁往来于莫斯科与北京。一方面，为戈尔巴乔夫访华做前期准备；另一方面，继续进行边境问题的谈判。

罗高寿　俄罗斯联邦第一任驻华大使

1989年这个历史性的会见，费了一年的工夫筹备。我去了几次北京，在莫斯科接见了中国代表团几次。我们筹备要签署的文件方案，所以工作特别忙，很有意思。

1989年2月，我陪外长去上海，邓小平先与外长握手，再与我握手。还对我说："我记得你，你50年代末给我做过翻译。"

原来在20世纪50年代后期，中苏国家篮球队曾在北京工人体育馆打过一场友谊赛。邓小平也观看了这场比赛，当时罗高寿为他做翻译。没想到，邓小平就这样牢牢地记住了他。

时任苏联副外长的罗高寿要与外长谢瓦尔德纳泽陪同苏共中央总书记戈尔巴乔夫访华。苏联驻上海总领事菲利克斯·斯特洛克告诉我们："当戈尔巴

【戈尔巴乔夫访华】

1989年5月15至18日，苏联领导人戈尔巴乔夫对中国进行正式访问。邓小平与戈尔巴乔夫一次握手长达1分30秒，以此作为对相互仇视二十多年的告别。

1989年5月16日上午，邓小平同戈尔巴乔夫进行了两个半小时的会谈，中午又宴请了戈氏一行，这就是著名的中苏"高级会晤"。

邓小平提出的"结束过去，开辟未来"的主张，得到了双方的一致认可。这次会晤确立了中苏关系正常化的新框架，为双方建立超越意识形态的睦邻友好关系奠定了基础，也为后来中俄以及中国与苏联各加盟共和国，进一步发展友好关系提供了新的契机。

乔夫和谢瓦尔德纳泽访问中国时，他们总是让罗高寿来解释一些他们不理解的事情，他们需要他对于形势的专业观点。”

1989年5月，罗高寿见证了中苏两党两国关系的正常化。

罗高寿　俄罗斯联邦第一任驻华大使

为什么我们说这是历史性的时刻？因为邓小平说了一句话：结束过去，开辟未来。

我想这是非常重要的。他是20世纪一个很伟大的（政治）活动家。

◎ 第一任：俄罗斯联邦驻华特命全权大使

国际形势风云突变。中苏关系刚刚正常化不久，1991年，苏联解体。

中俄将会面临怎样新的挑战？这两个世界大国会继续向好的方向发展下去吗？这一切，在当时都还是未知数。包括像李英男这样的老资格专家也不无担心：“万一两国关系再出现一些问题，可能对整个国际局面都会造成不良的影响。从地缘政治来说，对我们国家也是不利的。”

安德烈·德尼索夫　俄罗斯外交部第一副外长

当时，我们国家有一些人很兴奋。可以说不仅仅是兴奋，甚至带着对苏联解体的一种狂热。他们觉得，我们应该和美国这样的西方国家合作，如今我们已经融入了西方世界，根本不需要中国了。

但是，更多的人头脑还是清醒的，他们认为我们作为邻国，应该成为好朋友、好邻居。所以，我们要竭尽所能确保维持正常化关系，罗高寿正是拥有这样一种顺应大势的能力。

【苏联解体】

1991年12月25日晚，全世界注视着莫斯科红场上发生的苏联历史上的最后一幕：从克里姆林宫的旗杆上，饰有镰刀斧头和红色五角星的苏联国旗徐徐降下，它宣布了苏联历史的结束。存在了整整69年的苏维埃社会主义联盟走到了它的尽头，从法律上，苏联作为一个国家已经不再存在了。

从1991年8月19日发生的废黜戈尔巴乔夫的“8·19”事变，到1991年12月25日，在短短的四个月的时间里，占世界陆地六分之一的大国苏联，它的首任也是最后一任总统戈尔巴乔夫两次被赶下政治舞台——第一次被亚纳耶夫赶下台，第二次是被叶利钦。

1992 年初，俄罗斯联邦首任总统叶利钦签署总统令，任命当时的外交部副部长罗高寿为俄罗斯联邦驻中国特命全权大使。这个俄驻华第一任大使的职务，罗高寿一当就是十四年。

俄罗斯前总理叶夫根尼·普里马科夫道出了其中的原委："就我来看，我们选了一个对中国非常了解，而且对我们两国的关系寄予希望的大使。聪明、机智、熟知中文，正直、诚实、客观，这些特质在罗高寿身上得到了集中体现，这就是他被任命为驻中国大使的原因。这也证明了任命他的人，想要和中国发展友好的关系。"

罗高寿　俄罗斯联邦第一任驻华大使

我很高兴，因为我还是回到了中国，特别是我感到我们的双边关系慢慢地好起来了。虽然问题很多，但都在一个一个地解决。代表团往来很多，当然不是每个代表团都成功，但是，我尽量帮助改善政治关系。

1992 年，叶利钦第一次对中国进行了国事访问。叶利钦总统第一次访华的时候，在莫斯科有许多不同的看法。比如，访问中国是否有意义？还是保持现状，不进行对话或访问？

罗高寿是坚决支持叶利钦访华的。

在 1992 年，中俄签订了关于相互关系基础的联合声明。1996 年，双边关系提升为战略协作伙伴关系。

2001 年 7 月 16 日，江泽民对俄罗斯进行国事访问期间，在莫斯科签署了《中俄睦邻友好合作条约》，并于 2002 年 2 月 28 日生效。罗高寿参与了该条约的起草工作，他认为这是他在任期间最自豪的事情。

60 年来，中苏两国关系中有过两个重要的条约，一个是 1950 年的《中苏友

【中俄睦邻友好合作条约】

条约总结了近十年发展中俄关系最主要的方针和原则，将两国平等信任、面向 21 世纪的战略协作伙伴关系，和"世代友好、永不为敌"的和平理念用法律形式固定下来，并完善其内涵；规定了两国今后在政治、经济、科技、文化和国际事务中合作的原则和方向。

它是中俄关系史上重要的里程碑，是以互信求安全、互利求合作的新型国家关系的体现，是新世纪指导中俄关系健康稳定发展的纲领性文件。不仅将推动两国关系持续、稳定、健康地向前发展，而且将对地区和世界的和平、安全与稳定产生重大影响。

好同盟互助条约》，还有一个就是2001年的《中俄睦邻友好合作条约》。这两个条约从本质上明确了两国关系的性质，1950年的条约是一个正式结盟的条约；2001年的条约是确定了两国新型关系的条约，也为两国的新型关系奠定了法律基础。

罗高寿　俄罗斯联邦第一任驻华大使

这个条约不针对第三国，是睦邻友好条约，它最大的成就是我们解决了边境问题，这是最大的成功。

中俄两国拥有四千多公里的共同边境，这两个面积排名世界前三的邻居，长久以来一直被边境划定的难题所困扰着。2005年，中俄两国批准的《俄罗斯联邦和中华人民共和国关于俄中国界东段的补充协定》，标志着两国边界问题的彻底解决。至此，两国4300公里边界线的走向全部确定。

叶夫根尼·普里马科夫　俄罗斯前总理

我认为，这是我们两国边境条约签署中最大的成就。罗高寿参与了这个过程，做了很多的准备工作以及边境条约签署的整套工作。

2001年6月15日，中国、俄罗斯、哈萨克斯坦、吉尔吉斯斯坦、塔吉克斯坦和乌兹别克斯坦的六国元首举行了会晤，并签署了《上海合作组织成立宣言》，宣告上海合作组织正式成立。罗高寿作为当时俄驻华大使，亲历了这一历史时刻。

作为第一任俄罗斯驻华大使，罗高寿还积极推动了中俄两国在政治、文

【上海合作组织】

上海合作组织是第一个在中国境内宣布成立、第一个以中国城市命名的国际组织。

根据《上海合作组织宪章》和《上海合作组织成立宣言》，其宗旨是加强成员国之间的相互信任与睦邻友好，发展成员国在政治、经济、科技、文化、教育、能源、交通、环保及其他领域的有效合作，维护和保障地区的和平、安全与稳定，推动建立民主、公正、合理的国际政治经济新秩序。对内遵循“互信、互利、平等、协商、尊重文明多样性、谋求共同发展”的“上海精神”，对外奉行不结盟、不针对其他国家和地区，以及开放等原则。

成员国总面积近3018.9万平方公里，约占欧亚大陆面积的五分之三；人口约15亿，约占世界人口的四分之一；工作语言为汉语和俄语。

罗高寿接受《中国通》摄制组赠送的礼物，并且饶有兴致地翻看他的中国好友们的题字。

化、经济等各方面的交流合作。在中国，他被称为“平民大使”。待人接物没有架子，对中国人民热情友好。

罗高寿的老朋友、北京外国语大学俄语中心主任李英男认为：“罗高寿在这方面还保持了俄罗斯人的优良传统，就是由衷的热情和友好的情感，他能够用中国人能够理解和接受的方式表达出来。他的这种个人风格，在20世纪90年代的外交工作中起了很好的作用，也帮助国内的很多人打消了顾虑和戒心。”

俄罗斯外交部第一副外长安德烈·德尼索夫特别佩服的是：“他和中国老百姓都相处得非常好。不管是司机、餐厅服务生，还是商场售货员，罗高寿都尽力用中文和他们交谈，他甚至还会说很多中国谚语。”

罗高寿的妹妹斯捷潘诺娃·罗高寿讲述了这样的细节：“经常有中国人到我们这里来。有一次，我哥哥正好来找我。我们正在走着，突然，一群完全不认识的中国人把我们围住了，罗大使，罗大使，您在莫斯科啊。我们真高兴见到您！谢谢您。像这样的场面很多。”

在翻译家、作家高莽的眼里，“罗高寿本身是个特别幽默、爱开玩笑、很和善的人，从来没见他生过气。所以，跟他接触，给人的感受就是很随便。他跟你不摆什么大使不大使的架势，跟上级是这样，跟下级也是这样。”

俄罗斯驻华使馆里举行一些小型活动时，罗高寿经常邀请一些中国朋友唱俄罗斯歌曲，比如《莫斯科郊外的晚上》。当大家唱起来以后，他自己就会兴致勃勃地弹起钢琴伴奏。

2005年罗高寿结束俄驻华大使任期。当时已73岁的他临行前说："我的朋友遍中国。我是怀着伤感离去的。" 2009年正值中俄建交60周年，罗高寿题字祝愿中俄友谊长存。

我的朋友遍中国
中俄友誼長存
罗高寿
И. Рогачев
2009.七.十八

对于罗高寿的演奏水平，他的妹妹斯捷潘诺娃·罗高寿是非常认可的："我和哥哥小时候在一所著名的音乐学校上学，钢琴学得也都挺好的。有一次，让我们在两架钢琴上演奏柴可夫斯基的一首曲子《四季》，我们当时演奏了其中的《二月》，又名《谢肉节》。1946年，莫斯科广播电台就播放了我和罗高寿演奏的柴可夫斯基的《谢肉节》。"

薄熙来和罗高寿是好朋友，在任大连市市长时，听说罗高寿钢琴弹得好，允诺赠送他一台钢琴。

罗高寿　俄罗斯联邦第一任驻华大使

当时，我回莫斯科休假。从莫斯科回到北京之后，大使馆的人说："你不在的时候，来了辆大车，送来一架钢琴。"我说是薄熙来送给我的，但他们说，已经将它正式纳为使馆的东西了。

有位中国朋友送给罗高寿一瓶龟蚁酒。这位朋友告诉罗高寿："我的父亲一辈子喝这酒，早上一杯，晚上一杯。虽然生活那么困难，他还是活到93岁，都是因为喝了这个酒。如果你长时间坚持喝这个酒，一年或一年半之后，你的头发会变黑的。"

"我喝了好几年，还是没黑。"罗高寿继续幽默道，"但我还是明白她的意思的，变黑是针对中国人的头发来说的。"

2005年5月21日，罗高寿结束了长达近十四年的驻华大使任期，离京返国。那年，已73岁的他说："我的朋友遍中国。我是怀着伤感离去的。"

罗高寿　俄罗斯联邦第一任驻华大使

老实说，我非常伤心。每周都有中国朋友来看我，和我通电话，或者邀请我去中国餐厅参加活动。我非常高兴，因为这是我的生活。

中国前驻俄大使张德广和罗高寿相识并共事了二十多年，在罗高寿卸任回国的那天，他前往机场送行。在机场，两人热烈地拥抱，泪花在罗高寿的眼眶里打转。

张德广说："他在中国连续十几年做大使，和我的合作很亲密。"

另一位中国驻俄大使李凤林给出了这样一个精准的评价："罗高寿在任的这十四年里，中俄两国的关系不断走上新的台阶，取得新的进展。我想，罗高寿作为大使，他的贡献是可想而知的。俄罗斯的领导人，从叶利钦到普京，把他留在这个岗位上，我想，恐怕也是认为他可以对推动两国关系的发展起到最积极的作用。"

◎ 卸任之后

离开俄罗斯驻华大使的岗位，回到莫斯科的罗高寿还在继续为中俄关系做工作，还在积极推动两国关系。他现在是俄罗斯上院联邦委员会的成员，代表的州是阿穆尔州，也就是黑龙江对面距离中国最近的一个州。

在莫斯科罗高寿的家中，到处摆放着中国物品，俨然像是一个中国人的家。现在，罗高寿每周还要去附近的中餐厅报到，过把瘾。

罗高寿　俄罗斯联邦第一任驻华大使

不吃中餐我活不下去，常常吃，不好意思。

罗高寿家四代人都和中国结缘。老罗高寿和罗高寿都是汉学家，罗高寿的妹妹是远东研究所的中国研究员，女儿在北京工作，孙子也在中国上过学。

罗高寿的妹妹说："我们家从小就这样教育：在中国，一切都要献给中国。"

老友高莽的看法是："他继承了父亲的遗志，促进中俄人民友好，这是很重要的一条。而且他又把这一个传统传给了他的孩子，甚至孙子辈，这是非常不容易的。"

罗高寿　俄罗斯联邦第一任驻华大使

我孙子去年（2008年）从国际关系学院毕业。9月份，他到外交部工作，现在是外交部司员。他学过汉语，去过中国好几次，在大使馆工作过二三年。

所以，我和中国朋友说，你们不是说"有其父必有其子"吗？我说是有其祖父必有其孙子。

2008年，罗高寿在莫斯科不幸发生车祸，造成腿脚骨折。我们采访他时，他还在康复中。

他的妹妹告诉我们："他很担忧。因为他已经习惯了到处走动，到处忙碌，车祸后的治疗让他行动不便，但是他通过电话、因特网和别人联系，写文章、演讲、接受采访。虽然在某些方面确有限制，但他是个乐观主义者。"

罗高寿　俄罗斯联邦第一任驻华大使

老实说，我不相信西医，我信中医。

在北京的时候，我（一般）不吃西药。如果必要的话，我吃西药。我有很多中国大夫，我现在收到很多邀请，邀我去北京进行康复治疗。

2009年是新中国建国60周年，同时也是中俄建交60周年，罗高寿受中国政府和中俄友协的邀请，前往北京参加庆祝活动。

罗高寿　俄罗斯联邦第一任驻华大使

两年前在俄罗斯，我们进行了一个社会调查：最友好的国家第一名是中国，绝大多数人说是中国；第二位是哈萨克斯坦，其他我不记得了。所以，社会舆论是完全支持我们所做的努力的，个别反对的意见，我们可以不管。

中国前驻俄大使李凤林也持这样的观点："到现在为止，应该说中俄之间的关系还是处在历史上的最好时期。我讲的历史上，就是中俄将近四百年交往的最好时期。真正平等、信任，面向21世纪的战略协作伙伴关系。可以说，在大国关系里，中俄关系是一个典范。中俄关系的建立也吸取了历史经验和教训，是符合现代国际关系发展的潮流的。”

罗高寿　俄罗斯联邦第一任驻华大使

我希望，我们两国永不为敌。你看，我们有中国年，有俄罗斯年，现在是俄罗斯年，明年（2010年）是中国年。去年，普京总统和胡锦涛主席说好了，我们要把最好的经验发展下去，不要限制在两个年。永远是这样，要几十年，几百年，越来越发展，越来越好。

（本文图片除署名外均由ICS提供）

风雨之后见彩虹

陈亦楠

自项目确立开始，摆在编导面前最棘手的问题就是如何找到《中国通》的这些重要人物。第一个跳入脑海的办法就是找领事馆，但有着多年外事经验的领导告诉我们，应该先通过其他渠道，把领事馆作为最后一个办法。因为一旦被领馆婉言拒绝后，接下来的工作将会更加被动。

于是，先是通过上海的俄语专家结识了北京中俄友协的李英男教授。她是李立三的女儿，和罗高寿是多年好友。原以为，这样很快就能联系到罗高寿大使了，谁知接下来还要面临漫长的等待。

由于文化差异，在俄罗斯，陌生人冒昧联系他人是非常不礼貌的，其中必须要有中间人。正巧，中俄友协的一位教授要前往莫斯科，我们让他把采访意愿和诚意带给罗高寿。但此后却得知，罗高寿在去年不幸遭遇车祸，如今恢复相当缓慢。

教授回京后，给了我们罗高寿秘书的联系方式，并再三嘱咐我们不要轻易打电话，直接写邮件最妥当。

邀请信发出后，一直杳无音信，联系人安慰说，现在俄罗斯人正在过节，再等等看。三个星期后，编导的邮箱里收到一封俄语来信：罗高寿同意接受采访了！

事实证明，我们的联系方法是正确有效的，在后来的《中国通》新闻发布会上，俄驻沪领事馆的人员非常好奇，询问我们是如何联系到罗高寿的？

当我告诉她联系的过程后，她连连感叹："你们很聪明。要知道，根据我的经验，若是通过领事馆，你们将会等上很长一段时间才会得到回复，而且也不一定就是肯定答复。"

7月，摄制组来到罗高寿位于莫斯科的家中。

"欢迎来到我家，不过千万别拍摄我的脚。"这是罗高寿见到我们时说的第一句话。原来车祸造成了严重的骨折，他还没有完全拆掉石膏，走路还十分困难，但是他执意不要别人搀扶。“如果不自己走，情况会更糟。”罗大使对我们眨了眨眼，说道。

大使平时住在郊外的康复院，为了我们的采访特地赶回家中。陪同的俄语翻译悄悄告诉我，“俄罗斯人一般不会在家中接受采访，罗大使请你们到家里来，说明他非常重视。”

罗大使精通俄语、中文，会讲英语、法语和乌兹别克语，为了表示对《中国通》纪录片的支持，他坚持用中文接受采访。在整个采访中，罗大使时而神色凝重，时而开怀畅笑，他回顾了抗战时期、中苏蜜月期、冰河期、关系正常化到中俄关系蓬勃发展的今天，他时不时感叹道：“好多事情，我现在都不记得了，老啦。”

问到高兴时，他会惊讶地说：“关于我的事情，你们怎么都知道啊？”

这位“中国通”的家中摆满了各种中国古董：关公像、弥勒佛、中国陶瓷、字画等，连宠物狗都是从北京带来的。当然，最引人注目的要算客厅里的那架古董钢琴了。

“我要为你们连续弹上二小时。”罗大使兴奋地对我们说。

从《莫斯科郊外的晚上》到《康定情歌》，他弹了一首又一首耳熟能详的中俄歌曲，在场的我们也大受感染，在一旁和声唱了起来……

国庆60周年前夕，受中国政府邀请的罗高寿来到北京，参加新中国成立60周年的盛大庆典，我们有幸再次见到了他。面对众多媒体，罗高寿一眼就认出了来自上海的我们，这位风度翩翩的老人还不忘显示他的幽默，打趣地对编导说：“今天，你对我有何指示啊？”

在中俄建交60周年的各种活动上，我们从罗高寿大使的脸上读出了无限的感慨。

在整个制作过程中，我们每天的心情，曾经就像坐过山车一样，希望和绝望总是交替而来。我们每个编导都曾暗自哭过，觉得那些坎儿实在过不去了，可是每次到最后也都迈过去了。

真要感谢《中国通》这次非同寻常的机会，与智者的对话给了我们这份底气和从容，面临的各种困难也教会了我们贵在坚持。

罗伯特·劳伦斯·库恩

——让西方了解一个真实的中国

Robert Lawrence Kuhn

库恩于1944年出生于美国纽约的一个犹太家庭。“二战”结束后，库恩父亲贷款5000美金做服装生意，曾经担任美国时装协会主席。图为小库恩和父亲在一起。（库恩供图）

1957年11月16日库恩与父亲（左一）、母亲（右一）和妹妹（前排）的合影。库恩的母亲回忆到，少年时的库恩天资聪颖，但十分调皮，经常恶作剧捉弄妹妹。（库恩供图）

罗伯特·劳伦斯·库恩

Robert Lawrence Kuhn

1944年出生于美国纽约。著名的国际投资银行家、公司战略家、作家、学者和脑解剖学科学家。现任库恩基金会主席、国际管理集团（IMG）高级合伙人。自1989年以来，一直担任中国的经济政策、并购、科技和媒体等方面的顾问。

近年来，库恩出版的有关中国的著作有：《他改变了中国——江泽民传》、《中国30年——人类社会的一次伟大变迁》。

Robert Lawrence Kuhn

罗伯特·库恩第一次走入中国公众的视野，是2005年出版的《他改变了中国——江泽民传》。这是在中国内地出版的第一本在世国家最高领导人的传记，销量达到150万册，是当年最畅销的书之一。

2008年，正值中国改革开放30周年之际，库恩所著的《中国30年——人类社会的一次伟大变迁》中文本出版，获得巨大反响。这本书将目光投向了中国高层领导人，访问了习近平、李克强、刘云山、李源潮等中国领导人及一百多位省部级官员，用第一手资料向西方读者解析中国30年的发展和变化，呈现一个真实的中国。

这些作品让罗伯特·库恩蜚声中外，不过，也让他在西方遭到了一些质疑和猜测，认为他是中国政府的代言人；而在中国国内，也有人认为他为中国说话是因为一些实际的利益。那么，库恩究竟是一个怎样的人?

◎"我看到了他们身上的活力和激情"

1980年代，库恩先后作为日本三井、长期信贷银行、住友信托和日商岩井的代表，通过并购、收购及问题资产剥离等方式开展战略扩张。库恩还领导了对美国凯撒铝业公司、马克西姆集团下属太平洋木材公司的接管业务，后来，又帮助特力得公司进行商业战略的再建设。而在经商之前，他则是一位获得脑解剖博士学位的科学家。

1989年初，有着科学家和投资银行家双重背景的库恩，受到时任国家科委主任宋健的邀请，来中国参加高科技产品商品化会议。

宋健　前国务委员兼国家科委主任

当时我们的口号叫作"科学技术要面向经济，经济建设要依靠科学技术"，我们提了个口号，叫作"下海"——要动员一大批科研人员下海。这个下海，马上就碰到一个问题，你这么登高一呼，叫大家下海，淹死怎么办？我一个很好的朋友，美国德克萨斯州大学奥斯汀分校创新研究所所长乔治·柯兹梅斯基博士（George Kozmetsky），就跟我说：并购是个很好的办法。如果小企业不成功，你卖了它，你这几年就没白费呀，能拿到一点资本，把投入的资金收回来，个人还会有点收获。后来，乔治·柯兹梅斯基博士给我介绍了罗伯特·库恩博士。

罗伯特·库恩

我那个时候很忙，但是乔治·柯兹梅斯基博士是我的导师，我非常尊重他，所以，我挤出时间来参加这个会议。另外，“科技产业化”的概念非常吸引我。因为我是搞科研出身的，作为脑科学家和投资银行家，我对结构重整以及科学技术如何产业化这样的课题非常感兴趣。至于中国这个国家，老实说，当时我并没有那么在意。

库恩就这样地踏上了中国的土地。当时二十多岁的朱亚当是国家科委的一名普通工作人员，被指派为库恩的翻译。

朱亚当　库恩好友及长期合作伙伴

库恩很喜欢问为什么，无论是安排好的演讲，还是其他的活动议程。比如有一次，我们让他做一个关于中国科技方面的演讲。他说，我讲不了，为什么你要让我谈论中国？我可以谈美国、德国、以色列，这些国家的情况我很熟悉，但对中国我毫不了解。

【中国科技体制改革】

1978年前，我国继承了苏联的科技发展体系。该体系实行企业科研、院所科研、高校科研、国防科研相互独立的结构，以计划来推动科技项目的开展，带动科学技术的转移。到70年代末期，随着国际形势和国家发展战略的变化，旧体制显现出了一定的局限。首先，它是个相对封闭的垂直结构体系，科技与经济存在“两张皮”；其次，是没有知识产权概念，缺少科技成果有偿转让机制，不利于技术扩散；第三，是国家用行政手段直接管理科研院所过多，存在“大锅饭”现象，不利于调动科研机构的主动性与积极性。1985年3月，《中共中央关于科学技术体制改革的决定》标志着科技体制改革正式启动。《决定》提出，全国主要科技力量要面向国民经济主战场，为经济建设服务。

这次中国之行，库恩还有个小小的私心。他很喜欢打乒乓球，小时候打得还算不错，之后却很久没碰过球拍。他知道中国人的乒乓球水平高超，所以，一定要趁这个机会与专业选手比拼一下。

有一天，库恩对朱亚当说："我已经完成了上午的演讲，下午的会议我不去了，我想去打乒乓球。"

朱亚当回答不行。因为库恩的所有活动都是已经排定的，其中没有打乒乓这一项。同时，朱亚当还告诉他：自己只是个普通工作人员，不能犯这种外交错误。

库恩并未就此罢休，一而再，再而三地跟朱亚当提这件事，弄得朱亚当很怕见到他；只要远远看到库恩，就扭头走开，装作没看见。

朱亚当　库恩好友及长期合作伙伴

有一次，库恩抓着我说，亚当，这是最后一次我跟你说，你必须安排个时间，让我打乒乓！我完全是自费来中国，帮助你们创业，创业是需要一些冒险精神的，你却这么胆小，连这么一件小事都不帮我，我看你们这个国家也没有什么希望了！

罗伯特·库恩

我的激将法起到作用了。因为朱亚当看上去非常生气。过了几天，他就想了一个办法，在中国人民大学为我安排了一场乒乓球比赛。

这次比赛，库恩的对手是来自八一队的职业选手，他铩羽而归，却很尽兴。同时他对朱亚当也留下了深刻的印象。在20世纪90年代，库恩偶遇赴美留学的朱亚当，他仍然记得这位年轻人。两人年龄虽然相差二十多岁，却在日后的二十年里，成为搭档和挚友，共同推进了一系列有关中国的项目。

库恩酷爱锻炼。朱亚当收藏了一张当时参加高科技产品商品化会议的外国专家、学者与中国领导人的合影，不过，照片中却并没有库恩的身影。朱亚当回忆说，库恩那天去健身了，他觉得健身比与领导人合影更重要。

这次中国之行，给库恩留下深刻印象的，倒不是让大多数老外着迷的京剧、长城等，而是那些中国科研人员和年轻学生。

1964年，库恩获得约翰霍普金斯大学的人类生物学学士学位。毕业后，库恩直接攻读博士课程。1968年，年仅24岁的他获得加州大学洛杉矶分校的脑解剖学博士学位。（库恩供图）

罗伯特 · 库恩

我见到了很多科研工作者，很多都是理工科博士，我看到了他们身上的活力和激情，我把那叫作“天真的激情”。

我说他们“天真”，是因为他们觉得没有什么事情是做不了的，对于未来充满热切的想象和实现的勇气；这和美国人的精神状态很不一样，我很喜欢这种状态。

◎“你是对的，我错了，我要回去！”

1989年，北京春夏之交的政治风波发生后，一些西方国家对中国采取了制裁和隔绝。库恩和很多西方人一样，对中国的感情降到了冰点，决定不再到中国来。

1990年，库恩在加州大学洛杉矶分校主持一个会议，参加会议的有中国国家科委的孔定勇博士。一些美国人开始指责这位来自中国的学者，因为他是会上唯一一个代表中国政府的人。可是，孔定勇的应答却大大出乎库恩的意料。

罗伯特 · 库恩

他做了一个非常精彩的回应，我至今都记得。他说：“中国有问题，但是，你们的离去让问题变得更加糟糕。你们了解中国，爱中国，可是你们没有帮助中国，而是选择远离中国。”

我很震惊，说：“你是对的，我错了，我要回去。”

就这样，距离第一次到北京整整14个月之后，库恩再次来到中国，开始为中国政府作经济政策、并购、科技、媒体等方面的咨询。

宋健　前国务委员兼国家科委主任

我当时主持的这个科技体制改革，有一个最大的难题，就是我们书生一样的，“哗”一下，大家向前冲。那么，“下海”后淹死怎么办?

这个问题解决得非常好，因为罗伯特出了很好的主意，他自己在企业并购方面的经验对我们有很大的帮助。他参加了中关村的情况调查研究，他也参与过当时科委方面主管的事，跟他们都交流过情况。所以，我觉得中国高新技术产业的发展，特别是中国高新技术开发区的发展，罗伯特不是一般地吆喝，他是给你具体的办法。

此时的库恩是日内瓦公司的总裁和合伙人。这是一家针对私人和中型市场专门进行并购的公司，是美国同类公司中最大的一家。

库恩通过自己成立的基金会，安排了很多中国政府部门赴美参观，而他所做的咨询工作都是无偿的。现为中国通用技术（集团）控股有限责任公司董事和副总经理的宋宁，当时在中国国家国有资产管理局工作。因为这个机会，他也认识了库恩，两人也成为很好的朋友。

在宋宁的眼里，库恩很专业：“他讲了很多的案例，给我们很多的启示。对后来推进国有企业的并购制定一些规范，对国有企业产权转让的规章制度都是有益的。”

1996年，库恩的《投资银行学》中文版发行。这本书在中国，是第一本有关投资银行方面的书籍。不过，库恩并不满足于金融领域的工作。从1997年开始，库恩基金会投资了150万美元，花了整整三年的时间，与中央电视台合作制作了纪录片《中国声》。

罗伯特·库恩

20世纪90年代，当时，我已经在中国的科技和金融界工作了很长时间，这时候，我渐渐意识到，我在国外与人们谈论中国的情况，大部分人却不相信我所说的。我非常喜欢传媒行业，喜欢电视媒体；在美国，我也做一些科学类的电视节目。我感到，写文章可能是一种交流和沟通的方式，但这是一种比较理性的交流；而感官的传达也许更直接有效，这样，人们可以感同身受。光有经济学的分析是不够的，还要有生动的故事，鲜活的人物，我想到电视纪录片应该是很好的表现手段。

这个纪录片花了不少钱，但让我获得一种知识分子的成就感。这些平凡人的故事很精彩。我们的纪录片里，除了成功企业家、领导人物以外，还有很多农村妇女、伤残人士、农村务工人员、纺织厂下岗工人；他们共同呈现了一个丰富多面的中国。

朱亚当　库恩好友及长期合作伙伴

我们拍摄了大量素材，动用了很多资源。当时，在中国拍摄并不容易。那时候库恩还没有什么名气，人们只知道他是个投资银行家，但不知道为什么他要在中国做电视节目。有些人怀疑他是不是有什么目的，是不是要做损害中国利益的事情。当时人们对我们还不信任，我们只能慢慢尝试。

李强　中央电视台导演

整整三年时间，库恩天天和我们摄制组在一起。在拍摄过程中，我们遇到了不少的挫折。因为我们采取的是完全纪实的拍摄方法，有的时候非常枯

【纪录片：《中国声》】

库恩制作的《中国声》，2000年在美国公共电视台播出。主要向世界介绍中国经济和社会的巨变，更偏向人物和故事，有比较浓厚的人文色彩。它的另一个版本是1999年在中央电视台播出的8集《资本浪潮》，着重于企业兼并和重组，以及资本运作和中国经济体制的改革变化。

合作拍摄中，在如何反映中国的问题上，双方的争辩一度很激烈。央视坚持电视节目的否决权，库恩也坚持对剪辑拥有否决权。他对中国的媒体高层说，如果关于中国的纪录片百分之百都是正面的，西方观众就一点都不会相信。正面和负面间的比例并不太重要，我们只求能用体现当代中国风貌的人物、故事，尽可能反映真相。最后，节目在美国播出时，央视没有审查和删改。

燥无味；有的时候跟一天可能没有一个镜头是有用的；甚至最长的时候，我们跟了 12 天，一个镜头都用不了。所以，摄制组有的时候心情非常沉闷，拍的东西有些也比较压抑。

库恩就时时地、经常地鼓励我们，他还用他当时学的有限的汉语发明了一个词，叫“非常好好干”。他经常用这句话。拍拍我们摄像的肩膀说：“非常好好干！”拍拍我们编导的肩膀说：“非常好好干！”而且，经常在我们遇到问题的时候，拍摄进行不下去的时候，或是感觉采访难度非常大、要放弃的时候，库恩会说一句汉语，他说：“有办法！有办法！”

◎“有些人怀疑《江泽民传》是中国政府指使我写的，其实根本不是这样的”

2000 年 9 月，在库恩的努力下，纪录片《中国声》在美国公共电视台播出，并且还被《华盛顿邮报》评选为“当周最佳节目”。而恰恰也是在这一周，库恩在家收看了美国哥伦比亚电视网《60 分钟》的一期节目：江泽民接受哥伦比亚电视网记者华莱士（Michael Wallace）的专访。

江泽民说：“首先，我想说几句英文。时间飞逝，我们第一次见面是在 1986 年。”

华莱士问：“你和我吗？”

江泽民肯定地答道：“是的。那时候我是上海市长，我希望通过你的节目，转达我对美国人民的美好祝愿。”

罗伯特 · 库恩

在美国，众所周知华莱士是一位很难对付的记者。我当时被这个节目吸引住了。吸引我的，不仅仅是江泽民说了什么，或者是他如何应对华莱士的；而是当他谈到中国历史和他的学生生涯的时候，我意识到，虽然我拍了纪录片，但对中国近百年的历史却知之甚少。突然，我萌生了一个念头，江泽民正好生活在这个历史阶段，也许，我可以通过他去了解这段历史，并将这段历史告诉世界上更多的人。

朱亚当　库恩好友及长期合作伙伴

看到那个节目，我们也觉得有些沮丧。因为华莱士在采访中的表现，代表了很多美国人对中国是那么缺乏了解，甚至充满了误解。一定要让美国人了解真实的中国，这是促成罗伯特写作江泽民传记的一个重要原因。

恰巧也是在这一周，江泽民在纽约林肯中心观看中国民族音乐会，并会见美国企业界人士。库恩作为这次“2000 年中国文化美国行”的组织者之一，也参加了这些活动，与江泽民有了一次近距离接触的机会，这也更坚定了他写作江泽民传记的决心。

罗伯特·库恩

有些人怀疑《江泽民传》是中国政府指使我写的，其实，根本不是这样的。

库恩的好友和长期合作伙伴朱亚当说：“许多人不相信库恩写作的真正动机，有些人认为我们揣着政治目的，有些人认为我们图商业利益。当然，人们有这些想法也许并不奇怪。”

真正的困难是出现在寻找采访对象上。有时，就算找到了，采访对象也往往出于顾虑不够坦诚。因而，库恩他们的采访进行得很不顺利。

罗伯特·库恩

事情突然出现转机，看似巧合，又或许不是。

我遇到了一个很好的人，他叫王慧炯，是一位很出色的经济学家，有工程学背景。后来，我发现他原来是江泽民的老朋友，他们曾经是大学同学。

【2000 年 “中国文化美国行”】

2000 年 8 月至 9 月，中国国务院新闻办公室和文化部在美国纽约、华盛顿、芝加哥、洛杉矶和旧金山等城市举办了“2000 年中华文化美国行”系列活动。这是继“1999 年巴黎·中国文化周”之后，中国政府举办的又一次大型的国际文化交流活动，内容包括民乐音乐会、艺术和时装展览，活动的主题是：“走近中国”。

这次活动受到了中美两国领导人和联合国秘书长的高度重视，当时正在美国参加联合国新千年会议的中国国家主席江泽民为这次活动专门题写了贺词，美国总统克林顿和联合国秘书长安南也先后题词。

不过，时代变迁，有几十年没有联系了。

我和他认识以后，经常在一起聊天，通常聊点科学方面的东西。后来，他开始给我讲了一些关于江泽民的故事，我就做了一些记录。不过，我没有刻意再多问什么。我们再见面的时候，他又给我说了一些故事，所以，每次都会有一些新的内容。我便试着开始提一些问题。

王慧炯是库恩采访的第一个人。随后，他接触到了越来越多的人，其中有江泽民的妹妹江泽慧、原上海市市长汪道涵。

有了对这些重要人物的采访，使我们在库恩的书中看到了一段段鲜为人知的情节。譬如：改革开放之初，时任上海市市长的汪道涵找到国务院副总理谷牧，推荐江泽民在新成立的、由谷牧兼主任的国家进出口管理委员会和国家外国投资管理委员会中担任高级职务，江泽民成了这两个委员会的副主任兼秘书长，党组成员。

汪道涵回忆起 1983 年，在自己担任上海市长任期届满之际："副总理万里来征求我的意见，他提出好几个极有竞争力的人选，而我推荐了江泽民。"

又如，1989 年的一天，江泽民接到中共中央书记处的紧急通知，要他立即赶到北京。当他匆忙赶到机场时，发现等着他的是一架专机，但是在北京南苑机场接他的汽车，却是一辆普通的大众桑塔纳。直到此时，江泽民才被告知邓小平将在西山别墅接见他。当邓小平提出由他担任总书记时，江泽民大为惊讶。

除了采访之外，库恩还查阅了大量有关江泽民的文献资料和国内外已出版、发表的著述，这些资料多达三千多万字。

因为库恩当时还有其他工作，所以，写作完全是利用业余时间进行的。每天，他从下午六点左右开始写作，一直工作到凌晨四五点。

有时候，库恩的妻子朵拉会埋怨自己的丈夫这些年很少顾及家里。可是，看到丈夫如此废寝忘食地付出，她又觉得不能埋怨什么。

朵拉 · 库恩 （Dora Kuhn）

我有几个月没见到他。我说没见到他，并不是说他不在家，他整天都呆在书房里面，对着电脑，不停地写啊写。

如果有人问，他怎么能写出那么多的书？我会告诉这个人说，你得牺牲

库恩和前国家科委主任、前国务委员宋健在一起。同样拥有科学家背景的宋健和库恩，保持了20年的友谊，两人见面，天文地理无话不谈。库恩称宋健为自己在中国的“导师”。（库恩供图）

自己的社交生活，也别想过周末，你只能专注于一件事情。

罗伯特·库恩

如果你恰巧在我工作时看到我，你会觉得我很讨厌工作。因为我眉目纠结，看起来，表情很痛苦。我工作起来，就是这样的。

有时，库恩一坐就是十个小时，一动也不动。这样，脊柱就会承受很大的压力；因而，他的脊椎严重错位和发炎，腰痛病也非常严重。

中央电视台导演李强记得，有一次，库恩到北京，下了飞机直接就被送进了医院。当他去看库恩时，他还在坚持写作。李强为之感动。

朱亚当　库恩好友及长期合作伙伴

他只能躺在地板上，把电脑放在胸前打字。那段时间，罗伯特外出只能坐在轮椅上，非常痛苦。老实说，2003 年的时候，我劝他放弃这个写作计划。我不忍心看到他经历这么多的痛苦，我觉得未必值得。

库恩的坚持和付出获得了回报。

2005 年，《他改变了中国——江泽民传》的英文版和中文版先后出版，这也是在中国内地出版的第一本在世国家最高领导人的传记。三个中文版本的销

2003年10月27日，库恩坐着轮椅采访时任国务院新闻办主任的赵启正。因为每天都写作十个小时以上，库恩的腰椎严重损伤。但糟糕的身体状况并没有击退库恩的热情，他坐着轮椅继续采访，躺在床上撰写书稿。（库恩供图）

售量达到150万册，成为当年的畅销书。

对此，出版《江泽民传》中文版的上海世纪出版集团总裁陈昕认为："库恩并没有把江泽民作为一个领袖来刻画。我们想象中的领导人都是非常高深莫测，非常难以接近的，可是，在库恩笔下不这样。他把领导人当做一个活生生的人来看待，以这个角度来切入写作，所以，更容易引起读者的兴趣。"

江泽民本人也读了库恩写的这本传记，他的评价是："很客观，没有美化我，就是把结婚的日子搞错了。"

不过，这本书也遭到了一些质疑，因为库恩没有采访到作为传主的江泽民本人。

罗伯特·库恩

我没有觉得这是一个缺憾。我有很多关于他的故事，非常丰富，也很精彩，很多认识他的人告诉我他不同阶段的故事。他们的叙述，加上我自己的研究，我认为我对江泽民已经有相当的了解。不过，可能确实少了一些传主本人的叙述内容。

在这本书快要出版之前，我有幸见到江泽民主席本人。那不是正式的采访，我没有带录音机，也没有做笔记，有很多人。那是一次非正式的场合，其中还包括一个晚宴。这次见面很有意义，因为我可以近距离观察他。虽然当时没有做笔记，我回到宾馆，马上就花了四个小时的时间，把我记得的和

20世纪70年代，库恩和妻子朵拉（左二）、长子艾伦（左三）、次子亚当（右二）、女儿丹妮拉（左一）的家庭合影。朵拉是著名的亚美尼亚裔钢琴演奏艺术家，曾经多次在中国演出；女儿丹妮拉是好莱坞演员，曾经担任中央电视台英语节目的主持人。（库恩供图）

他的谈话记录下来。而当我亲眼见到他之后，就可以将之前所做的研究转达成为生动的描述。

这次见面，江泽民的个性魅力给库恩留下了非常深刻的印象。其中的一个细节，让库恩记忆犹新。

罗伯特 · 库恩

那次会面的晚宴上，发生了一件很有趣的事。

大家刚一落座，江泽民主席提议在座者都说英文，但其中有一个人完全说不了，江泽民就说："看，这就是你平时不学习的坏处吧！现在你只有被蒙在鼓里的份了。"我虽然在中国很多年，但是中文一直说不好。江泽民告诉我说，学习一种语言，一定不能怕难为情，只要你多开口，就一定能学好。

◎ "人类所有的认知和行为，最终归结于我们的大脑"

1944 年，库恩出生于美国纽约一个犹太家庭。"二战"之后，库恩的父亲从盟军陆战队中退役，借款 5000 美金开始做男装生意，生意一度非常成功。库恩的母亲则是一位优雅的女士，婚后便在家相夫教子。

库恩从小就萌生了对科学的兴趣，他家里现在还挂着他童年时候的作品"原子图"。1964 年，库恩获得人体生物学学士学位。1968 年，也就是他 24 岁的时候，库恩在加州大学洛杉矶分校获得脑解剖学博士学位。

罗伯特 · 库恩

你可以学习物理来研究微观世界，你也可以学习哲学来了解世界的本质，这也是我感兴趣的一些领域。不过，我认为人类所有的认知和行为，最终归结于我们的大脑。

可是，库恩并没有成为一个呆在实验室里分析数据、写报告的那种"科学家"。或许是天生对于媒体的兴趣，他更愿意把自己所了解的领域告诉给更多的人。2000年，库恩投资制作了一档科学节目《走近真实》，并亲自担任节目的主持人。

美国公共电视网KOCE电视台总裁梅尔·罗杰斯（Mel Rogers）还记得库恩到他们电视台来诉说节目构想的情景。这事不出奇，因为总有很多人来电视台谈他们的构思。可是库恩很不同，罗杰斯他们很快就发现库恩头脑很聪明，而且对节目非常尽心尽责，能够确保筹集到充足的资金。

库恩的想法是，将整个节目做成一次探索的旅程。

罗杰斯问他："你的节目准备告诉人们什么？"

库恩说："我想要揭示事物的真相。"

罗杰斯接道："那就把你这个节目叫作《走近真实》吧！"

库恩非常喜欢这个点子，《走近真实》这个节目的运作就这样开始了。由此，罗杰斯也和库恩成了非常好的朋友。

罗伯特·库恩

《走近真实》这个节目，向观众介绍科学的发展现状，尤其是人脑和意识，以及宇宙、哲学、宗教的研究。我们邀请到各个领域最优秀的思想家们，让他们从不同的角度进行陈述。他们的观点代表了科学发展的最前沿水平，将有助于观众理解人类生存的种种奥秘。

对于库恩制作的这档《走近真实》的科学节目，与他合作的美国公共电视网KOCE电视台总裁梅尔·罗杰斯如此评说："这个节目是关于宇宙的真谛和人类的存在。我们人类是怎么来的，宇宙又是如何形成的。我们对于这些事实真相的探究，比其他任何的节目深入得多。"

如果说知徒莫如师的话，那么，库恩的博士生导师卡麦尔·克莱蒙德博士（Carmine D.Clemente）对他这个学生是有发言权的，他告诉我们："库恩所做的事情，让更多的人了解什么是脑研究，我觉得这个很有意义。因为这会让更多普通人知道，国家花费了这么多资金投入的脑研究，到底有一些什么样的研究成果？在美国，这方面的投入很多，普通人应该了解到这个领域科学成果的进展。"

就如库恩自己所说的那样："我很热衷追寻事物本源和事物运行的规律，同时我也想把自己知道的告诉更多的人。而我对解释科学怀有极大的兴趣，对解释中国，我也是一样。”

◎“你并没有去过这个国家”

库恩在中国工作多年，发表了很多关于中国的文章和著作，于是，西方的一些主流媒体讨论到中国问题的时候，经常会邀请他去发言。

究其原因，库恩说：“西方媒体喜欢争论并以此来提高收视率。那些研究中国的学者、议员、政客在对中国进行抨击的时候，也希望有一个反面的声音。我个子虽不高，但很能与人辩论，所以，他们喜欢像我这样的角色。”

下面是库恩在美国国家广播公司财经频道（CNBC）与主持人的一段对话：

主持人：罗伯特，你如何看待美中之间的贸易摩擦问题？

罗伯特·库恩：贸易制裁对美中双方都没好处，那是一种过于天真、简单化的手段，绝对要避免使用这种手段。中美双方一定要加强合作，我们要敦促中国政府采取一些对他们自己也有好处的手段，比如说，逐步提高汇率，逐步开放市场，这是我们要做的，而不是那些过于简单和武断的方法。

在一次谈话节目中，库恩发现有一个发言人其实根本没有去过中国，就问他：“你对中国那么有兴趣，这么喜欢批评中国，可是关于中国的故事，你都是从书上看来的，你并没有去过这个国家。”

那个嘉宾不免有些尴尬，因为他说了那么多，却都不是自己亲眼所见。

库恩认为：“许多研究中国的西方学者对中国有很多批评，总是说中国的问题很严重。问题是，尽管他们说的这一部分可能没有错，但他们所说的，其实只是事实的很小一部分。”

赵启正　原国务院新闻办公室主任

为什么在西方，以美国为首的这些国家对中国有这么多的担心、这么多的议论不符合中国的实际？

库恩从美国社会的角度向我介绍，美国人为什么对中国的兴起抱有怀疑，甚至于抱有恐怖呢？他说：“首先你们的产品做得好，价钱便宜，他们担心我们会不会失业啊？另外，你们这样快地发展，你们将来强大了，是不是

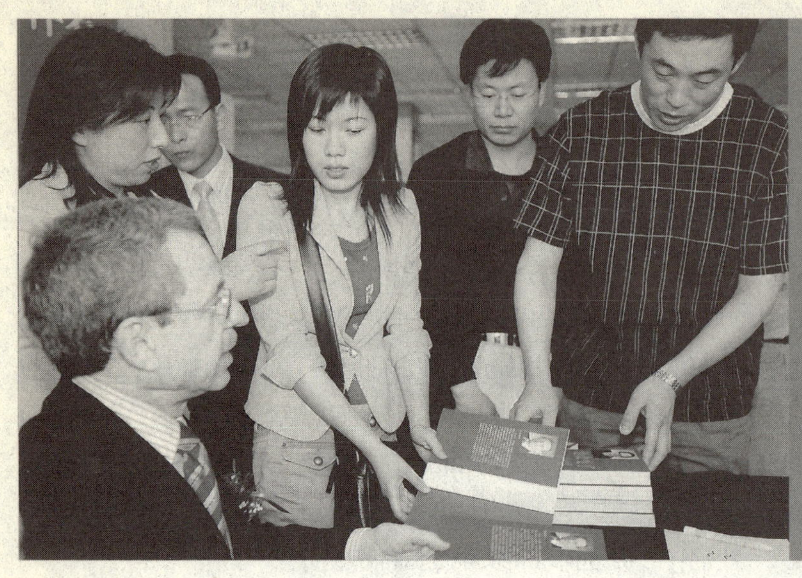

2005年，库恩在青岛签售。中文版《他改变了中国——江泽民传》大获成功，成为当年的畅销书。（库恩供图）

要做世界领袖呢？”

他告诉我，美国人习惯用自己的经历、自己的角度来看中国人，这是一种想象力，而不是真实的。他说，你们要针对美国人的疑惑来进行解释。

库恩的家庭也被他对中国的这种热情感染。他的女儿丹妮拉是一位好莱坞演员，1999年跟随父亲第一次来到中国。她曾经在中央电视台担任英语节目主持人。目前，库恩和他的女儿正在筹备一部电视剧，题材是关于“二战”时期在上海避难的犹太人的故事。

丹妮拉·库恩（Daniella Kuhn） 库恩女儿

很多犹太人还不太了解“二战”时期上海对犹太人提供了极大的帮助，我们这个电视剧就是要告诉更多人这个故事。还有很多的历史，连我自己也不知道，对于欧洲和美国战场我们已经了解很多，但是中国的抗日战争，西方人却知之甚少，很多伟大的故事没有被公众所了解。

库恩的太太朵拉是一位著名的亚美尼亚裔钢琴演奏家，以演奏哈恰图良作品闻名。在库恩基金会的安排下，她曾先后六次来到中国，与中国交响乐团合作演奏。朵拉有时候会埋怨丈夫留给家庭的时间太少，可是库恩对她事业的

库恩采访中央文献研究室主任冷溶。冷溶是“邓小平理论”的研究专家，他对“邓小平理论”和“三个代表”的阐述，让库恩深深着迷。库恩渐渐对社会主义政治理论发生了兴趣。（库恩供图）

支持，却让她明白丈夫对自己深深的爱。

朵拉·库恩　库恩夫人

我丈夫十分慷慨大方，他希望我也是一个独立的个体，他很支持我的钢琴演奏，支持我办音乐会。我们都有自己从事和热爱的事业。

库恩十分喜欢锻炼，经常在健身房的各种器械上锻炼肌肉。即使在中国各地的调研途中，他仍然坚持着他的习惯。

在所有的运动项目中，他最喜欢举重和网球。网球是库恩新学的，有点中国人“五十岁学吹打”的意味。不过，库恩相当认真和投入，他还专门在北京请了一个网球教练；每次都打足两个小时，直至汗如雨下。

库恩的好友、加州大学洛杉矶分校安德森商学院教授乔治·盖斯（George Geis）对此十分了解：“他是那种对任何事情都很认真的人。比如说体育运动，只要他开始练习，就会想方设法找到最好的教练，然后不停地训练。”

中央电视台导演李强披露，有一次，库恩锻炼过度，胳膊都脱臼了。但李强觉得，也正是因为他这种规律的、简单的生活，才使他有这么多的时间、这么充沛的精力，从事那么繁重的写作和创作工作。

◎“要了解中国，一定要了解它的政治理论”

从1989年至今的20年间，库恩来中国已经超过100次，去过25个省40个市。尤其是从2005年开始，库恩在中国各地进行了密集的调研。那年出版了《江泽民传》，为了这本书在中国市场上的推广，库恩先生和出版社一起走了二十多个城市，去了很多的地方。

与库恩一路同行的上海世纪出版集团总裁陈昕发现："每到一个地方，他不仅仅是推广这个书，他都会和这个地区的领导一起来谈这个地方的发展。在这个过程中，科学发展观在中国的探索和实践引起了他的高度重视，他因此积累了大量资料。他有一个小本本，每次去采访的时候，包括回去以后，他都做笔记，把那些他采访到的内容经过自己的理解记录下来。"

这些调研，促成了《中国30年——人类社会的一次伟大变迁》的写作。亲眼所见，亲耳所闻，使库恩熟悉了很多第一手情况；另外一方面，他也渐渐产生了新的兴趣点，那就是中国的"三个代表"、"科学发展观"等政治理论。

罗伯特·库恩

你如果想要充分理解中国政治思想的发展演变，你就必须研究中国的政治哲学。很多西方人对这个没有兴趣，但是我觉得：要了解中国，一定要了解它的政治理论。

现任中央文献研究室主任的冷溶是我在这方面的老师，我是在撰写《江泽民传》的时候认识他的，他对"邓小平理论"和"三个代表"的阐述，让我深深着迷。对于很多人来说，"三个代表"是很表面的东西，没有实质内容，冷溶的阐述，让我认识到每一条后面都有深厚的意义。

赵启正　原国务院新闻办公室主任

"三个代表"、"自主创新"、"科学发展观"，单从英文的字面上，库恩说他完全看不懂。那么，怎么解释？我们要很用心地用一些比较普通的话来说明白。

他说："哦，我明白了！我会换一种让美国人能够懂的话去解释。"果然，他去说，美国人容易懂；我们去说，美国人不容易懂。他这个功夫呢，我们通过学习，也许可以学到一些皮毛。但真正要学好，比如说，我就很困难。这就是“中国通”们对我们的帮助。

库恩是第一个向西方世界介绍中国“科学发展观”的外国人。

罗伯特·库恩

我对“科学发展观”很有兴趣，与我科学家的背景有关系。虽然中美之间的语言、文化、政治体制有很多差异，但是“科学发展观”却让我找到了沟通的途径，因为这是用科学的观点和方法去看待一系列社会问题。

比如说经济发展，也会带来很多社会问题，例如环境污染。经济增长，其实包含了可持续发展、环境保护、消除腐败、建立更有效率的社会机制等各种目标。这个经济发展的目标是综合的，必须考虑到方方面面的问题，可变因素很多。所以，需要一个全新的思维模式，这个跟数学模型是不一样的。我很感兴趣，因为我思考问题也是如此的，而“科学发展观”也有助于我深入理解中国各地彼此差异的状况。

库恩写这本书的思路是通过改革开放决策的制定者和亲历者的描述，从不同领域来梳理改革开放的历史脉络。

为此，2007年起，库恩采访了中国的高层领导以及超过一百位省部级以上的官员。外人会有一些疑问，一个美国人，为什么可以采访到这么多中国高层官员？

库恩告诉我们，其实答案很简单，因为多年来他在中国的工作，尤其是《江泽民传》的成功，使他获得了中国人的极大信任。这一次，库恩有机会接触到各个领域最顶尖的专家和学者。也正是库恩的真诚和客观，让很多官员都乐意与他交谈。

库恩拜访过叶小文好几次，采访关于中国宗教政策的问题。叶小文关于这方面的访谈，库恩在他的书里几乎全部引用了。

叶小文　时任国家宗教事务局局长，现任中央社会主义学院党组书记、第一副院长

他首先是个科学家，冷静、客观地观察，耐心地听取意见。但既然是科

科学家出身的库恩，本着实事求是的精神，多年来致力于向西方社会讲述真实中国的故事。这些年来，库恩频繁往来中国超过百次，库恩采访过的官员都说，库恩是一个单纯、客观，刻苦又饱含激情的人。（库恩供图）

学家，就要常常提问，毫不客气、坦率地提出来，他就是这样的。比如说，我告诉他，我们这几十年很大的成就，就是深刻认识到了宗教问题的长期性，以及宗教问题的群众性，这决定了我们宗教工作的基本方针。

我在那儿很得意地讲。他就问，这算什么贡献？宗教本来就是长期存在嘛！宗教本来就是很多人信嘛！那么，你说的这两个特点，为什么是你们的特点？不是资本主义的特点？资本主义国家不也有群众性吗？为什么这两个问题到你这里就特别重要呢？

这问题提得好啊，我就跟他解释了，因为我们这个政府，这个执政党是个无神论者，因此，深刻认识到宗教问题的长期性，实际上就是要把握事物发展的客观规律。

库恩的女儿曾经出演中国电影家协会主席李前宽导演的电视剧，库恩也采访过李前宽。对于他的采访，李前宽感到："他对像我这样的艺术工作者，在改革开放后终于能够张扬艺术个性的问题很有兴趣。他是从这个角度采访我的，我觉得他心里很阳光。一个美国人能用这样的角度来看中国，让我很赞赏。我也接触过一些西方的和他截然不同的人，这种人我也对付过。我叫'对付'，我不叫接待。这些人问我的问题往往都是我很不情愿回答的，像这样的采访，我几句话就打发他们了。"

罗伯特·库恩

外国媒体对中国有很多歪曲报道，他们的报道缺乏一种普通人的视角，而这种先入为主的报道方式最突出的，就是对中国领导人的那种简单化表现。

多年来，库恩和很多官员结下了深厚的友谊。库恩对领导人的采访，不仅向世界讲述了中国领导人的思维方式和他们的想法，还描述了中国领导人丰富的个性色彩，进而丰富了中国的形象。

从 2008 年 7 月开始，库恩不间断地写作了 6 个月，每天都写作 15 个小时以上，甚至每顿饭都是在电脑旁吃的。

2008 年底，《中国 30 年——人类社会的一次伟大变迁》中文版出版。在为该书举行的座谈会上，国务院新闻办主任王晨、中共中央文献研究室主任冷溶、全国政协外事委员会主任赵启正和中共中央统战部副部长全哲洙等数十位部级高官与会。

库恩有着一种科学家的求实精神，无论做什么，他想求得的是“真实”。

库恩的调研工作仍在继续，这一方面有助于他了解不断变化发展的中国；另外一方面，他也借此丰富这本著作的英文版。

2009 年 2 月，库恩和朱亚当参观调研了宁波滕头村等民营企业。滕头村被 2010 年中国上海世博会评为“城市最佳实践区”，是唯一来自农村的获奖者。库恩除用简单的中文与村民交流之外，还详细地询问了滕头村改革开放以

2009年5月，上海外语频道《中国通》节目组在北京专访库恩先生。

来的变迁，包括家庭联产承包责任制的实行、第一家村办企业的诞生等等。

库恩还调研了浙江民营企业经营成功的典范之一雅戈尔集团，同集团总裁兼董事长李如成交谈了两个小时。李如成是农民出身，他对雅戈尔的期望是将其塑造成为一个国际一流的服装品牌。库恩对这家企业的经营目标、如何使企业管理趋于制度化和让企业走向国际市场等问题十分感兴趣，还参观了设计时尚的样品间。

在新中国成立60周年前夕，《中国30年——人类社会的一次伟大变迁》的英文版在美国出版，销量可观。库恩并没有回避改革带来的社会问题，因为问题也是真实的一部分。他认为，在暴露中国的问题方面，西方已经做得够多了，他更想向西方展示有很多成就的中国。

现在，库恩大约每两个月就会来中国一次，每次只待两个星期左右。他希望在体会中国文化的同时，仍然能保持思维的独立，他最怕的是：对中国每天发生的事情失去新鲜感。.

活跃在中国各个角落的库恩知道，这是一个向世界讲述中国故事的绝佳时机，不但关乎过去、现在，还有未来。

（本文图片除署名外均由ICS提供）

可爱疯狂的中国通

陈 冰

星期一早晨，像往常一样打开邮箱，里面躺着两封新邮件，标题是“很精彩，祝贺！”一看都是库恩先生写来的。他说：“昨天晚上在网上看了在线直播的《中国通》，片子做得很有创意，不乏深刻，祝贺你们。这几个月来和你们一起工作，十分高兴！”

他的第二封信，则是建议我们把十集《中国通》的节目都做成视频，放在网络上，这样，国外的观众也能及时看到。

细算一下，从2009年2月份开始拍摄，已经整整过去了九个月。第一次拍摄相当仓促。当我们终于和库恩先生的助手联系上时，他告诉我们：库恩先生很快要去宁波调研。

这时，《中国通》的项目刚刚启动，高清设备和人员还没完全到位。同中共宁波市委宣传部联系落实，需要走一些公文流程。如按此流程的话，即使获得批准，时间也赶不上了。

机会难得，项目组领导当机立断，摄制组连夜赶到宁波。事后证明，这是正确的。因为库恩先生在接下来的几个月里都集中精力写作，没进行调研活动，这次拍摄，成了这部片子中非常重要的一部分。

库恩先生比我想象中要容易接触，他非常健谈，完全没有陌生感。在宾馆里，因他要接受当地日报和杂志的采访，趁翻译间隙，他拉着我快速到房间的另一边，在电脑上打开自己的文章，建议我先多读一些他的文章来了解他。

那天晚上，采访直到晚上十点多才结束，我们又拍摄了一些库恩工作的镜头。后来知道，他直到凌晨二点才入睡，又很早起床前往调研地。经常在中国各地调研的他，已经习惯这种作息时间了。

5月份，本来计划与库恩先生去福建和云南，后来取消了。他建议我们可去北京拍摄，因为他在那儿会打网球。在设想中，福建和云南调研的跟拍会是很精彩的内容，现在拍不成了，打网球也只能作为一个反映他日常生活的弥补了，虽有些遗憾，可也聊胜于无吧。

我们跟着库恩来到网球练习场，一边拍摄，一边观察。我忽然领悟到，这个素材太好了！

库恩先生已经六十多岁了，刚刚开始学打网球，可他打得这么卖力，可以用“疯狂”二字来形容！

我们发现，这正是库恩性格中最大的特点：乐于学习新的东西，而且做什么事情都很拼命，无论是对于中国的事业，还是对于自己的工作和生活，都是如此。在后期剪辑时，这段打网球的镜头，被放在了片子的序幕。

库恩的家，在洛杉矶的富人区，房子很大很漂亮。在我们的印象中，库恩先生是一位不折不扣的成功人士、亿万富豪。前几次见面，他基本上都是西装笔挺。

有一次，在库恩家的采访即将开始。他问我们：“我这样穿可以吗？”

这时候的他，穿的是T恤和运动裤。我们建议他换一件有领子的衬衫，库恩上楼摸索了半天，穿了一件有些旧的衣服回来：“这件行吗？我只有正装的衬衫或者T恤，很少有其他的衣服。”

后来，他的女儿告诉我们：库恩只有两件西装，质量很好，也很昂贵，但都是在妻子和女儿逼迫下买的。

难怪妻子朵拉称自己是库恩的造型专家，因为库恩从来不会在意自己的穿着打扮。

这使我想到了之前对库恩朋友的采访：库恩曾告诉这位朋友，自己发现了一个秘密——在中国，越贵的菜越不好吃，他的最爱是豆腐和青菜！

库恩和我一直保持着电子邮件的联系。数了一下，已经有一百封左右。他会告诉我，最近他做了什么演讲，写了什么文章，去了什么地方，新书的出版进行到了什么阶段。

在片子的后期剪辑快要完成的时候，正好库恩发来一个邮件，告诉我一个好消息：在短短一个月里，他关于中国改革开放30年的著作在美国亚马逊网站上已售出2000本。对一本有关中国的著作来说，这是一个非常好的销售纪录。

这个信息在最后一刻被加到了片子里，它证明：通过库恩，西方会更多地了解一个真实的中国。

斯蒂芬·佩里

——推动中英关系的先锋

Stephen Perry

斯蒂芬·佩里的父亲杰克·佩里。1953年，杰克·佩里和一批商人冒险进入中国，最早打破西方国家对中国的经济封锁，史称“破冰者之旅”。第二年，杰克·佩里参与成立了英国48家集团，构筑了新中国与西方世界的第一条贸易通道。

斯蒂芬·佩里 Stephen Perry

1948年9月出生于英国伦敦。现任英国48家集团俱乐部主席。20世纪70年代，斯蒂芬·佩里打破了中美贸易的坚冰，之后一直积极推动中美贸易的发展，并在文化、教育和体育等领域，努力拓展中国和英国等西方国家的沟通与交流，是20世纪50年代中英贸易“破冰者”的后代。

早在20世纪50年代，斯蒂芬·佩里的父亲杰克·佩里就是英国“破冰”商业使团的领军人。这批“破冰者”在冷战时期，最早打破西方国家对中国的贸易封锁，同新中国建立了经贸关系，组织成立48家集团，不断扩大和中国的贸易交往。斯蒂芬·佩里子承父业，不断推动中英交流，并多次受到中国领导人的接见。

Stephen Perry

◎“我为此已经努力很多年了”

2009年7月，夏日的伦敦绿树掩映，生机勃勃。14日，英国48家集团俱乐部年度大会在此举行，主持人是斯蒂芬·佩里——48家集团俱乐部主席。当天，来自中英两国的一百多名会员聚集一堂，气氛热烈。坐在台下第一排显著位置的是斯蒂芬·佩里的儿子杰克·佩里，和父亲沉着稳重的外表不同，他看上去朝气蓬勃，富有活力。为纪念祖父杰克·佩里，他起了和祖父一样的名字。

每个与会者都在认真聆听、思考，因为中国经济被定为此次年会的焦点。当时，世界金融危机正在减缓，正如英国商务大臣曼德尔森所言：在金融危机之后的国际经济衰退大背景下，中国和英国有一样的利益诉求，两国不可分开。自然，掐准中国经济的脉搏，便成为此次伦敦年会的议题。

整个会议持续了三小时之久。主持人斯蒂芬·佩里时而发言作介绍，时而和演讲嘉宾互动，时而仔细听取建议，时而回答会员的提问。他认真而不失幽默的风格让会场气氛融洽自然。事实上，对于48家集团俱乐部的工作，斯蒂芬·佩里投入了他一多半的精力。尽管主席一职只是义务性质的参与，但斯蒂芬·佩里已经操持了有十多年。

英国前副首相赫塞尔廷在卸任后，受到了佩里的热情邀请，希望他参与增进中英两国交往的活动。因而，他对佩里十分了解。

赫塞尔廷　英国前副首相

斯蒂芬·佩里一直都在很努力地建立和中国的关系，并且让越来越多的人意识到这一点，吸引他们参与其中。

斯蒂芬·佩里领导的48家集团俱乐部得到了中国最高领导层的认可。2009年1月，中国国务院总理温家宝访英时，专门接见了他。会谈中，温总理动情地说，如果当初没有48家集团这些破冰者，中英关系不会结出今天这样丰硕的成果。

2009年3月，就在会见温总理两个月之后，斯蒂芬·佩里再一次来到中国。当时，正是美国次贷危机引起的金融危机席卷全球之际。佩里虽然看上去行色匆匆，但依然满怀自信。他此次的身份是"美国中西部与中国战略经济发展委员会"的总顾问。

一大早，他就带领着美国的同行们，准备拜会中国商务部部长陈德铭。虽然身为英国人，但凭着良好的经营管理能力，除了中英贸易，佩里很早便致力于推动中美贸易的发展，这也是他引以为豪之处。在中美贸易保护日趋强烈的今天，佩里努力要打破贸易间的坚冰。

斯蒂芬·佩里　英国48家集团俱乐部主席

这次访问的主要目的，是开放美国中西部地区，和中国进行贸易交往，我为此已经努力很多年了。

◎"我父亲是一个很坚强的人"

斯蒂芬·佩里和中国的渊源始于家族传统。时光倒流60年，在20世纪50年代，他的父亲杰克·佩里第一次造访新中国，成为开启西方国家和中国贸易的破冰者。从此，佩里家族和中国的联系似乎成为命中注定。

至今，在斯蒂芬·佩里位于伦敦市中心摄政公园旁的家中，依然可以在进门的显著位置上，看到象征中国革命的画像：工人阶级坚定的身姿，以及毛泽东主席的头像。此外，毛泽东语录的袖珍"红宝书"，马克思列宁主义的英

【美国中西部与中国战略经济发展委员会】

在英国48家集团俱乐部的推动下，美国中西部与中国战略经济发展委员会于2009年初成立，这是推动中国和美国中西部地区经贸合作发展的组织。该委员会由密苏里州经济发展厅、圣路易斯市和密苏里工商会等单位联合出资派员组成，具体负责推动在圣路易斯建设中国航空货运枢纽，进而推进建立商务中心，吸引美中两国企业来此落户发展，进一步促进中美两国和两国人民的友好往来与互利合作。

文版书籍，埃德加·斯诺的《西行漫记》……在过去几十年的岁月中，这些读物一直伴随着他；更重要的还有他父亲杰克·佩里留下的历史财富。

1915年，杰克·佩里出生在伦敦。他的父母是分别来自立陶宛和波兰的犹太移民，全家当时寄居在伦敦的东区。在动荡年代里，日子过得无比艰难。

斯蒂芬·佩里　英国48家集团俱乐部主席

我的祖父母来自东欧非常贫困的地方。刚到英国时，他们甚至连英语都不会说，但他们坚持了下来，在这里生儿育女，然后供他们读书，努力赚钱摆脱贫困。

杰克·佩里从小勤奋好学，历史、地理、英文、数学等科目成绩突出。但由于父亲生病，他不得不放弃学业。15岁时，杰克·佩里离开学校开始工作，补贴家用。最初，他在伦敦玛格丽特大街的一家服装店打工；之后便和纺织服装业打上了交道。生活的艰难磨砺了杰克·佩里的性格和处世方式。

何大隆是新华社伦敦分社的社长，在长期的采访报道中，他了解到了很多有关佩里家族的故事："斯蒂芬·佩里的父亲非常勤奋，靠自学，做手工，从学习布料纺织裁缝开始，一直到最后开办了自己的服装厂。"

斯蒂芬·佩里　英国48家集团俱乐部主席

我父亲是一个很坚强的人，他来自于伦敦东区，经受过很多压力，他知道怎样坚持立场并对抗压力。

20世纪30年代，法西斯主义在德国和意大利兴起，并影响到英国。伦敦东区成为纳粹主义影响最严重的地方，法西斯分子大肆攻击那里的犹太人，佩里一家也深受其害。

斯蒂芬·佩里　英国48家集团俱乐部主席

我的祖父母参与了反法西斯活动。如果当初希特勒侵略了英国，我可能永远都不会出现在这个世界上了，当时的情况就是如此严峻。

刚满20岁的杰克·佩里本来可以去欣赏好莱坞电影，观看足球赛，但正常的生活都被法西斯分子打破了。杰克·佩里参加了反法西斯斗争，这使得他开始思考更多的政治问题。不知不觉间，他发现自己已然不是单纯经营生意的商人。

斯蒂芬·佩里　英国48家集团俱乐部主席

在被伦敦的法西斯分子攻击后，人们必须武装起来，保护自己。所以，正是这一点让我们开始质疑，那些媒体所描绘的内容是否属实。

新华社伦敦分社社长何大隆告诉我们：“佩里的爸爸在这种情况下，结识了剑桥大学的李约瑟博士。通过他，又认识了剑桥大学的其他教授，这些教授当时是传播马克思主义的人，而且这些人在英国特别介绍了凯恩斯的一些著作。正是如此，杰克·佩里接触了一些进步思想，开始思考很多比较深入的问题。”

1939年，杰克·佩里结婚了，他的妻子多莉丝在之后的生活中给予他精神上莫大的支持。1948年9月，斯蒂芬·佩里出生，在五个孩子中排行第四。当时，经过多年的打拼，杰克·佩里已经是一家服装店的经理，生意被他打理得很好，甚至在南非、澳大利亚都建立了分厂。当时在幼小的斯蒂芬·佩里眼中，父亲严肃多于幽默，工作忙碌，个性强悍。

斯蒂芬·佩里　英国48家集团俱乐部主席

我父亲是一个很坚强的人，我现在仍然记得他以前读报纸、看杂志的情景。他总是不停地阅读啊阅读，不停地和各种人见面，不停地和他们聊天，倾听他们讲话。他并不是那种只会把儿子抱在怀中，问他“你最近怎样啊，儿子”的父亲。

五六岁大的斯蒂芬·佩里只记得伦敦的清晨被大雾笼罩着，一家人在机场送别父亲的情景。当时他当然不会意识到，就在那段时间，整个佩里家族的命运正发生着巨大的、难以意料的变化。

在20世纪50年代，冷战气氛弥漫全球，美英等资本主义国家对苏联和中国等社会主义国家实施了贸易封锁。现在看来很平常的贸易活动，对当时的中国来说却异常艰难。

解建群　中国贸促会原会长

正好是在新中国成立后的一个多月，美国、英国、法国等几个主要的西方国家开了一次秘密会议，商讨怎样对社会主义国家进行贸易上的封锁和禁运。他们商量了一个办法，就是在巴黎设立一个"出口管制统筹委员会"。

这个简称为"巴统"的机构，对社会主义国家实施了严厉的禁运，中国深受其害。1950年，朝鲜战争爆发，中国所处的国际环境更是雪上加霜。美国代表团操纵联合国对中国实施经济封锁，几乎堵死了中国的通道，并用古老的"黄祸"一词替代了"苏联北极熊"。

马振岗　中国前驻英大使

当时对中国的严厉程度比苏联、比东欧还要厉害，在禁运的项目当中，中国有五百多种。中华人民共和国成立之后，面临着国家重建的任务，需要很多和外国进行合作的项目，需要进口一些必要的物资。而"巴统"限制非常严，包括铜、铝等一般的金属，还有像棉花、橡胶等等都列在里边。此外，机器设备等等就禁得更严格。在这样的背景下，新成立的中华人民共和国，面临着以美国为首的西方国家在政治上的包抄、军事上的威胁，以及经济上的禁运，这是非常严峻的一种形势。

曾任中国国际贸易促进会秘书长冀朝鼎秘书的方扬春补充道："新中国成立之后，上海的几大纺织厂很困难，就是突然中断了原料供应等，几大纺织厂只能停工。大家可以想象得到，当时的情况很艰难的。"

佩里一家所在的英国，虽然承认了中国的新政府，但也是对华禁运的主要发起者和参与者。1951年5月，联合国通过了对中国实行贸易禁运的决定，宣布成员国禁止向中国出口所有战略物资；英国投了赞成票，英资企业开始陆续撤出中国。

1951年夏末的一个晚上，已过而立之年的杰克·佩里应邀到剑桥大学一位经济学家的家中做客。令杰克·佩里没想到的是，主人的客厅里还来了一位黑头发黄皮肤的中国人，他英语流利，但话语不多，似乎总在默默观察着旁人的举动。杰克·佩里当时并没有过多地在意他，但在后来的人生中，杰克·佩里时常会谈到这个人——他就是冀朝鼎，改变杰克·佩里一生乃至其

英国前副首相赫塞尔廷勋爵，曾参加了《中英联合声明》的谈判和起草工作。1997年，赫塞尔廷离开政府后，接受斯蒂芬·佩里的邀请，参与到48家集团俱乐部和中国的贸易文化交流活动中。《中国通》摄制组在英国时，赫塞尔廷也高兴地接受了采访。（资料片截图）

整个家族命运的中国人。

冀朝鼎被后人称为当时“中国最干练的经济学家”。他曾担任中国银行副总经理，后又任中国国际贸易促进会秘书长。冀朝鼎深谙经济学，在欧美留学生活过，在经济界享有盛誉。受周恩来总理的委派，冀朝鼎当时来到英国寻找新的贸易伙伴——那些不同于以往与旧中国进行交易的“老手”的人。

斯蒂芬·佩里　英国48家集团俱乐部主席

冀朝鼎说服了我父亲，虽然我父亲并不是一个很容易被说动的人。我觉得是一些原则性和个性的东西吸引了我父亲。冀朝鼎特别选了他和几位剑桥的教授，来着手开通中国与西方的贸易。

杰克·佩里从冀朝鼎那里了解了很多前所未知的中国的贸易政策。他面临的最大的选择是：是否要和铁幕另一边的共产主义国家做生意。一旦决定和中国做生意，他必将面临来自英国社会的攻击，他的家人和他的公司都会面临难以想象的压力。

此时，杰克·佩里的夫人多莉丝给了他莫大的支持。多莉丝告诉杰克：这是一个绝好的机会，将来会给他自己，乃至给整个家庭都带来新的机遇。

杰克·佩里和冀朝鼎的联系日益密切。很快，一个新机会摆在了他们的面前：一场旨在冲破东西方贸易禁运的国际会议正在积极酝酿之中。杰

斯蒂芬·佩里和时任中国驻英大使傅莹交情深厚。48家集团俱乐部组织的各项活动、包括成立青年破冰者组织、进行破冰者演讲等活动，都得到了傅莹大使的大力支持。（资料片截图）

克·佩里决定前往参加，身份是英国代表团的秘书长。1952年4月，莫斯科召开了国际经济会议，成员来自49个国家，有471人之多。

斯蒂芬·佩里　英国48家集团俱乐部主席

我父亲正是在那时，和其他几个人参加了莫斯科会议，参加会议的国家和商人并不支持东西方之间的铁幕。也正是在那个时候，我父亲开始和中国确立了关系。

这次会议上，英国代表团成员的身份形形色色，有经济学家，有杰克·佩里这样的商人，还有国会议员。其中，上议院议员伯埃德·奥尔提出："最好还是让货车把人们需要的货物运到边界的那一边去，而不要把装甲车排列在边界上进行军事演习。"他坚决主张东西方要开展贸易，坚决主张打破这种人为的障碍。

莫斯科会议上的中方代表是冀朝鼎以及中国进出口总公司（CNIEC）。冀朝鼎和杰克·佩里进行了一次长谈，希望他能成立一家公司，专营和中国的生意。杰克·佩里答应了，回国后不久，他成立了伦敦出口公司。那年，中国进出口总公司和伦敦出口公司签下协议，开始进行毛条贸易，这是建国后西方企业与新中国签订的第一份贸易合同。

何大隆　新华社驻伦敦分社社长

斯蒂芬·佩里的父亲为什么会这么样做，我个人认为是他有坚定的信仰，他认准的正确的东西，他就会坚持。由于他是贫苦出身，经过生活的磨练，在艰难的生活中间，他能凭着自己劳动者的出身，判断出什么是正确的，什么是错误的。

杰克·佩里为中国的生意四处奔走。当时，英国商界对中国银行的资信和国际贸易付款能力表示怀疑，不愿接手生意。

《人民日报》前驻伦敦记者施晓慧认为："英国商人们就觉得钱没办法走，没有一个信得过的渠道走。然后，斯蒂芬·佩里的父亲杰克·佩里就说，我的信誉你们相信吧，我来担保。做了很多年之后，他们才慢慢对中国有了信任，这个生意才能直接做起来了。"

◎"贸易能够带来和平与繁荣"

莫斯科会议后的1952年11月，中方向英方与会者发出了访问北京的邀请。1953年5月，杰克·佩里等人组成了16人的私人访问团前往中国，正是这次访问，开辟了中英贸易的新局面。

曼德尔森　英国前商务大臣

这些人一定非常独立，有很强的个性。他们喜欢挑战性的冒险，因为他们希望在别人之前和中国建立起关系。他们一定是非常有创造性的人，很有想象力，同时非常勇敢，充满动力。

赫塞尔廷　英国前副首相

他们认为总有一天，中英之间会出现一个很大的市场，进行大量的经贸往来。他们有这么一种信念，想要试着使它成为现实。

此次旅途颇费周折。由于当时中英之间还没有外交关系，更由于当时的国际环境和英国国内的环境，访问团成员不能像今天这样公开组织一个代表团。所以，他们就想出一个主意：让中国贸促会对英国商人单个发签证邀请。

这样的话，访问团的成员各自启程，在香港会合后分别从港入境到广州。

杰克·佩里被最先安排前往北京。他坐船先抵达澳门、广东，但他未在广东作片刻停留，又立刻坐火车到北京。

斯蒂芬·佩里　英国48家集团俱乐部主席

我父亲在1953年第一次去中国，想和中国建立起贸易关系，他花了整整七天时间到香港，又花了三天时间从香港到北京。

在北京，中英双方的会面结出了果实。

1953年7月6日，英国访问团和我国当时唯一的进出口贸易公司——中国进出口总公司在北京签定了总额3000万英镑的贸易协议。他们成为了中英贸易的破冰者。

曼德尔森　英国前商务大臣

试想一下当时中国面临的环境，中国正在发生什么，其他国家是如何看待中国的。对于破冰者来说，在当时去中国，确实是十分有胆量的行为，他们远远走在了他们那个时代之前。

英方向中国出口五金、机械、化工物资、工具及仪器、医药等商品，中方将向英方出口植物油、畜产品、蛋制品、茶叶、丝绸等商品。这个消息像炸弹一样在英国引爆了舆论。这支贸易先遣队回国后，英国媒体抱以了极大的关注，但评论大多是负面的、恶意的，他们甚至将北京之行喻为“愚蠢之旅”。

维拉·梯姆伯莱克是最早的“破冰者”之一伯西·梯姆伯莱克的遗孀，她回忆道：“那时，媒体和政府都反对这么做。我觉得，当时人们认为，和中国做生意的人都是不爱国的。”

斯蒂芬·佩里　英国48家集团俱乐部主席

反对的原因，一个是迫于美国发起的对中国进行抵制的压力，这完全是出于政治考虑；第二个原因就是当时在英国，那些在香港有很大利益的，同时在中国拥有很多资产的“老手”，试图阻碍新的英国公司和新中国的联系，从而使他们能够重获在中国的利益。

杰克·佩里并没有立刻返英。在冀朝鼎的邀请下，他游览了中国各地，几个月后才回到英国。这时，他的整个想法都发生了变化，但有一点他很坚定，那就是要和中国做生意，之前的任何顾虑都在这次中国之行中消除了。

何大隆　新华社伦敦分社社长

杰克·佩里走遍了中国的大江南北，给他印象最深的，就是中国人民是真正拥护中国共产党的，在中国共产党的领导下翻身解放，他能看到新中国的活力。所以，他认为，英国政府以及西方世界应该跟新中国打交道，西方采取的对中国封锁的这个政策是错误的。他坚定了这个信仰，坚持与中国做生意。

和中国做生意让佩里一家备受误解和敌视，但杰克·佩里对此不以为然。佩里家族坚韧的性格在这里充分表现了出来。

斯蒂芬·佩里　英国48家集团俱乐部主席

父亲开始更多地和中国建立关系，因此他以及整个家庭也受到了很多敌视。在我住的那条街上，我有很多朋友，但他们的父母都不太愿意和我们有什么联系。我父亲始终认为，他无须为此感到尴尬。在别人眼中，他有着清晰的政治见解，很坚强，同时又不会被周围反对他的人所轻易影响。当时我只有五六岁，但父亲的这些特点对我产生了很大的影响。

维拉作为最早的"破冰者"之一的遗孀，证明了这一点："杰克·佩里无所畏惧，因为对他的敌视已经够多的了。他只是对这些敌意视而不见，他并没有被那些反对的声音所威胁到。"

"斯蒂芬·佩里正是在这种家庭背景下熏陶成长起来的，他继承了父亲的坚定信仰，继承了这种坚忍不拔、破冰的精神。"新华社伦敦分社社长何大隆解释了斯蒂芬·佩里性格形成的原因。

"破冰之旅"第二年的4月，中国进出口总公司和英国的多家贸易公司在东柏林举行了第二轮会谈，从商品数量和种类上进一步推进了双方的贸易。和中国进行贸易协商的英方公司数量为48家，已经达到了上年破冰者数量的三倍，48家集团由此应运而生。虽然这个集团只是由一些中小企业组成，但在当时，他们架起了中国与西方世界的第一条贸易通道。

中国贸促会原会长解建群认为："所谓'破冰之旅'，讲的是中国对西欧贸易的破冰之旅，在西欧，英国是带头的。以后才有法国、意大利、比利时、奥地利还有联邦德国，才有这么些国家相继与中国建立贸易往来。"

伦敦前市长利文斯通对此评价："破冰者们的行为带来的是如今一个十分庞大的中英贸易友好团体，那些具有很大影响力的商人也加入了进来。"

斯蒂芬·佩里　英国48家集团俱乐部主席

48家集团的态度非常简单，他们坚信，贸易能够带来和平与繁荣，禁运只能导致战争。

在48家集团成立后几个月，1954年10月，中国在伦敦设立了代办处，中英代办级外交关系建立。也就在这个时候，那些原先曾和中国进行贸易的英国"老手"，开始重新和中国打交道。到1957年，西欧各国对中国的禁运宣告结束。

◎"我想要了解中国"

杰克·佩里经营的伦敦出口公司和中国的贸易日益紧密，他经常几个月在外，操持生意。随着斯蒂芬·佩里慢慢长大，他逐渐意识到自己家庭的与众不同。在他的记忆中，有个中国朋友经常来上门拜访，还讲了很多中国的民间故事。

斯蒂芬·佩里　英国48家集团俱乐部主席

我才八九岁的时候，冀朝鼎来到我家。他讲了愚公移山的故事。我记得，小时候坐在他的腿上，他用很棒的英语跟我讲这个故事。当时我想，这些人和我们真是太不一样了。

在学校里，斯蒂芬·佩里的独特兴趣引起了老师的关注。

斯蒂芬·佩里　英国48家集团俱乐部主席

我记得一个老师问我："你到底喜欢什么呀？你好像对学习并不是很感兴趣。"

我说："是的，我喜欢足球，还有马克思主义。"

他问："你说的马克思主义是什么意思？"

我说："就是辩证唯物主义。"然后，他问我知道那是什么意思吗？

我回答说，讲的是唯物主义和唯心主义，辩证法，对立统一。当时，他肯定觉得我是一个调皮鬼。

青年时代的斯蒂芬·佩里激进而充满活力。20岁出头的他正经历着20世纪60年代那个风起云涌的动荡时代：披头士乐队，反叛而狂热；美国的越战泥潭，胶着而伤痛。斯蒂芬·佩里如同一张画纸，被时代浸染着颜色。他留着长发，穿着牛仔裤，嚼着口香糖。同时，从小便熟知的社会主义中国更加强烈地吸引着他。

伦敦大学学院的法律系享有盛誉，20世纪60年代末，斯蒂芬·佩里在那里度过了重要的大学时光。他崭露头角，成为学生会主席。虽然父亲是名商人，但由于父亲和国外的诸多往来，斯蒂芬·佩里对国际政治产生了浓厚的兴趣。在世界这个大棋盘上，他不仅将目光停留在西方国家，还投向了社会主义国家，东西方间的政治博弈成为他观察和思考的主题。

1972年，斯蒂芬·佩里24岁，在选择人生方向时，他第一次来到了耳熟能详但又从未踏足的中国。

斯蒂芬·佩里　英国48家集团俱乐部主席

我想要了解中国。我父亲和我都不会说中文，但我觉得我父亲最大的兴趣是和中国人谈论马克思主义，谈论政治和贸易。而我的兴趣则是想要了解中国是怎样发展成这样的，因为我发现马克思主义当时在中国还是相对较新的理论。

正如父亲当年游历中国一样，斯蒂芬·佩里也在中国住了五个星期，他游览了杭州、苏州、上海和北京，还参观了毛主席的旧居。离开中国时，斯蒂芬·佩里忍不住哭了。

斯蒂芬·佩里　英国48家集团俱乐部主席

在听了很多年有关中国的事情后，中国之行令我非常感动。这是因为我在英国做了10年或者15年激进的学生领袖，一直有着想要去中国看看的强烈愿望。我坚信中国政府和人民，即使他们在“文化大革命”时犯了错误，但他们所坚持的社会主义原则，每天都在贯彻着，对此，我很有感触。和我的中国朋友告别使我深感难过。

中国之行后的第二年，本来热衷于政治的斯蒂芬·佩里并没有选择从政，而是加入了父亲一手创建的伦敦出口公司。

斯蒂芬·佩里　英国48家集团俱乐部主席

我在大学毕业的时候，父亲就很担心我会成为一个政治家，所以，他半哄半骗地告诉我说，他的心脏不适，希望我到他的公司工作。

麦启安是48家集团俱乐部秘书长，他说:“虽然斯蒂芬本来应该成为律师，但我觉得他天生是一个商人和优秀的企业家。显然，他会跟随他父亲的脚步，通过贸易来继续发展和中国间的积极关系。”

伦敦出口公司中国首席代表夏乐进也是这样看的:“斯蒂芬做出了正确的选择，他既发展了家族企业，也继承了中英之间的友谊和相互理解的传统。”

◦“那是一段艰难岁月”

时代机遇再一次出现在佩里家族面前。1972年，斯蒂芬·佩里第一次来华时，世界格局正发生着巨大的变化。9月，尼克松访华，中美之间的关系迅速缓和。

或许是历史的巧合，斯蒂芬·佩里在这个不平常的时刻继承了父亲的事业。和父亲一样，他要担负的同样也是破冰行动，是打破中美两国贸易之间的坚冰。在佩里父子中国行之前，当时中国的商务专员特意同他们进行了一次秘密谈话。正是因为这次谈话，斯蒂芬·佩里开始了推动中美贸易的使命。

1972年，24岁的斯蒂芬·佩里第一次来到中国，住了五个星期。随后，由于正逢中美关系翻开了新的一页，斯蒂芬·佩里便开始着手启动中美间的贸易往来。这是1972年他在湖南做生意时和中方贸易伙伴的照片。（斯蒂芬·佩里供图）

斯蒂芬·佩里　英国48家集团俱乐部主席

中国的商务专员对我父亲说，请到这儿来。当时，我们正面对面坐着。然后，他和我父亲走到了壁炉前，父亲把头伸在了壁炉下，翻译人员同样如此。于是，在壁炉前，商务专员告诉我父亲："我们想要你去美国购买涤纶、棉花和化学品。"

佩里一家有亲戚在美国，可是由于和中国做生意，从1954年起，他们就被拒之门外，拿不到赴美签证。但在1971年，形势发生了变化。令杰克·佩里感到意外的是，美国商务部的人主动找他，希望听取他对于和中国做生意的建议。

于是，在中美双方都想要杰克·佩里帮忙的情况下，1972年，斯蒂芬·佩里和父亲在结束中国之行后，便直接去了美国。在那里，他们碰到了基辛格的部下，性格坚韧的杰克·佩里首先给美国人上了一课。

斯蒂芬·佩里　英国48家集团俱乐部主席

我们和基辛格的部下见了面，他们想要见我父亲。其中一个人说："杰克，跟我们说说中国是什么样的。中国怎么看待美国。"

我父亲说："能在这里我感到很高兴，因为我被禁止来美国已经有15年了。"最终，有个年龄和我相仿的年轻人说："佩里先生，我们对你之前被美国拒绝的问题感到很抱歉，但我们能不能向前看，而不是总看过去？”

我父亲说：“我正尝试着告诉你中国人是怎么想的。”说完，房间里一片寂静，于是，话题变成了怎样开辟中美间的贸易关系。

斯蒂芬·佩里被父亲委以重任，派往美国。他不得不从零做起，开拓局面。他打电话给美国商人，试图说服他们和中国做生意，但一开始碰了不少钉子。

斯蒂芬·佩里　英国48家集团俱乐部主席

可以说，我打的电话百分之七八十都得不到回应。和中国做生意让美国的商人担心，这样做会不会因为和共产党做生意而遭起诉。那是一个特殊的历史时期。

可是在斯蒂芬·佩里的努力下，情况慢慢好转。

1974年，斯蒂芬·佩里想把湖南生产的陶器卖给美国人。当时中国正处于“文革”时期，没人相信他能成功，可是斯蒂芬·佩里却成功了。这是由于佩里家族和中国建立起的长久的信赖关系，即使在“文革”期间，中国政府仍然同意并帮助佩里父子前往生意需要的地方。

斯蒂芬·佩里　英国48家集团俱乐部主席

1974年，在长沙，没有暖气。我们去拜访了毛泽东的出生地韶山，在房间里靠喝白兰地取暖。那是一段很奇妙的经历，真是一段艰难岁月啊。

从此，斯蒂芬·佩里继承了家族的事业，三十多年后的今天，他仍为推动中美贸易而乐此不疲。在英国前副首相赫塞尔廷眼里，“斯蒂芬是一个很有活力的人。他在发展和中国的密切关系上，很有远见”。

斯蒂芬·佩里的儿子杰克·佩里分析道：“我父亲善于从一个更广的角度来看待和处理生意。他是这样的一个企业家。”

工作之余，佩里一家有共同的爱好：足球。他们都是英国顶尖球队阿森纳的支持者，这一爱好甚至也成为佩里一家和中国联系的纽带。

20世纪70年代，由于中国不是国际足联的成员国，因此，在很长一段时

斯蒂芬·佩里一家人都是英国著名球队阿森纳的支持者。20世纪70年代末，斯蒂芬·佩里还曾经将第一支英国足球队引入中国和中国队比赛。图右二为斯蒂芬·佩里，右一为他的儿子杰克·佩里，右三为他的女儿朱迪。（斯蒂芬·佩里供图）

间内没有西方的足球队和中国的足球队踢比赛。

斯蒂芬·佩里　英国 48 家集团俱乐部主席

中国的大使找到我们，想要我们帮忙带一支足球队到中国，以此来打破中国在足球运动上受到的抵制。

1979 年 5 月 19 日，英国第一支访华的足球队西布朗球队来到北京，与中国队进行了一场友谊赛。

斯蒂芬·佩里　英国 48 家集团俱乐部主席

在下半场进行到一半的时候，球场出现了一阵骚动。我们正思量着发生了什么，没人明白。后来，我们才了解到，原来是邓小平来了。

杰克·佩里　斯蒂芬·佩里之子

从那以后，父亲他们还带了沃特福德足球俱乐部、阿森纳到北京踢比赛。切尔西队也来过中国。

家庭传统使小杰克·佩里热爱中国，特别相像的，就是他同他的爷爷、爸爸一样，时常来中国走走。

2008年，斯蒂芬·佩里60岁的生日宴会。英国政界官员、商界领袖、文化界的明星、大学的学者等推动中英交往的各行各业人士集聚一堂。（新华社伦敦分社供图）

杰克·佩里　斯蒂芬·佩里之子

我在中国呆了四天后，拿起电话打给我父亲。我说："爸爸，我觉得你要很长一段时间见不到我了。"

他说："什么意思？你在说什么？"

我说："我觉得我会再在这里呆一段时间。"

他说："你要在那里做什么？"

我说："我还不知道，但我想我会继续呆在这里，尝试着去理解我所感受到的，我还不能明确我感受到了什么。我感到一种温暖，从我内心感到的。我觉得非常自在，这种感觉并不是在其他国家都能感觉到的。"

中国前驻英大使马振岗是斯蒂芬·佩里的好朋友，他说："每年中国春节的时候，除夕那天，他都要组织一次盛大的午宴。英国有名的'商业怪杰'布兰森也去了。特别是在虎年那年，他穿了一件老虎的外衣去给大家拜年，这是很重要的一个活动。"

对斯蒂芬·佩里每年举办这样的活动，《人民日报》原驻伦敦记者施晓慧觉得："他主要的目的是要让英国的主流社会了解中国、了解中国的企业、了解中国的市场、了解中国的政策。"

在同中国交往的五十多年中，佩里一家和中国结成了深厚的关系。斯蒂芬·佩里受到很多中国领导人的接见。正如英国前副首相赫塞尔廷所说，他们和中国主要的政治家建立起了私人关系。这种稳固的关系，让他们不断把握住了机会。

60岁生日那天，斯蒂芬·佩里举办了一个很大的聚会。中国人看重过60大寿，认为60岁那天非常吉利。因为中国传统文化认为：60年满一个甲子，花甲之年的人被认为是很有智慧的。佩里也深受这种文化的影响。

时任中国驻英大使马振岗写了一首诗送给他："承秉破冰志，风云一片心。萤火映旷野，酷冬续暖春。层尘久沾履，细霜渐染鬓。英华结硕果，不忘浇灌人。"

马大使解释道："'英华'，中国人有两层意思，一个是鲜花结出硕果来了；另一个就是中英关系的发展。我给他讲，他非常高兴。"

◎"中国和西方就像是地球和月球"

至今，斯蒂芬·佩里已经造访中国两百多次。现在，他每年仍要来中国好几次。

杰克·佩里　斯蒂芬·佩里之子

我告诉你一件很隐私的事情。我父亲总是外出，所以，我们小时候不太看得到他。因为他经常到中国，和中国做生意，很不容易。他总是说："在去中国的路上，我都会爱你们的。"因为对我们来说，他去了那么远的地方。我们觉得世界上最远的地方就是中国，所以，他说这句话对我们来说是很动情的。我们现在也在说。

事实上，长久以来，斯蒂芬·佩里一直在关注中国，尤其对中国的政策进行认真地分析解读。

马振岗　中国前驻英大使

我给你举一个例子。我们国内学"三个代表"的时候，斯蒂芬·佩里专门请我去给他们的成员讲了一次。大概在西方国家里，很少有组织会请中国大使去给他讲"三个代表"是什么意思，有什么意义，对中国有什么影响。

斯蒂芬·佩里就组织了。从这一点，你可以看到他对中国的感情。

1996 年，斯蒂芬・佩里的父亲杰克・佩里去世。作为第一代破冰者的杰克・佩里，没能看到 1997 年的香港回归。那一年，在西方一些企业纷纷撤离香港时，斯蒂芬・佩里却进入了香港，在港设立了伦敦出口公司的分公司。

斯蒂芬・佩里　英国 48 家集团俱乐部主席

我们在北京待了很久，和中国的领导人交谈，问他们中国对香港的政策是什么。我记得很多外国人总对我说："你被骗了，中国人没说实话。"

我说："为什么你认为我会被骗？我不笨。我听中国领导人讲话，我会听不出他是不是在骗我吗？我听他的想法，然后分析他说的，思考他的话。我并不蠢。"

对于斯蒂芬・佩里做出的决策，伦敦出口公司中国首席代表夏乐进说："他们看到香港回归是大势所趋，因此，你必须抓住机会，积极对待，而不是消极面对，或把事情搞得对两国政府来说都很复杂。"

杰克・佩里　斯蒂芬・佩里之子

他听取了中国人的意见，以及外部世界对中国的看法。同时，他也有自己的见解，考虑中国怎样继续发展以及中英间如何共同发展。

与 20 世纪 50 年代相比，中英关系如今有了极大的发展；同时，中国的发展也日益成为世界关注的焦点。

英国前副首相赫塞尔廷曾说，中国是一个世界性的大国，没人能无视中国的存在，每个人都想知道他的发展、政策，以及他扮演的角色。所以，如今中国已经成为世界上最有吸引力的国家之一。

2008 年 4 月，正值北京奥运火炬境外传递期间，英国某些媒体对中国的西藏问题作了很多不实报道，这引起了很多中国留学生的抗议。那天，斯蒂芬・佩里也来到现场支持学生们的行为。

何大隆　新华社伦敦分社社长

斯蒂芬・佩里跟我谈到，当时奥运火炬传递至伦敦，下着大雪，留学生

2008年4月，当北京奥运火炬在英国传递时，CCTV驻伦敦记者在现场采访斯蒂芬·佩里。（资料片截图）

以及英国华人支持祖国办奥运，使他深受感动。看到西藏问题被西方媒体歪曲报道，他感到很气愤。所以，他觉得他有责任站出来，支持留学生的这种行动。这是难能可贵的。

在斯蒂芬·佩里和48家集团看来，中国人和英国人彼此还有许多文化误解、误读存在，交流远远不够深入。

斯蒂芬·佩里　英国48家集团俱乐部主席

中国和西方就像是地球和月球，是两个完全不同的世界，两种完全不同的文化，两种完全不同的做事方式。我们需要打破障碍，当这种理想实现时，我们就会获得巨大的成就。

杰克·佩里　斯蒂芬·佩里之子

我告诉你我父亲对中国的看法，他试图想要理解中国和英国之间的差异和差距，并尝试解决这个问题，找出解决方法。

斯蒂芬·佩里还积极地推动中英之间其他形式的交流，正是他最早把英国的经典音乐剧引入中国。新世纪初，在上海，安德鲁·劳埃德·韦伯的《剧院魅影》演出了一百多场，场场爆满。

斯蒂芬·佩里曾在时任文化部副部长李源潮的支持下，成功地将安德鲁·韦伯的音乐剧引入中国，并在人民大会堂上演。之后，《猫》、《剧院魅影》和《悲惨世界》等英国经典音乐剧纷纷来到中国上演。图为2007年3月斯蒂芬·佩里与李源潮在伦敦的合影。（资料片截图）

斯蒂芬·佩里　英国48家集团俱乐部主席

我去了中国，和李源潮见了面，他当时是文化部的副部长。我问他："能不能把这种类型的音乐剧引进中国？"

他说："你怎么想？"

我说："我首先想做的是办一个音乐会。"

然后他说："好，你想在哪儿办呢？"我说："人民大会堂。"他说："这不太寻常。"我说："是的，但我觉得这样的话，一些重要的人物就可以欣赏到它了。"我们很快就决定这么做，最终办成了那场音乐会。

起初，文化差异使英国人担心中国观众能否接受音乐剧这种形式。

伦敦出口公司中国首席代表夏乐进说："有些歌曲是从《耶稣基督超级巨星》里来的。当时，在人民大会堂的屏幕上出现了巨大的十字架，那是一个很有趣的时刻。有些人不确定这个场景会产生什么样的影响，但音乐会进行得非常顺利。"

事实证明，中国观众很喜欢这种艺术。斯蒂芬·佩里很爱看音乐剧，他最喜欢法国作家雨果的《悲惨世界》。当音乐剧《悲惨世界》被引入中国时，这部音乐剧的名字在中国还引起了异议。

斯蒂芬·佩里　英国48家集团俱乐部主席

当我们打算在中国引进《悲惨世界》时，有些人提出疑问，认为它的名字同“和谐”的概念不太一致。我认为这是一种陈旧的观点，我们生活在现实的世界，不管怎么说，我们问了温家宝总理，他对于这个名字有什么看法。

他说:“这个名字不错呀。和谐来自于不和谐状态。和谐并不是突然就存在的，必须经过斗争和发展。所以，必须要经过这个过程。”《悲惨世界》的演出非常成功。

最终,《悲惨世界》、《猫》、《剧院魅影》等音乐剧接踵来到中国上演。媒体惊呼“音乐剧书写了中国的演出纪录”。

伦敦出口公司中国首席代表夏乐进可作见证:“《猫》在上海演出时引起了极大的轰动。在它演出季的后面几个星期中，即使当时‘非典’的影响非常严重，它的出票率还是超过了90%。”

斯蒂芬·佩里　英国48家集团俱乐部主席

对于中国的演员、歌手、音乐家来说，学习西方的经验很重要，要把这些经验运用到自己的文化中。

赫塞尔廷　英国前副首相

我认为在早期，人们想要和中国的公司和各种组织发展贸易往来，进行商业合作，但是，现在双方关系涵盖的范围更广了，包括了整个社会文化活动。这非常好。

在英国，斯蒂芬·佩里对中国的友好态度，有时使他面临着压力与责难。因为总有一些人持有不同的观点，不相信48家集团所坚信的。

斯蒂芬·佩里　英国48家集团俱乐部主席

我仍面临着很大压力，因为我不撒谎。我对中国持有自己独立的态度。

为什么中国在过去的30年中如此成功？因为中国共产党非常实事求是。如果某件事行不通，他们就承认这是行不通的，然后再改变方向。他们不附属于教条，也不是政策的奴隶。他们会及时改进，把事情做好。

杰克·佩里　斯蒂芬·佩里之子

不少中国人碰到他，或者碰到我时跟我说，你父亲比我所见过的任何人都更了解中国。

近几年来，胡锦涛主席和温家宝总理访问英国时，都会见了斯蒂芬·佩里。

施晓慧　《人民日报》原驻伦敦记者

斯蒂芬·佩里说，我真的非常感动。他说，我觉得中国领导人是非常重情义的，他们甚至能叫得出我父亲当年第一次带领的破冰者代表团所有人的名字，每一个名字都叫得出来。他说他真是非常感动，中国领导人真是不忘老朋友，这是中国传统文化里非常宝贵的东西。

2006 年，温家宝在伦敦再次接见了斯蒂芬·佩里，他很受鼓舞。这时，一个新的想法，一个面向未来的想法，在他脑海里形成了。

斯蒂芬·佩里　英国 48 家集团俱乐部主席

我们讨论了中英两国人民间的历史遗留问题。我问他（温家宝），如何解决这些问题?

他变得沉默了。他看着我，思考了一会儿，然后他说，这个问题要留给年轻人，年轻人可以解决这个问题。接着，我们继续讨论。

离开他后，我对他说的话想了很久，想怎样做，他的话才能更有意义，我想了很久，想出很多有意义的方式。最后，我想到，要让年轻人继承“48家集团”，因此我们成立了“青年破冰者”组织。

2008 年 5 月 1 日，48 家集团俱乐部在伦敦成立了“青年破冰者”组织，并在多个地区展开活动，斯蒂芬·佩里的儿子杰克·佩里担任了“青年破冰者”的中国主席。

杰克·佩里　斯蒂芬·佩里之子

“青年破冰者”组织更看中建立起关系，建立起相互的理解以及友谊。这

2006年，斯蒂芬·佩里和温家宝总理对话时询问温总理，如何解决两国历史上遗留下的偏见和误解，继续前进。温总理回答，未来要靠年轻人。于是，在斯蒂芬·佩里的推动下，2008年5月，48家集团“青年破冰者”组织成立。（资料片截图）

也正是我们建立这个组织的初衷，即建立和中国的友谊。现在，我们要建立我们自己和中国青年人的友谊。

48家集团俱乐部秘书长麦启安有着自己的理解：“我认为，必须从文化的角度仔细理解‘破冰者’这个词的含义。它指的不是一场‘冷战’，而是打破误解的‘坚冰’。所以，这并不是说我们要互相斗争，而是对无知和误解的破冰，这才是‘破冰’的意思。”

杰克·佩里　斯蒂芬·佩里之子

“青年破冰者”组织开启了我们和中国年轻一代人之间的友谊。这点很重要，我们都是朋友，我们理解人们的想法和感受，然后倾听他们关于商业，关于国家，以及关于贸易的看法。

伦敦前市长利文斯通也非常看重这个因素，“年轻人会从不同的文化中选取自己所喜欢的，不同的文化总是存在在那里，但年轻人可以更好地去理解其中的差异。在伦敦越来越多的人认识到这一点，他们就会更加欢迎中国来的游客、学生，以及与中国的贸易。”

到20世纪90年代，中英贸易所有渠道都已畅通，48家集团与许多贸易组织合并为英中贸易协会，继续为促进英中贸易而努力。

斯蒂芬·佩里　英国 48 家集团俱乐部主席

我有百分之五十的时间都花在了 48 家集团上。但是我也必须两者兼顾，我尽量每天多工作一点，但这就是我想要做的，我很享受这个过程。这就是我。

从 20 世纪 50 年代开始到今天，在超过半个世纪的岁月里，“破冰者”精神一直在佩里一家三代身上延续传承。

（本文图片除署名外均由 ICS 提供）

【编导手记】

“破冰者” 后代的中国缘

王　硕

斯蒂芬·佩里不是大人物，他父亲比他更有名。这是我对斯蒂芬·佩里最初的印象。

2009年3月，初春的北京乍暖还寒。早上7点，我第一次见到了斯蒂芬·佩里：身材瘦高，额头皱纹很深，眼睛炯炯有神。他不停地和同事寒暄，严肃又不失幽默。在我眼中，他有大人物的范儿，在中国颇受礼遇，对媒体若即若离。

第三天一早，斯蒂芬·佩里便接受了我们的专访。灯光下的他，面部棱角分明。他不是那种可以随便和你拉家常的人，他态度友好但不主动，可是他的真诚很打动人。他讲到祖父母是东欧的移民，经历了反法西斯斗争的考验。他的父亲和当时作为周恩来特使的冀朝鼎关系密切……

他出生的第一天，便知道有阿森纳球队；第二天，便听说了中国。他对中国的政策津津乐道，但他的视角与西方媒体有所不同。他是一个长在西方国家，接受西方教育，但亲身接触中国，亲眼观察中国的人。后来，在伦敦拍摄采访的过程证明，他的事业和人生就是理解中国，开拓机遇。这一半是因为家族传统，一半是因为他认定世界需要中国。

谈起佩里，更多时候，国内媒体关注的都是斯蒂芬·佩里的父亲——杰克·佩里在20世纪50年代惊心动魄的中国之旅。正因为这次破冰行动，新中国和西方国家的贸易大门才被打开，英国48家集团才应运而生，中国的进出口贸易量才如涓涓细流般发展成滔滔江水。

杰克·佩里无疑是具有冒险精神的勇敢者。在当年艰苦的生活中，他培养了自己的是非观，特立独行，坚决和中国做生意，即使遭人谩骂遭人痛恨也不退缩。

在伦敦摄政公园旁的家中，斯蒂芬·佩里把他父亲写的自传 *From Brick Lane to The Forbidden City*（《从欧洲小巷到紫禁城》）赠给了我。在书的序言中，斯蒂

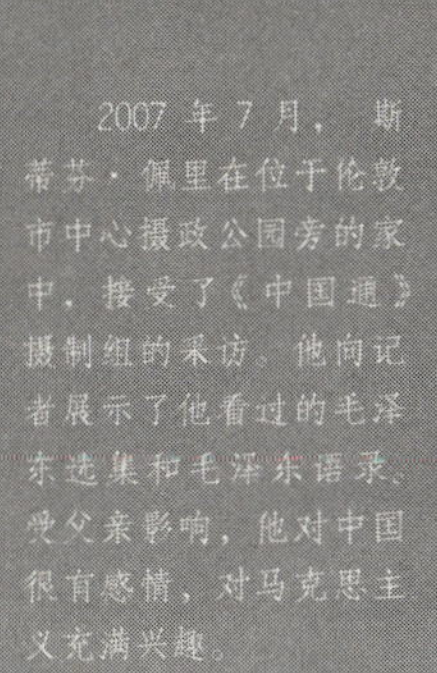

2007年7月，斯蒂芬·佩里在位于伦敦市中心摄政公园旁的家中，接受了《中国通》摄制组的采访。他向记者展示了他看过的毛泽东选集和毛泽东语录。受父亲影响，他对中国很有感情，对马克思主义充满兴趣。

芬·佩里写道：“父亲既照顾到了家庭的每一个人，又在历史的长河中，发挥了自己的作用。我们中的大多数人，通常都不能如他所为，成功地两者兼顾。”

7月的伦敦并非像上海这样闷热难耐，不期而至的小雨时常洗涤着城市，泰晤士河水静静地流淌着，无声无息地见证着岁月的变迁。

父亲生意上的成功使得佩里一家从此生活富足。和父亲当年贫困辍学不同，斯蒂芬·佩里接受了良好的教育，他在著名的伦敦大学学院深造，主修法律，因此他具有很强的沟通组织能力以及政治思考力。

斯蒂芬·佩里的照片比普通人要多得多，在他的办公室里，他向我展示和介绍了与中国多个中央领导人的合影。他还拿着珍藏的《毛主席语录》对我说：“‘为人民服务’是毛主席提出的，但胡锦涛主席、温家宝总理也都曾提到过类似的内容。”

斯蒂芬·佩里的女儿朱迪有过一次印象深刻的经历。

一天，在咖啡馆门外，她和父亲看到一个中国留学生正在温习功课。斯蒂芬·佩里走上前去问道：“不知你来自中国的哪个地方？”

学生一脸迷惑，说中国有很多省份，西方人知道得很少。

斯蒂芬笑了，说：“中国的各个省我基本都去过，没有不知道的。”

那个学生更觉奇怪，请问他尊姓大名。当得知斯蒂芬的名字后，他兴奋地说：“我知道这个名字，课堂上老师曾经提起过。”

斯蒂芬·佩里有一个特点，就是他能把对中国友好的知名人士团结聚拢，最大限度地发挥48家集团俱乐部的影响力。

英国前副首相赫塞尔廷曾亲历过关于香港回归的中英谈判，卸任后，斯蒂芬·佩里把他请来，专门给会员进行演讲。伦敦前市长肯·利文斯通被称为“红色肯”，曾开启2008年伦敦举办的盛大的“CHINA NOW”（“时代中国”）活动，佩里也盛情邀请他光临各种场合。

就在我们拍摄期间，48家集团俱乐部的年度大会在伦敦渣打银行总部举行，会议特别安排了渣打银行前总裁做了关于当下最热门的话题——中国经济的演说。作为一个外国人，斯蒂芬·佩里对中国发展的关注和对中国抱有的信心让人感到惊讶。

当被问及佩里一家三代各自的特点时，斯蒂芬·佩里不禁哈哈大笑起来。他停顿了片刻，轻松地说：“我父亲是一个很坚强的人，我本人算是一般般，我儿子是一个调皮鬼。”

在父亲的光环下，斯蒂芬·佩里时常会感到压力。他不想自己是借父亲的名声而被人知晓，他一定要有自己的作为。对于儿子，他曾经要求很多，但后来坦言，年轻人可以自己创造未来，他们也必须自己去创造。

斯蒂芬·佩里的女儿朱迪曾谈道：“斯蒂芬越发变得像爷爷一样。”还说，作为佩里家族的一员，她感到自豪。

这让我想到，即便斯蒂芬·佩里不是大人物，他也同样在创造着历史。不管他是否有父亲的名气，重要的是他让子女们感到了骄傲。他如同当年的杰克·佩里一样，努力地“两者兼顾”。

让·皮埃尔·拉法兰

——中法关系的沟通使者

Jean-Pierre
Raffarin

拉法兰的就职仪式。2002年5月，法国前总统希拉克任命拉法兰接替若斯潘，为新任政府总理。2002~2005年间，拉法兰两度被希拉克任命为政府总理。（资料片截图）

让·皮埃尔·拉法兰 Jean-Pierre Raffarin

1948年8月3日出生于法国普瓦捷市（Poitiers）。法兰西共和国政府前总理。毕业于巴黎大学和巴黎高等商业学院。2002年5月，被希拉克总统任命为政府总理。2005年5月，辞去总理职务。现任法国人民运动联盟第一副主席、参议员。

拉法兰于2003年4月对中国进行正式访问。在北京爆发“非典”疫情后，他是首位访华的西方大国领导人，赢得了中国政府和人们的信任和好感。拉法兰卸任之后，仍然频繁访华，积极致力于中法关系的发展。当中法关系出现波折时，他总是临危受命，担当着中法关系的“灭火消防队长”。

Jean-Pierre Raffarin

◎ 雪中送炭行

2003年春天，一场突如其来的“非典”肆虐整个中国，举国上下都投入了这场没有硝烟的战争。根据卫生部的统计数据，截止4月24日下午8点，中国内地共有2601名SARS确诊病例，其中治愈1277例，死亡115例。在此期间，绝大多数原定在中国举行的国际活动均被迫取消，而原定访华的外国政要也纷纷宣布取消或延期访问。

然而，时任法国总理的拉法兰却毅然决定按原计划访华。4月25日，拉法兰顺利抵京。当时的北京是全国“非典”疫情较为严重的城市之一。非常时期来访的拉法兰，受到了温家宝总理最热烈的欢迎和最热情的接待。在两天的访华行程中，拉法兰也用坚持不戴口罩的实际行动来显示自己对中国政府和人民的信心。这是一次真正的雪中送炭之行。

拉法兰　法国前总理

认真地说，我一点都不害怕。我对中国很有信心。无论我走到哪里，我觉得都不会有什么问题。于是，我通过不戴口罩来证明我的信心。

我认为，像中国这样一个大国，面临这样的困难时，一定会赢。不用担心，中国一定会战胜这些困难。

转眼到了2003年夏天，中国上下齐心协力，最终凭借先进的科学技术和不懈的努力，成功战胜了“非典”。而自那次雪中送炭般的访问后，拉法兰的名字也深深地烙刻在了中国人民的心里。

中国人民外交学会副会长程涛在工作中结识了拉法兰，并成为他在中国最好的朋友之一。

程涛　中国人民外交学会副会长

后来，拉法兰多次来中国的时候，碰到的无论是中央领导还是地方领导，哪怕是飞机上碰到的老百姓，都说你是拉法兰总理，2003年你来过了，是“非典”的时候，我们很感动。

这样的事情，拉法兰也深受感动，他就知道我们中国讲义气，重情谊。我跟他说，中国人就是这样，“滴水之恩，当涌泉相报”。他真正地体会到这点。

在2003年之前，很少有中国人听说过这位谦逊温和的法国总理的名字。如果说起法国的政治家，人们更熟悉的是这些名字：戴高乐将军（Charles de Gaulle），希拉克总统（Jacques René Chirac）。前者与毛泽东和周恩来一起主导了1964年中法两国的建交，而后者则是声名远播的东方文化痴迷者和中国青铜器专家。

更鲜为人知的是，早在20世纪70年代，当拉法兰接受希拉克的邀请，陪同他首次访华后，他们两位便开始对这个神秘的东方国度产生了浓厚的兴趣，也由此开启了中法关系的友好之旅。

拉法兰　法国前总理

当我第一次来华时，那是1976年。我抵达中国那天，正好是毛泽东主席逝世的当天，整个国家都沉浸在无尽的悲痛中，除了孩子们。

当我们在各地访问时，我们接触到的大部分人都很悲痛，但孩子们还是在街上打着乒乓球，他们仍天真无邪地笑着欢迎我们。当时我的印象非常深刻，因为这对中国来说是个艰难的时期。

理查德·亚兹（Richard Artz）作为一名法国资深记者，不仅在法中问题方面颇有研究，同时也是拉法兰政治生涯初期便已结交的旧识。

理查德·亚兹　法国资深记者

如果说拉法兰喜欢中国，那并不是始于他的2003年的SARS之旅。

1976年，作为时任总统德斯坦的年轻支持者之一，拉法兰随代表团访华，当时中国的最高领袖是毛泽东，这个法国年轻政治家代表团对此行的所见所闻印象颇深。

当他们返回法国后，他写了本书叫《黄色的世界》。从这时起，拉法兰就对中国事务十分感兴趣。每次，他都特别留心关注中国发生了什么，经济改革怎么样了。这本书中，还写道：未来世界将有两个体系，毛泽东体系和德斯坦体系（吉斯卡尔·德斯坦 Giscard d' Estaing，Valéry，1974–1981年担任法国总统）。

◎ 沟通使者的路

拉法兰出生于法国西部的普瓦捷市。20世纪50年代中期，他的父亲曾担任法国农业部副部长。拉法兰毕业于巴黎高等商业学校，70年代初开始涉足政坛。根据资深法国记者理查德·亚兹的回忆："当时他默默无闻，只是当时的总统德斯坦的拥护者之一。"

巴黎UMP（人民运动联盟 Union pour un Mouvement Populaire，法国中右派政党）副主席阿兰·德斯坦姆（Alain Destrem）是和拉法兰同时期步入政坛的，同为民主自由党党员的两人是多年的好友。

阿兰·德斯坦姆　巴黎人民运动联盟（UMP）副主席　拉法兰朋友

我们是一起开始政治生涯的，我们都是民主自由党的。大概是在1974年，我们一起进入政坛，至今，我们当中的十个人还都是好朋友。

尽管拉法兰很早就投身政坛，但法国公众对他仍然比较陌生。2002年，当拉法兰战胜了呼声极高的内务部长萨科奇，被当时的法国总统希拉克任命为总理时，整个法国都大感意外。资深法国记者理查德·亚兹亦认为："十年之前，没人想到拉法兰会成为总理的。"

沉浮（Bruno Gensburger）　法国驻华大使馆前新闻参赞

真的是非常惊讶，因为那时候大部分法国人都对他知之甚少。众所周知，法国人总是爱批评别人，当拉法兰出现时，他是个完全不一样的总理，外形上就和别人不一样。他很结实，年轻时块头很大，他看上去强壮而缓慢，像头公牛。

在拉法兰三年总理任期内，现任法国总统萨科齐一直辅佐左右，先后担任内政部长、经济、财政和工业部长等职。（资料片截图）

法国人还不太习惯有这样一个总理，觉得他做事的节奏和以往的总理不一样，他说话的方式不一样，他像是个慈祥的老父亲。

2003 到 2005 年，拉法兰在希拉克执政期间担任了三年的政府总理。在此期间，中法两国一直保持着十分友好的关系，甚至一度被媒体称为两国关系的蜜月期，这尤其体现在中法贸易方面的长足发展。根据中国海关的统计，在希拉克执政的 12 年间，中法贸易额从 55.7 亿美元增长到 252 亿美元。

资深法国记者理查德·亚兹认为，这段蜜月期在很大程度上得益于希拉克对中国的了解和喜爱："希拉克时期，他本人很喜欢中国，喜欢中国的文化、历史，他也能理解中国领导人的思维方式。"

对于这一点，前法国驻华大使苏和（Hervé Ladsous）也深表认同。他认为："希拉克为法国引入了丰富的有关中国历史和文化的画卷。我觉得在他那一代国际领导人中，他应该是对此了解最多的一位了。"

程涛　中国人民外交学会副会长

在希拉克时期，中法关系比较好。因为希拉克对中国比较了解，拉法兰对中国也比较了解，因此他们配合默契。拉法兰当总理时，从 2003 到 2005 年干了三年，来过中国两次。

“我的手也很巧哦！”2009年2月，拉法兰率领法国青年政治家代表团一行来到毛泽东家乡湖南访问，并对湘绣产生了浓厚的兴趣。（中国人民外交学会供图）

然而，中法关系的蜜月[illegible]在希拉克卸任后戛然而止。

2007年5月6日，时年52岁的萨科奇（Nicolas Paul Stéphane Sarkozy de Nagy-Bocsa）成为法兰西第五共和国的第六任总统，他也是第一位出生于“二战”后的法国总统。法国资深记者理查德·亚兹根据他与萨科奇的接触，分析“他是个非常清楚自己目标的人，并且他会为了达到这些而改变他的策略”。

年轻、高调、激进的萨科奇上任后，便急于制定有别于上一任政府的对内对外策略，其中自然也包括对华政策。与萨科奇相识多年的拉法兰，于此时给萨科奇提供了一些建议，他撰写了《致萨科奇的信——最后的征程》一书。

拉法兰　法国前总理

“法国的总统竞选是你开始履行这一使命前的最后一步了”，所以，我给萨科奇写了这本书。“在你成为总统之前，你得读这本书，为了你的最后一步读这本书，我表达了我对于如何担负起总统这一职责的一些想法。”

在公众面前，当很多记者问他对这本书有什么看法时，他说，这是本好书，拉法兰是个好朋友等等，说得很好。

程涛　中国人民外交学会副会长

在这封《致萨科奇的信》里，多次提到对中国的关系。当时，萨科奇还在竞选总统，罗亚尔（Ségolène Royal）是他的竞争对手。这里头有一节讲得很清楚，讲到中国，拉法兰的主要观点就是中国现在不断快速发展，早晚要成为世界的最强国之一。中国给我们提出了许多挑战，我们是回避它呢，还是以积极的观点去迎接它。他的观点就是迎接它，要同中国合作。事实证明，而且进一步证明，同中国合作有丰厚的回报。要有积极、稳妥地和中国打交道的办法，这是给萨科奇的建议。

很显然，萨科奇并没有听取拉法兰的建议。2007 年他当选法国总统，当两国正向建交 45 周年迈进之时，两国关系的“蜜月期”即告结束。

法国是西方大国中第一个与中国建立大[illegible]外交关系的国家。曾几何时，中法关系让世界其他国家称羡。然而，2008[illegible]法关系却由于法国单方面的原因，陡然变得曲折和困难起来，一系列事[illegible]连发生，不断考验着中法之间接近半个世纪的牢固友谊。

2008 年 4 月，整个中国都在翘首期盼，国人都沉浸在一片迎接北京奥运的气氛中。而奥运火炬接力也正在世界各地有条不紊地进行着。2008 年 4 月 7 日，北京奥运火炬传递的第五站接力活动在法国巴黎的埃菲尔铁塔下举行。

27 岁的中国姑娘金晶是巴黎站的第三位火炬接力手。当她在塞纳河畔开始接力时，却突然遭到了“藏独”分子的袭击。袭击者企图从坐着轮椅的金晶手中抢夺奥运火炬，以破坏接力活动。尽管最终火炬接力圆满结束，但由于巴黎火炬传递事件的发生，再加上萨科奇就西藏问题发表的看法，并扬言不出席北京奥运会开幕式等，中法两国关系急剧恶化。

直到 4 月 24 日，拉法兰携萨科奇总统的信件出访北京，中法关系才得到暂时的缓和。巴黎 UMP 副主席阿兰 · 德斯坦姆认为：“他是法中两国信息传递的最佳人选，因为人们相信通过他来传递信息，他不会篡改信息的内容和含义。”

由于拉法兰的努力调解以及法方向中方发出的示好信号，中法关系逐渐恢复平稳。2008 年 8 月 8 日，奥运会在北京开幕，八十余位外国元首出席了奥运会开幕式，其中也包括尼古拉斯 · 萨科奇。

然而，2008 年年底，萨科奇在法国作为欧盟轮值主席国期间，却不顾中方反复耐心地做工作和多次严正交涉，在波兰华沙同窜访欧洲的达赖喇嘛见面。

作为对此事件的回应，中国取消了原定于法国举行的中欧峰会。2 月初，国务院总理温家宝展开了主题为“信心”的欧洲之行，接连出访了瑞士、德国、西班牙、英国和欧盟总部，并出席了在瑞士达沃斯举行的世界经济论坛2009年年会。

然而，温家宝此行却未包括法国，访问路线绕了法国一圈，因此被媒体戏称“环法之旅”；同时，中国商务代表团也进行了“环法”之旅，并与欧洲其他国家签定了总值150亿美金的合同。

蔡方柏　中国驻法国前大使

现在中法经贸关系是处于第四位。在欧洲，第一是德国，第二是荷兰，第三是英国，第四是法国。为什么法国是第一个同中国建交，而现在它同中国的经贸关系是第四位呢？这与各国的经济结构、竞争力有关系，受两国关系的影响，两国关系是其中重要的影响力。

拉法兰博客（Raffarin' s blog）2009年2月25日

恢复中法两国之间的对话已刻不容缓（France–Chine：il est urgent de rétablir le dialogue）

今天上午，我与Marc Laffineur（国民议会副主席）等众人，在《费加罗报》上联合签署了一个专栏，还有Jean–Claude Carle（上萨瓦省参议员）、Philippe Dallier（塞纳–圣但尼省参议员）、Françoise Guégot（滨海塞纳省众议员）、Jacqueline Irlès（东比利牛斯省众议员）、Antoine Lefèvre（埃纳省参议员）、Philippe Paul（菲尼斯太尔省参议员）、Valérie Rosso–Debord（莫尔特–摩泽尔省众议员）等，旨在重申恢复中法两国之间的对话已刻不容缓。

现在局势已与一年前大相径庭。2008年年底，一场规模空前的金融危机在全球蔓延，法国经济也随即陷入了泥沼。法国国内百万人的大罢工和持续低迷的经济形势使萨科奇焦头烂额，他不得不重新考虑自己的外交政策。

2009年2月初，当中国的千家万户仍沉浸在一片欢度春节的喜庆气氛中，拉法兰再一次踏上北京的土地。

尽管此次访华的初衷是为协商一项有关法国议员来华进行为期两年培训的计划，但媒体更多地将此行解读为是出于调节两国间紧张气氛的目的。资深

2009年2月，拉法兰同法国青年政治家代表团一同前往湖南三一重工考察。拉法兰在中国的好友、中国外交学会副会长程涛（右一）陪同前往。（中国人民外交学会供图）

法国记者理查德 · 亚兹的解读是："法国人人都知道拉法兰了解中国，在中国有很多朋友，每次两国关系紧张时，他会竭尽所能调节。"

拉法兰博客（Raffarin's blog） 2009年2月9日

北京印象（premières impressions de Pékin）

自昨日来华以来，中国春节喜庆祥和的气氛围绕着我们。节日似乎让人重拾士气。几乎所有会谈都涉及到西藏问题，但我们仍然在良好的氛围下庆祝了中法建交45周年。1964年，戴高乐将军代表法国正式承认了中国。

我会很快在文章中介绍与温家宝总理的会面情况。

2009年4月，拉法兰再次访问中国。这次他还带来了一个庞大的商务代表团，这个代表团由四十多位来自法国大公司的企业家组成，他们都希望加强与中国的长期合作。

拉法兰　法国前总理

这次我来北京，和中国政府有几次会面，同时也要解释和传达法方对于西藏问题的立场，传递法国总统和中国国家主席的一些讨论内容，这是其一；第二个原因是我带来了法国企业家代表团，这些法国公司在中国已有很长时间了，也希望能更多地参与中国的发展。

2009年4月，拉法兰在北京出席第十五届中法经济研讨会。自2008年4月中法关系陷入僵局以来，这已经是拉法兰第四次访问中国了，他被媒体称为中法关系的“救火队长”。

拉法兰博客（Raffarin's blog） 2009年4月13日

中国贸易考察团即将赴法（Une mission commerciale chinoise bientôt en France）

130亿欧元，这是今年2月中国代表团在法国之外的欧洲各国的订单数。4月9日，我在北京刚刚得到商务部长陈德铭先生的好消息，一个考察团在筹划近期赴法。我们期望同时也努力达到我们的邻国们那样的好结果，中国的订单对我们的就业是非常有利的。

赵国华　法中委员会主席

我认为，自2009年4月两国领导人在伦敦的会晤后，我们两国的关系又进入一个新阶段。当然，我并不认为我们已经回到了两国曾经有过的亲密关系，但我很高兴双边关系在改善。因为这对我们的业务发展也是有帮助的，同时良好畅通的经贸往来也促进两国的外交关系。

程涛　中国人民外交学会副会长

我们说拉法兰对中国友好，拉法兰愿意积极推动中法关系，实际上也是为了法兰西的利益。他首先是法兰西的儿子，他不是中国人，他为的是法国人的利益，他看到中法友谊的前景，45年的中法友谊带来的好处。

◎ 最佳人选

香榭丽舍大街和长安街相距多远，可能没人比拉法兰更清楚这个问题的答案了。自从两国关系陷入紧张以来，他就在这条路上来来往往多次。无论中方还是法方都一致认为，他是这一角色的最佳人选。

佛朗茨·奥利弗·吉斯伯特（Franz-Olivier Giesbelt）是法国一位资深评论员，同时他还曾为希拉克立传。他认为“能帮助改善两国关系的最合适人选，就是最了解两国情况的人，拉法兰便是此人”。

中国人民外交学会副会长程涛也分析道：“正因为他了解中国，所以他知道怎样跟中国人打交道，跟中国人说话、办事、接触。”

蔡方柏　中国驻法国前大使

拉法兰在法国有重要的政治地位，他当过总理，现在仍然是执政党的副主席，又是参议员，因此他在法国还是有一定影响的。既然是执政党的副主席，当然他和萨科奇的关系是非常密切的，说得上话的。

无论是20世纪90年代中期作为中小企业的部长，还是三年的总理生涯，抑或是现在作为法国执政党人民运动联盟的第一副主席，拉法兰均被各界认为是公共关系专家。资深法国记者理查德·亚兹透露“他是法国政界最典型的中间派，在左右翼政治家中都有广泛市场，很温和。在法国，他是中间派很典型的继承者”。

然而，保持中立并不意味着保持沉默，拉法兰从未改变自己对中国的立场。法国驻华大使馆前新闻参赞沉浮精辟地指出，“温和并不意味着孱弱”，同时，他透露拉法兰和萨科奇两人之间关系相当融洽，“他们俩之间的友谊是长期的、平稳的，我从不记得他们之间有什么大的矛盾，他们是很牢固、很友善的关系”。

阿兰·德斯坦姆　巴黎UMP副主席、拉法兰朋友

我们不是那些见风使舵的政客，我们有自己的原则。有时我们会遭遇困难，这就是民主制度；有时我们失势，但我们绝不改变自己的看法。

程涛　中国人民外交学会副会长

西方国家不少政治家为了赢得老百姓的选票，会人云亦云，但是拉法兰有自己的看法。他用自己的语言，因此他的表达比较客观、直率，这也是他的能力和分量所在。

2009年6月8日，巴黎市长贝特朗·德拉诺埃（Betrand Delanoe）接见达赖，并举行仪式授予他“荣誉市民”称号。这一事件的发生，再次触动了中国政府敏感的神经，为刚刚趋于缓和的中法关系蒙上了一层新的阴霾。

巴黎市长这一极不明智的做法立刻遭到了法国国内政界的批评，人民运动联盟副主席阿兰·德斯坦姆对此亦颇有微词：“就西藏问题而言，我们无法对其指手画脚，达赖只是在玩游戏，我们无权干涉此事。如果法国有麻烦，我们也不希望中国对此指手画脚，因为这是法国自己的事情。（法国必须）尊重中国及其决定，尤其是在西藏问题上。”

拉法兰博客（Raffarin’s blog）　2009年7月1日

达赖喇嘛：巴黎不是法国（Dalaï Lama：Paris n’est pas la France）

我有三个很好的理由来说明我反对巴黎市长对达赖喇嘛的接待……

法国的外政不能因地方权力的心血来潮而不一，只能由共和国总统和政府来行使和表明。

但拉法兰要充当好中间人的角色并不是一件容易的事。资深法国记者理查德·亚兹解释道：“要说服法国人民和他一样理解中国并不容易。每个人都会听他的说法，但对他们来说，现在的中国笼罩着一层神秘感：这个国家的宏伟目标是什么，这个国家的民主情况怎样？比如，当萨科奇说西藏有叛乱时，法国舆论就和他看法一致，而当拉法兰谈论（中国）时，情况就变得很复杂，他们不能很好地理解（拉法兰），有时对拉法兰来说，解释中国事务困难重重。”

法国驻华大使馆前新闻参赞沉浮也表示：“中国对法国人来说是新鲜事物，法国人不了解中国，他们有的只是成见和非常落伍的看法。很少有法国人对当代中国有所了解，而希拉克和拉法兰了解中国和它的变化。”

2009年7月，上海外语频道摄制组前往法国巴黎进行拍摄，在拉法兰位于法国卢森堡宫内的办公室进行专访。

蔡方柏　中国驻法国前大使

还有一个因素就是全球化的发展，中国走和平发展的道路取得了很大的成功，中国国力获得最大的提高。同时，法国的发展模式和经济全球化不太适应，因此，法国一部分民众认为法国之所以经济低迷，失业率居高不下等等是由于新兴大国的发展给他们造成的。所以，“中国威胁论”还是有一定市场的。在这种情况下，萨科奇总统在西藏问题上前后摇摆。

摇摆无疑是因为对中国缺少了解，而希拉克和拉法兰对中国的了解，则来自于他们在中国文化方面的深厚积淀。

拉法兰　法国前总理

当我担任希拉克政府的总理时，希拉克每天花一个小时研究中国文化；这位法国总统每天花一小时读书、看电影，和专家讨论中国。当我筹备第一次中国之行时，希拉克先生邀请我同他一起工作，我们花了四个小时讨论演讲稿和行程，他非常了解中国。当然，这些对我都有所影响。

孟浩然是拉法兰最喜爱的诗人。这位唐代诗人因他的山水诗、风景诗和隐士生活而知名。尽管有着时代的阻隔和文化的障碍，拉法兰仍然通过诗歌找到了共鸣。

沉浮　法国驻华大使馆前新闻参赞

他喜欢中国诗歌，因为他喜欢精简的语句中饱含着丰沛的情感，他欣赏精简的语言制造的效果和从中迸发的情感，语言和情境简单却有情感张力。我了解这点，因为我和他就此有过讨论。

拉法兰博客（Raffarin's blog）　2009 年 4 月 14 日

致大使的信（Po è me pour une ambassade）

我引用中国诗人白居易（772–846 年）的诗来总结它：

"胜地本来无定主，大都山属爱山人。"

对我们来说，所有的法国大使属于那些热爱法国的人。

拉法兰　法国前总理

我不是专家，但看过二十多本关于中国诗词的书。我对诗的结尾意境很感兴趣，寻找月亮的人，一定知道月亮也在寻找自己，"江清月近人"。所有这些，都是围绕山、水、木这些中国人的生态生活。

七八月间，通常是欧洲人外出度假的好时节。

2009 年夏天，拉法兰选择去勃朗峰山区度假。他的好友阿兰·德斯坦姆说："拉法兰喜欢家庭生活。他喜欢登山，他和家人一起登山。他喜欢和朋友一起过宁静的生活。假期里，他会去呼吸呼吸新鲜空气。"

刚刚过去的半年是忙碌的，拉法兰为缓解双边关系的紧张局面殚精竭虑，现在完全有理由在大自然中好好休养一番，然而，他却没有忘记和他的中国网友们分享他的假期。自 2009 年他为自己的博客开辟了中文版后，拉法兰更加热衷于更新博文了。

拉法兰博客（Raffarin's blog）　2009 年 2 月 24 日

我的中文博客！ Mon carnet en chinois！

（刚刚开博，这个新网页就已经有近 75000 个访问者以及近 900 条评论了，这证明了中法关系自 1964 年中法建交以来始终没有被忽视，并且我们之间的对话比任何时候都更加必要。我将会在我的新博客上，定期发表一些博文。）

博客

达赖喇嘛：巴黎不是法国 发表于 2009-07-01

我有三个很好的理由来说明我反对巴黎市长对达赖喇嘛的接待：萨科齐总统和胡锦涛主席已共同签署了关于西藏问题的联合公报，地方没有权利进行国家的外交。　　法国的非宗教规则及约定促使我们不要将政治斗争和宗教混为一谈。巴黎作为法国的首都，在世界范围内引起极大反响，其市长应谨慎行事，尤其当其所作所为与共和国总统相左时。通过表达我这被中法对话的朋友们广泛赞同的不同意，我指出巴黎市长并未做出如同预期的、正如他在20...

查看全文>>　　分享 浏览(176297) 评论(890)

欢迎中国在法国的投资 发表于 2009-07-01

两位中国财政的重要人物这周来到法国：国家开发银行行长陈元先生和中国投资有限责任公司董事长楼继伟先生。我将会与他们一一会面。对法国的吸引力不仅在于就业、人才还在于资本。我们的中小规模企业在经济危机形势下除了存储信托机构协定战略下的法国投资以外还需要外国资本。中国投资者并不是短期的，我们可以长期的与他们联合作战。在法国有专业可信的投资。通过外国合作伙伴的支援，我们将能够同时创造我们政治经济的繁荣和...

关于博主

拉法兰
法国前总理

加为好友

给博主留言　查看留言

文章列表

- 2009-08 (2篇)
- 2009-07 (2篇)
- 2009-05 (3篇)
- 2009-04 (9篇)
- 2009-03 (7篇)
- 2009-02 (9篇)

2008年4月，他开创了自己的博客，2009年，他又开通中文版本。几乎每天，他都会用手机上网更新他的博客。

CARNET DE

Jean-Pierre Raffarin

27.08.2009

Représentant personnel du Président auprés de l'OIF

Nicolas Sarkozy vient d'annoncer dans son discours à la conférence des ambassadeurs sa décision de me designer comme « représentant personnel auprès de l'organisation internationale de la francophonie (OIF) ». Enseignement du français, diversité culturelle, valeurs francophones, espace économique francophone, multilatéralisme... les sujets de la francophonie sont passionnants. Cela reste un combat d'avenir.

C'est un honneur et aussi un bonheur pour moi de travailler en proximité avec le Président Abdou Diouf. Je mettrai tout mon coeur dans cette mission, je fais partie de ceux dont le coeur bat en français.

jpr

Posté dans France, Monde　Réagir à cet article　10 commentaires »

27.08.2009

Le chemin de la fraternité

Site du Sénat

Publications

- La rémunération des inventeurs salariés - Étude de législation comparée n° 199
- Le dossier médical personnel (DMP) : quel bilan d'étape pour quelles perspectives ? - rapport n° 567

Projets de loi

- Chambres de commerce et d'industrie - texte N° 565
- Assurance vieillesse (financement des régimes d'assurance vieillesse des fonctions publiques hospitalière et territoriale) - texte N° 598

S'abonner

E-mail:
S'abonner
Se désabonner
OK

Commentaires

Jacques d'Homes dans Représentant personnel du Président auprès de l'OIF
le 03/09 à 15:10
Bonjour Mélusine, Je pense que vous faites une petite erreur sur la teneur de son billet et que v [...]

Carrillo Henry dans La tristesse du pèlerin blessé
le 03/09 à 14:36

30年前，在拉法兰首次访华期间，是中国孩子的微笑和乐观深深触动了他；30年后，他仍然坚信中法两国的未来要靠年轻人。因此，拉法兰多年来一直致力于中法两国之间的青年交流活动。

法国驻华大使馆前新闻参赞沉浮表示："我知道他曾组织过年轻的人民运动联盟代表团。当然，他们也并不是真正意义上的那么年轻，但他们满怀希望，将来可能发挥重要作用。拉法兰先生对此考虑得很多，可能他对加强两国年轻人竞赛方面有一些新的计划。"

拉法兰　法国前总理

我有个博客，并在博客上和年轻人讨论。我向法国民众解释我们现在有来自中国民众的重要舆论意见，我们必须关注中国年轻人的想法，这是中国未来十分重要的看法。

我见证了中国度过困难时期，我见证了中国这些年来的每一次进步。而中国年轻人总是一如既往地保持微笑，非常和善，这是关键。年轻人是两国友谊的最佳媒介，我在欧洲的主要任务是向年轻人解释现在和将来的中国是否对他们意义重大。

拉法兰博客（Raffarin' s blog） 2009年4月14日

我以与UMP近200位成员的会面作为今天的结束。他们当中有很多是年轻的大学生，特别是来自兰斯管理学院的。他们中的大多数，愿意完成学业之后留在中国！多么朝气蓬勃！

（本文图片除署名外均由ICS提供）

【编导手记】

仲夏的巴黎

徐　欣

2009 年 7 月 9 日，巴黎。

巴黎的夏天，天黑得很晚。傍晚 7 点，太阳的余晖勾勒出卢森堡宫的美丽轮廓。

上海外语频道《中国通》摄制组一行二人，来到了这座位于巴黎拉丁区，建于 1615 年的卢森堡宫。卢森堡宫是现在法国参议院的所在地，也是法国前总理拉法兰的办公地点。

这是外语频道第二次专访拉法兰先生了。第一次匆匆的相见是在北京。2009 年 4 月，当中法关系出现波折的情况下，拉法兰带领了法国十大企业高层组成的代表团访华。

身兼法国执政党人民运动联盟（UMP）的第一副主席、法国参议员等多重身份，拉法兰的日程安排非常紧。因此，我们的采访被安排在了晚上七点半开始。

在踏进拉法兰位于中世纪建筑中的办公室之前，我的心中未免有些紧张和忐忑。

——他还记得我们吗？

他会表现得很严肃吗？

他这次会要求以法语问答吗？（拉法兰极少接受英语采访，大多数法国政要都是如此。）

我的顾虑在几秒钟后见到拉法兰的一瞬间烟消云散。他挪动着胖胖的身躯，爽朗地笑着走出门口迎接我们，并用英文说道："这几个月来还好吗？Flora，我看见你在我博客上的留言了！"

除了和他一样笑成花儿一样，我还能有何反应？

现年 61 岁的拉法兰，对于高科技新产品可毫不陌生，几乎每天，他都会用手机上网，亲自更新他的博客。博客的内容充实，情感丰富。不但会提前一周预告下周的行程安排，更经常将自己的真实情感，包括对中国及中国文化的喜爱流露与此。

他曾在博客中写道："我要引用中国诗人白居易的诗来总结它——'胜地本来无定主，大都山属爱山人。'"

从严格意义上来讲，拉法兰不能算是个中国通。他不像法国前总统希拉克那样，能说出商周时期青铜器的特点，能背出中国历朝历代的年份表。但和希拉克一样，拉法兰是不折不扣的中国人民的好朋友。2003 年 SARS 期间，当时身为法国总理的拉法兰是第一个不顾危险，不戴口罩访华的西方国家领导人。此后，每当中法关系出现波折时，他总是临危受命，充当着中法关系的"灭火消防队长"。

在采访的过程中，他真诚而乐观地阐述了他对中法前景的看法，并兴奋地向我们"炫耀"他对中国文化的认知。除了吟诗作对之外，还兴奋地提及孟浩然是他最喜爱的中国诗人。

当然，他念的那几句有关月亮的写意诗句，因为由中文翻译到法文，再从法文翻译到英文；等传到我的耳里，我已猜不出那究竟是哪朝哪代哪位名师的大作了……

采访结束后的第三天，就是法国国庆日了。在这个欧洲人都忙着度假的季节里，拉法兰依旧忙碌着。除了工作之外，他也欣喜地调整着自己的心情和状态，准备迎接一个全新的角色——外祖父。

由于事先得到拉法兰好友的"线报"，我们早已得知这个喜讯，并在采访时送上真挚的祝福。再一次，拉法兰笑得和花儿一样……

在我们回国后的第三天，我收到了拉法兰先生的回信，他和我们相约不久中国见！

祝福这位善良智慧的老人，一切如意！

乌里·希克

——收藏中国

Uli Sigg

希克从20世纪90年代开始收藏中国当代艺术作品。他希望通过自己的收藏，系统记录中国当代艺术的发展史。他收藏了150位艺术家将近二千件作品，是至今为止中国当代艺术的最大藏家。（乌里·希克供图）

乌里·希克 Uli Sigg

中国当代艺术收藏家，前瑞士驻中国大使，中国2010年上海世博会瑞士馆总代表。

在过去的二十多年间，希克收藏中国当代艺术作品超过二千件，收藏量超过中国国内任何个人或机构。同时，他还是中国当代艺术奖（Chinese Contemporary Art Awards，CCAA）的创始人。

在过去的三十年间，瑞士人乌里·希克在中国飞速发展和变化的历史上，留下了独特的印迹。

改革开放初期，他参与建立了中国第一家工业中外合资企业；20 世纪 90 年代，他担任瑞士驻中国大使。而他最为显耀的，则是在艺术圈中的身份，丰富的收藏已经让他当之无愧地名列中国当代艺术的最大藏家之一——在中国和国际艺术圈内，希克的名字几乎无人不知、无人不晓。而他对中国当代艺术的深远影响，还远远不止于收藏。

◎ 中国 2010 年上海世博会瑞士馆总代表

2009 年 5 月。

瑞士驻上海领事馆的办公室内，一个关于中国 2010 年上海世博会瑞士馆的讨论会正在举行。与会者正在讨论馆内布置的一些具体细节，比如：是否用卡通的熊猫形象代表中国，来庆祝中瑞建交 60 周年。而其中一位与会者，却提出了不同的建议。

乌里·希克

熊猫在中国人心目中很特别，使用的时候要谨慎，一定要注意到对这个形象的尊重。有一些东西，西方人觉得有趣，但中国人不一定这么觉得；中西方对于幽默的看法是不同的。

这位发言者正是乌里·希克，因为对中国文化的熟悉，他被瑞士联邦政府聘任为中国 2010 年上海世博会瑞士馆展厅设计竞赛的评委主席，以及瑞士馆的官方代表。

在筹建初期，瑞士馆收到了很多竞选的设计方案，评委会选择了 Buchner & Bründler 建筑设计公司的方案，因为它体现了可持续发展和生态循环等未来城市的发展模式，应和了上海世博会“城市让生活更美好”的主题。

完工后的瑞士馆分为两层，参观者坐着观光缆车往返整个展馆，从底层都市空间穿梭到顶层自然空间。这样的设计，正体现了瑞士的特色。

乌里·希克

这次世博会，除了“城市，让生活更美好”的大主题之外，还有一些副主题，比如城市与乡村的互动；瑞士馆展示了一些我们国家如何有效解决城乡互动问题的方案。

其实，中瑞两国有许多共性。比如说，两者人口密度都很大，大片土地不适宜居住；所以，我们必须发展交通系统来联接城市与周围的乡镇。同时，我们还要保护水和空气这些自然资源。瑞士馆可以体现出很多关于城乡互动的内容。

◎ 神秘古堡的主人

瑞士有欧洲的“自然乐园”之称。冬天，冰雪覆盖的山脉成为滑雪爱好者的圣地；初夏来临的时候，这里则是一个生机勃勃的大花园，草长莺飞，绿茵如画，繁花似锦。

相去游览胜地琉森市不远，有一个莫恩斯湖，湖中央坐落着一座古堡。湖泊和古堡都属私人所有，透露着些许神秘的气息。岛上散落着一些外形奇特的雕塑，仿佛透出主人不一般的品位。这座古堡的主人，正是希克。

乌里·希克

这座房子是我十年前买的，它已经有400年历史了，而这座岛的历史更为久远，石器时代和青铜时代就开始有人类居住。

经过一番彻底的维修和重新设计，现在这座房子既保留了古老的痕迹，也能适应现代生活的需要。不过，最吸引参观者的，并不是房子本身，而是精心布置于房间各个角落的艺术品。

希克最早收藏的一幅作品上，有一个洞。因为这个洞，所以这幅画比较便宜，他能买得起。在他没什么钱的时候，就买价位较低的年轻画家的作品。

不过，有趣的是很多被希克收藏过作品的画家，后来都变得很有名。

在希克家的客厅里，挂着一幅德国艺术家格哈德·里希特（Gerhard Richter）的作品。希克指着这幅作品说，他收藏的时候，格哈德·里希特还很年轻，也不太出名，但现在他已经是艺术市场的宠儿，单幅作品售价达数百万美元。

乌里·希克

我希望艺术作品和房子本身是一个和谐的整体，互相呼应。这楼梯保留了当时的形态，当初法国、英国还有瑞士的古堡的主人，都会在楼梯边的墙壁上挂上祖先的画像，我挂的是周铁海为我设计的祖先像，十分特别。

1998 年获首届中国当代艺术大奖（CCAA）"优秀青年艺术家大奖"的周铁海，是中国当代观念艺术家中的佼佼者，同时也是上海本土艺术家中处于上升期的明星。在 20 世纪 90 年代中期，周铁海在作品中反讽中国当代艺术场景背后的荒谬，并首次引起了注意。他最著名的作品是《骆驼》系列，灵感来源于香烟广告的骆驼形象。

除了周铁海的作品外，希克的房子里还有一百多件来自于中国的当代艺术作品，而这仅仅是希克收藏的冰山一角。在中国的 30 年间，希克收藏了从 20 世纪 70 年代至今的近二千件中国当代艺术作品，分别由 250 位中国艺术家创作。希克还在继续不断地收藏，他已是当今世界上中国当代艺术品的最大藏家之一。

这天，正好有一个美国现代艺术博物馆代表团来参观希克的家。希克经常接待这样的参观团体，他的收藏好比中国当代艺术的一扇窗户，西方的艺术爱好者会从他的收藏中窥探一二，然后决定是否进行更深入的探究。

然而，一个在 1978 年以前从未到过中国，也对中国几乎一无所知，更谈不上对中国艺术有所了解的瑞士人，是如何成为中国当代艺术作品最早、也是最大的藏家呢？

让希克和中国结缘的，究竟是什么呢？

◎ 从财经记者到电梯公司职员

乌里·希克 1946 年出生在瑞士，他在苏黎世大学获得法律博士学位。

1980年7月4日，迅达中国电梯有限公司正式成立，这是中国第一家与国外合资的工业企业。希克（右三）参与了合资企业谈判、筹办和建立的整个过程，并在公司成立后担任了近10年的董事会副主席职务和驻华代表。（乌里·希克供图）

1973年，希克开始在《金融与经济》杂志担任记者。

现为荣格集团董事长的迈克尔·荣格（Michael Ringier），那时同乌里·希克在同一个办公室，面对面坐。回忆当时的情景，他说："我们办公室里有四个人，都是财经记者。我们是同事，也是好朋友。作为记者，乌里有一种特质，他十分善于倾听，说得很少。"

善于倾听的希克，发掘了不少独家新闻。可出人意料的是，他并没有将记者作为自己的终生职业："那时候，我觉得当记者很多事情只能评论，却不能实际操作，所以，我决定转换自己的职业。后来，我加入了迅达电梯公司，进入实业领域工作。"

1978年，希克开始在瑞士迅达电梯公司工作。迅达电梯成立于1874年，是一家有着悠久历史的瑞士企业。

有一天，公司接待了一个中国代表团，代表团希望了解迅达电梯公司的先进技术并争取他们去中国投资。因为希克曾经当过记者，公司决定让他去接待这个代表团。

乌里·希克

那个时候，西方人认为到中国去投资或者仅仅是帮助中国改进技术都是不可理喻的。在今天看起来，是再正常不过的事情，在那时候，西方人却觉得很愚蠢。所以，除了代表公司和中方谈判之外，我还要说服自己这一方。

1980年，迅达中国电梯公司成立之后，陆续在中国建立了几家工厂。（资料片截图）

那时候，我就有一种预感：有一天，中国会成为非常强大的国家。

1978年，希克第一次踏上了中国的土地。刚刚结束“十年浩劫”的中国，正步入一个崭新的时代。然而，中瑞双方的谈判却进行得非常艰难。

乌里·希克

中方不太了解我们的规则，而那时中方的技术还十分落后，也没有现成的建立合资企业的法律条文，中国还处在计划经济体制时期。

不停地磨合、商谈，双方最终还是顺利签订了合约。

1980年7月4日，迅达中国电梯有限公司成立。希克连续担任了近十年的董事会副主席和驻华代表。这家中国最早成立的中外合资企业，还成为日后建立中外合资公司的范本。

希克大部分时间都呆在工厂，一出门就有翻译陪同，这不免让他觉得有些苦闷，因为他发现自己并不真正了解中国。他自己觉得：“我一定要找到一个入口，来多了解一些中国的实际状况。”

◎ 当代艺术是了解中国的好入口

1979年，希克在自己住所的不远处，意外地发现了一个当代艺术展。希克看到一些雕塑、一些画作，这些作品被挂在中国美术馆东侧小花园的铁栅栏外，有很明显的西方艺术流派的印迹。这些在当时看来极为出位的艺术品，吸引了很多参观者。这个艺术展正是之后名声极响的“星星画展”，也被认为是中国当代艺术的萌芽。

从青年时代就对当代艺术感兴趣的希克，站在这些作品面前，忽然发现，这不就是自己一直想要寻找的东西么。

乌里·希克

我觉得，当代艺术是了解中国一个很好的角度。

我很早就对当代艺术感兴趣了。小时候，我家里挂着一幅作品，是19世纪的作品。可是，对这样的作品我没有太大的兴趣，觉得和自己没有什么关系。后来，在美术馆看到当代艺术作品，我感到那才是真正有血有肉，富有生命力的艺术，那些作品真正打动了我。

虽然希克已经注意到了中国当代艺术，但是在他眼里，20世纪80年代到90年代中期，中国当代艺术处在对西方模仿的阶段，还没有发展出有自己特色的艺术作品。所以，他并没有开始对中国当代艺术作品的收藏。

朱其　策展人、艺术评论家

从1985年开始了所谓的“85新潮”，实际上就是花了十年时间，把西方现代艺术一百年重新学习了一遍。

【星星画展】

1979年9月28日，“星星画展”在中国美术馆外的街头公园展出。取名“星星”，则是强调星星作为独立发光体的存在。馆内，正在举办的是《建国30周年全国美展》。

画展由黄锐与马德升、钟阿城等人发起举办，他们组成的“星星画会”有23位成员。黄锐说：“星星的形式是对一切‘主流’执拗地保持对立的形式。它就是星星的精神——有尊严的行动。”

1990年以来，对中国社会转型的城市景观和消费文化的表达，成为主要的一个艺术工作。我觉得，这个时期，是一个真正意义上的当代艺术的开始，当代艺术开始真正地面对中国本土文化和社会面貌的变化。

希克真正开始收藏，是从20世纪90年代中期起步的。最初，他是按照自己的喜好进行收藏，很快，他就改变了自己的收藏标准和方向。

乌里·希克

我花了很长时间，才找到自己喜欢的作品来收藏。不过，很快我发现没有任何一个机构和个人在进行系统完整地收藏。所以，我决定改变自己的方向——我要建立中国当代艺术的文献式收藏，能够反映中国当代艺术从20世纪70年代末至今的发展史，这将是史无前例的。

陆蓉之　策展人

我曾经跟希克聊过。我说："你买的有些作品，我不是很喜欢，你怎么会喜欢这些东西呢？"

他说，其实他买的有些艺术品也不是自己喜欢的。

我的眼睛都瞪大了，"不喜欢你还买？"

他说："我买艺术作品，是想见证中国当代艺术作品的一个发展过程。"原来，他是从一个历史的角度去收藏。

希克决定做全景式的收藏，这也意味着巨大的付出，而且这份付出，并不仅仅是金钱。

据统计：至今为止，希克逐个访问过的中国艺术家已经超过了一千位，这个数量是惊人的。对此，作为艺术评论家和策展人的朱其有着深深的体会。

【"85"新潮】

中国20世纪艺术史上最重要的艺术运动之一，它创造了一个新的历史纪元，打破了艺术工具主义和一元化的状态，迈出了中国当代艺术的第一步。在这一时期，也产生了大量艺术史上杰出的作品。

朱其　策展人、艺术评论家

2003 年，我当时正在做一个“70 后”艺术展，叫作《“70 后”艺术——改变中国生活的一代》。为了这个展览我去了沈阳，也去了很多“70 后”年轻艺术家的工作室。令我感到很惊讶的是，每一个人都告诉你说，希克已经来过了。

当时，沈阳很多年轻画家的工作条件非常差，他们往往在平民区里面，租一些比较破的房子。去那些工作室，中间要经过很多小路、小胡同，路面都是坑坑洼洼的，甚至积着水。所以，“希克已经来过了”这件事情当时给我打击非常大。我说，我一定要在沈阳去几家希克没有去过的地方。

◎ 爱买画的大使

希克在迅达电梯公司工作了十年之后，又先后在若干家跨国公司就职，成为一名成功的跨国企业家。同时，他还是中国外企协会会员，中瑞商会的创始人。

1995-1998 年，希克被瑞士政府任命为驻中国、朝鲜和蒙古国的大使。

乌里 · 希克

大使的工作包括了文化艺术方面的交流，要和各种各样的人打交道。我和我太太几乎每星期工作七天，每天工作二十个小时。不过，工作内容很丰富，很有意思。

王连营是瑞士驻中国大使馆的厨师。他说希克大使一般办公都是很晚回来，而出门很早。平常吃饭很随便，没有什么特别的讲究。他经常吃的就是中国炒面、粉丝之类的。

即使工作很繁忙，希克还是会挤出时间来探访艺术家。就连王连营也知道他经常去画家村，买了画家们很多的画：“像他们的画，一般人都买几张，他一买都是一篓子。咱们看不懂，因为他们的画都是抽象画。”

乌里 · 希克

那时候，我对艺术家来说就像种奇怪的动物，因为我对他们的创作太

1996 年 10 月 11 日，中国人民银行行长戴相龙（右一）与瑞士联邦主席德拉米拉（左一）在北京签署两国政府关于建立中瑞合资企业项目融资基金的谅解备忘录。后排左为担任大使的希克。（资料片截图）

感兴趣了，而且，那时收藏家还很少。也许有时会有策展人或学者跟他们交流，但他们还不习惯于跟我这样的人谈论自己的艺术创作，这些艺术家需要慢慢学着解释自己的作品。

冯梦波，国内新媒体艺术领域最知名的艺术家之一，用电脑和电玩游戏概念进行新形式的艺术创作。冯梦波的不少作品把他孩童时代的战争传奇与当下年轻人热爱的网络电玩游戏联系起来。他也创作摄影作品，同时也是最早参加最重要的当代艺术展——卡塞尔文献展的两位中国艺术家之一。

冯梦波回忆道："我第一次见到乌里应该是 1995 年。当时是别的朋友带着他来的，我还住在东城门的一个公寓里，地方也不大。他这个人显得很严肃。因为我们以前也没见过瑞士人，这是第一次见到，听说他是大使。后来接触一到两次，去了他的官邸吃饭，见到别的朋友在那边，也都是我们自己的朋友。后来就比较熟了，觉得他是一个很天真的人，他也很容易和别人敞开心扉交朋友。"

仇晓飞是"70 后"的艺术家，希克收藏了一件他的作品，名叫《快七点了》。仇晓飞说："记得希克第一次来找我的时候，我住在一个特别破的小区。那里路特别不好走，因为一下雨就很泥泞，那个地方叫南湖西里，是一个很老的教师楼群。我印象比较深的就是，希克到了以后车开进不去，我问他介意不介意下来走，他说不介意。然后，我和他走了有一站路。"

仇晓飞　艺术家

《快七点了》这件作品来源于我的记忆。小的时候，几乎每家都是这样的。写字台下压着照片，上面摆一个电视机，旁边放些东西，比如台灯之类的。每晚七点是中央电视台《新闻联播》的时间。这些都是我们集体记忆的一部分。

希克第一次看这个作品的时候没说什么。接触过几回，听了我的解释之后，希克决定收藏这个作品。记得他问过我背后的这些东西，我觉得他对一些社会问题也是非常感兴趣的。这个可能跟他自己的经历也有关系，因为他是 70 年代末 80 年代初来中国的。那个时候的中国，就是我的作品里面所展现的样子。

胡晓媛也是一位“70 后”中国艺术家，她回忆与希克的交往：“希克无意间看到我们当时联展的画册，对我的作品非常感兴趣。然后，他就给我打电话了。我当时做得很小，就在那个盲文的《圣经》上，画了我当时日常的生活。我当时身体不太好，每天在房间里，不停地画三个窗子外不同的风景。我觉得，他很关心一个艺术家如何看待自己，如何观看这个世界。”

◎ 中国当代艺术的推广大使

希克和周铁海结识于 1996 年，周铁海极具风格的骆驼系列作品让希克眼前一亮。

周铁海　艺术家

那是“骆驼系列”的第一张。画在一张很大的纸上的作品，叫《我们寻找爱情去了》，挂在希克的卧室里。跟他的交往时间很长，从 1996 年到现在。我经常去瑞士，希克也经常邀请我去他的家里面，有时候，我们还一起去附近的湖里钓鱼。

1998 年，周铁海获得了第一届“中国当代艺术大奖”的“优秀青年艺术家大奖”。这个奖项是希克个人投资成立的，在此之前还没有任何机构和个人设立如此的奖项。不过，创立这个奖项并不是简单地创“第一”。

乌里·希克

我发现，那时候中国艺术家还没有在国际上得到应有的关注。这个奖项让我有机会邀请那些著名的国际策展人作为评委会成员到中国来，到画廊和画家的工作室参观。他们发现了很多好的艺术家，并把他们的作品带往国际性的展览。

在希克的策划下，越来越多的艺术家得以在国际艺术界亮相，周铁海也是其中之一。而希克和哈罗德·塞曼的交情，让世界对中国当代艺术有了一种惊艳的感觉。周铁海回忆道："1999 年是我第一次参加威尼斯艺术展，那次是哈罗德·塞曼策划的，他是一个非常著名的国际策展人。1998 年，塞曼刚做完韩国光州双年展，然后来了中国，为随后的威尼斯双年展做准备。他去香格纳画廊看了很多艺术家的作品，我们就互相认识了。塞曼也是希克的好朋友，希克带他去看了很多艺术家。后来，塞曼在威尼斯双年展展出了 19 个中国艺术家的作品。"

乌里·希克

19 位中国艺术家能够参加威尼斯双年展，很大程度上是因为中国当代艺术奖评委会会议。哈罗德·塞曼是那个时候最重要的策展人，他为了策展来到中国，我带他拜访了许多艺术家并看了他们的许多作品。这是中国艺术家的一次重要亮相，大家都对中国的艺术叹为观止。

周铁海　艺术家

希克不停地向世界介绍中国当代艺术，他把他的收藏在全世界做巡回的展览，他邀请美国现代艺术博物馆、英国泰特现代艺术馆的董事来中国参观中国的画廊，他在这方面做了相当多的工作。

2005 年，以《麻将——中国当代艺术希克收藏展》为名，希克将自己的收藏在瑞士伯尔尼美术馆展出，之后又相继在汉堡、萨尔斯堡、欧洲其他城市以及世界范围内巡回展出。希克的收藏在全世界的展出掀起了一股中国当代艺术的热潮，展览不仅让世界进一步了解中国当代艺术，也培养了大量的西方粉丝。

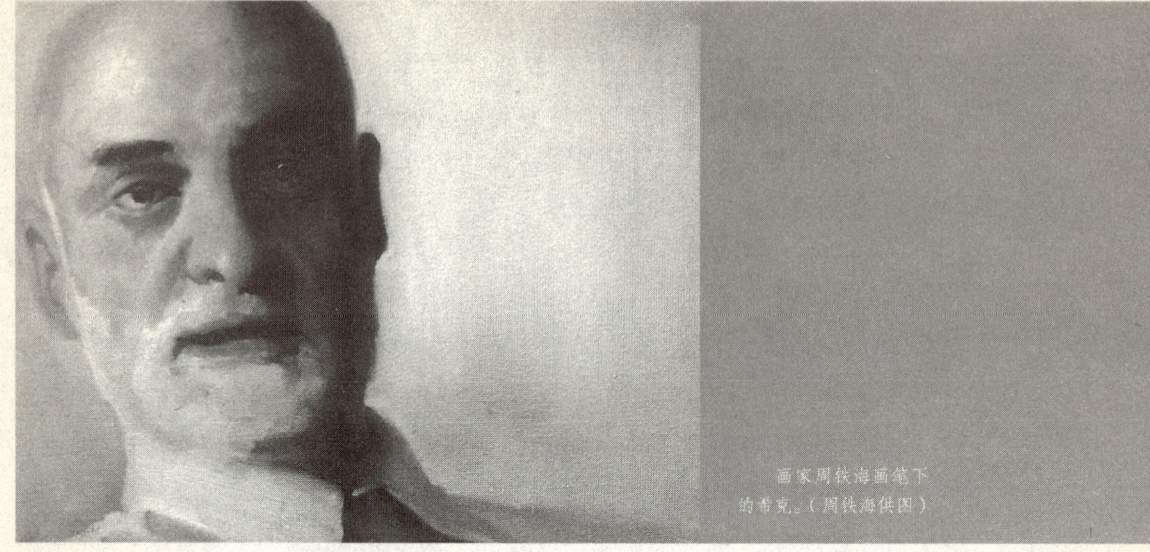

画家周铁海画笔下的希克。（周铁海供图）

不过，希克更关心的仿佛还是这些艺术家。就在这次展览上，希克向每位参加展览的艺术家发出了一个调查问卷，每个问卷有五个问题，都是关于“中国性”的。

乌里·希克

我问他们是否有“中国性”这个东西。如果有，它是什么？你们的作品是否刻意地加入了“中国性”？还是刻意避免了它？又或者说，这是个愚蠢的问题？艺术家的答案，可以说众说纷纭，千奇百怪。

仇晓飞　艺术家

从我的角度来说，那些问题不是艺术家能回答得了的。那是一个收藏家所遇到的困境，但并不是艺术家所遇到的困境。但是，他却会这样去问，证明他对这样东西不是买过以后就放在仓库里，他对这些东西是有兴趣和有思考的。

陆蓉之　策展人

我们两个是从几乎吵架转变成朋友的。我对他说，你是老外，对中国从古到今的艺术史肯定不会非常了解。结果，你的看法都代表了我们中国，其实我蛮不爽的。

希克和画家周铁海（右二）在莫恩斯湖一起钓鱼，这是他们两人最喜欢的项目之一。希克和艺术家并不单纯是收藏者和被收藏者的关系，他和艺术家交谈，了解他们的生活和创作，也享受着彼此之间的友谊。（周铁海供图）

他听了一点也没生气，还很高兴地和我们讨论什么是“中国和中国性”。

随着《麻将》在全球的巡回展览，希克的名声越来越大。以前，他需要亲自走访艺术家，现在有很多艺术家主动来找希克，邀请他去参观工作室，希望他可以收藏自己的作品。

◎“我收藏的目的，是为了找到了解中国的途径”

表面看起来，希克参与建立了这个繁荣的艺术市场，或许他还可以从中获利。可飞涨的艺术品价格，给希克带来的并不全然是好处。

陆蓉之　策展人

从中国当代艺术“85 新潮”以后到 21 世纪初这段时间，几乎可以说是他的选择主导了西方世界的眼光。当然，经典的东西也在他手上。

2005 年以后，整个艺术品的价位太不合理地飙涨，有若干个明星艺术家出来以后，他们的作品价位疯长，而和他们同辈的人认为自己的作品也可以这么高，所以就变成连一个美术院校的学生都开口就是十几万人民币的状况。整体的市场价格这样飙高，乌里自己都说，他没有财力这样去拼。

希克在瑞士的家位于莫恩斯湖环绕的岛上。岛上这座古堡，有着300年历史，是希克十年前购买的，并作为陈列自己收藏品的地方。（乌里·希克供图）

乌里·希克

我还是继续收藏，但不得不改变重点。现在我主要关注年轻艺术家，同时补充一些之前收藏过的艺术家的作品。

希克每次来中国，总会和冯梦波见面。他早年收藏过冯梦波的作品，不过现在他所做的，却不仅仅是收藏。他和冯梦波坐在硕大的苹果电脑面前正在进行一番对话。

“这里，我会制作一片连绵的山脉。”冯梦波解释说。

“那这个山，你是会用比较写实的手法呈现，还是仅仅是一个轮廓呢？”希克问，“我记得上次我看到的是比较有质感的。”

“……这个我还没有什么成熟的想法。”

冯梦波　艺术家

我觉得，乌里和我认识的其他收藏家有一个很大的不同，他喜欢刨根问底。尤其是对一个具体作品，它的细节，包括技术，各种各样的可能性，他都要和艺术家进行讨论。他让人感觉相当开心，很有趣，他并不是简单地买作品。我一直在和他争论，这非常有意思。

乌里·希克

我有很多中国艺术家朋友。西方有一种理论，认为你通过了解艺术家的作品，可以了解艺术家的本人。我收藏的目的，是为了找到了解中国的途径。一个艺术家的作品仅仅是表面，而我实际上想透过这个表面，真正了解这个人，了解这个人创作的背景，并最终了解中国。这是我所有兴趣的出发点。

市场的火爆，中国当代艺术品动辄千万的价格，意味着这位瑞士人拥有了惊人的财富。

胡晓媛　艺术家

收藏家也分各种各样的，我也碰到过那种刚买了东西没多久，就立马抛出的人。这些人来的时候，讲得很好。说他是很重要的收藏家，说他买了东西肯定不会卖，他将来要做美术馆，等等。在希克身上，没有发生过这样的事情。

朱其　策展人　艺术评论家

西方收藏家有个很好的传统，收藏是他的一种生活方式，收藏的内容他认为是和艺术家的接触和直接交流。我们中国的收藏家，更多的还是愿意到拍卖行和人举牌竞价。

现在，希克大约每两个月来中国一次，每次来依旧会拜访艺术家，参加各种各样的艺术活动。

“我现在还是觉得这幅作品是最好的，你说得对。”艺术家田伟说，“乌里，你的眼睛太厉害了。”

“哈哈，那我道歉！”希克说，“不过，收藏家最重要的就是要有好眼光，不是吗？”

田伟　艺术家

我对他很矛盾，我希望见到他，又很怕见到他。我们两到三个月见一次，聊一下。我怕见他的原因是我对他说，你会给我压力。无论从金钱名利，从哪个角度来看，他都应该是养尊处优的人，而乌里恰恰相反。

我有一次和他开玩笑，我说你每天睡几个小时？他眼睛都是红的，他睡得真的很少。我从他的身上看到一个缩影，他精神上的一种追求。做这件事情没有利益的，大家都知道，他从来不拍卖他收藏的作品。

◎ 文化顾问

从大使职位卸任的希克回到了瑞士，担任瑞士一家大型媒体集团——荣格集团的副总裁。同时，他还在一些跨国公司担任顾问，延续着自己的商人生涯。尽管现在的工作并不需要他按时按点到办公室上班，可每天早上八点，希克总会准时来到小镇上固定的一家咖啡馆，要一杯意大利特浓咖啡，然后读当天的报纸。

丽塔·希克（Rita Sigg） 希克妻子

他起床很早，每天的必修课就是读报。他喜欢我，但他更爱报纸。我们一起跑步，一起骑自行车，一起游泳，一起欣赏艺术品。

迈克尔·荣格 荣格集团董事长

他的假期最长也不会超过三天。你会发现，就算在休假，他也一直拿着手机打电话，或者是别人打给他。你很少发现乌里清闲地坐在海滩度假、晒太阳。

鲜为人知的是，个头不高的希克年轻的时候曾是瑞士国家赛艇队的队员，他的耐力很好。运动员永远想着争第一。很有意思的是，希克持之以恒而且早有规划的收藏背后，似乎就蕴藏着这样一种运动员的精神。

希克对于中国社会的了解，也让他成为了很多西方企业在华拓展业务的顾问。中国国家体育馆“鸟巢”的设计者赫尔佐格和德默隆建筑事务所的合伙人之一德·默隆（De Meuron），在参加中国国家体育馆设计方案竞标之前碰巧认识了乌里。

德·默隆 赫尔佐格—德默隆建筑事务所建筑师

2002 年夏天，我在一位我们共同的朋友的家里认识了乌里。我们很谈得来，我想我应该让乌里做我的文化顾问，帮助我了解新的文化环境。

青年时代的希克（左二）曾经是瑞士国家赛艇队的成员。（乌里·希克供图）

希克帮助赫尔佐格和德默隆进行一些商业上的谈判，更重要的是，他建议两位建筑师多去了解一下中国的文化环境。

德·默隆　赫尔佐格—德默隆建筑事务所建筑师

那段时间，乌里和我来中国三十多次。我们看到公众场合中人们的行为举止和生活方式，这是了解中国人的很好的方式。他们跳舞、交谈、玩乐。所以，我们想建造一个属于大众的体育馆，而不仅仅是一个奥运会的场地。

◎ 藏品的未来

2009年6月10日，第四十届巴塞尔艺术展在瑞士的巴塞尔举行。巴塞尔艺术展有"艺术世界中的奥林匹克"之称，全球金融危机的影响似乎并没有减少人们的热情，参观的人群仍如潮涌。

参加巴塞尔艺术展的大约有300个来自全世界各地的顶级画廊和2500名艺术家，其中代表中国参加的画廊有4家，而代表奥地利参展的有7家画廊，比利时有8家，美国75家，德国56家。

希克是各类大型艺术展会的常客，他目前担任美国现代艺术博物馆、英国泰特现代艺术馆，还有德国卡塞尔文献展国际委员会成员。在巴塞尔艺术展的展厅里，希克好似一个社交明星，在艺术圈经营了这么多年，他积累下广泛的人脉。

乌里·希克

实际上，世界上最受市场欢迎的20位艺术家中间不乏中国艺术家，但这不一定反映了中国艺术家在主流艺术创作中的影响力。因此，我们只看到少数画廊有中国艺术家的作品。但是，多年来我一直通过各种方式，比如，写信给艺术展览的评委会，给他们一些参考意见，希望能增加中国艺术作品的数量。

在巴塞尔艺术展上，希克注意到了一个很有意思的作品：一位意大利艺术家设计的装置由近百幅画构成，而它们都是中国当红艺术作品的黑白临摹，作品的名字是《中国—意大利制造》。这也可以看作是一个西方人对中国以及整个当代艺术过于市场化的审视。

乌里·希克

我希望艺术家有更多的思考，静下心来创作，减少自我重复。艺术家自我拷贝的模式在过去十分普遍，也很奏效，但是，至少我希望，他们会有更好的作品诞生。

朱其　策展人、艺术评论家

艺术品价格炒得非常高的时候，也有很多人对希克说，你赶快买，你不买，就轮不到你买了。希克说，他们涨价就让他们涨吧，我还是继续买价格比较低的、年轻艺术家的作品。

希克持续着对青年艺术家的关注。2009年4月，希克应邀前往西安美术学院和西安纺织城艺术区参观。在西安美术学院，希克向学生们讲述他开始收藏中国当代艺术品的经历，以及他对中国当代艺术发展现状的看法。

前来听讲座的学生将会议室围得水泄不通，很多学生还向希克提问，比如说，在他的眼里，什么样的作品是好的？评判一位艺术家是否优秀的标准是什么？

2009年6月，希克参加瑞士巴塞尔艺术展，《中国通》摄制组进行跟踪拍摄。巴塞尔艺术展有艺术界的奥运会之称。多年来，希克通过设立中国当代艺术大奖（CCAA）、策划展览等各种方式，向西方推介中国的当代艺术，使得中国当代艺术在海外的知名度大大提高。

尽管外界对希克丰富的收藏众说纷纭，尤其是关于这些藏品的未来，而希克早就有了自己的打算。

乌里 · 希克

许多人觉得我的艺术藏品价值连城，但几乎没人相信，我从未考虑过它们的价值，因为我从不出售我的收藏，我对这些作品的物质价值毫无兴趣。

我觉得，这些艺术品属于中国。当条件成熟的那一天，我会将我的所有收藏都带回中国。

（本文图片除署名外均由ICS提供）

【编导手记】

在水中央

陈　冰

知晓乌里·希克的名字，大约是三年前。我认识的一个北京的艺术家，在艺术书店里买下了一本很厚很大的画册，并以很敬仰的口气谈论起这个瑞士人。而那时候的我，对当代艺术知之甚少，所以，对这位大收藏家也就是只知道他的声名之盛，在艺术圈内无人不晓。

巧的是，就在这个时候，乌里·希克出现在这家书店里。画家很激动地走上前去，和希克聊了一会，还让他签名。

希克个子不高，长相有点严肃，在那样的场合，他也没有显出特别亲和的样子。这是他留给我的第一印象。

不过，从那之后，我就会留意关于他的新闻。

比如说，我听到一位朋友说起他在瑞士的岛和古堡，神色间充满羡慕。也看到一些文章，评论他对中国当代艺术的巨大影响，其中也不乏负面的。间或，也因为工作的缘故，采访过他，但都是简短的。

《中国通》的项目在2009年2月启动，希克也在受访名单之内。我便主动请缨做这一集的编导，因为我想借此了解和展示这个人物更完整的故事。

在筹备前期，我们找了不少熟悉希克的艺术评论家、艺术家、圈中人，希望对整个人物有个比较全面的了解之后，再决定如何下手去拍摄他的活动和采访。结果，这些人对他的评述，竟然是那样褒贬不一。我也有些疑惑了，究竟这是个什么样的人物呢？有人对他喜欢极了，有人则不以为然。

拍摄在4月份陆续开始了，希克去西安美术学院参观、讲座，并到西安的当代艺术区参观艺术家的工作室；接着是北京，拜访一些他的艺术家朋友；5月份到上海，担任世博会瑞士馆总代表；6月份的时候，我们去了瑞士，拍摄巴塞尔艺术展，还有他的家，一个惊人的古堡。

他一路马不停蹄，我们的拍摄也马不停蹄，而一个脱离了第三者描述的希克，也正越来越清晰。

年近花甲的希克，身体依然十分健硕，这要归功于他常年不懈地锻炼，游泳和划船是他最喜欢的运动项目。

他有明确而坚定的计划。很多事情，他是十年前就决定了接下来的十年要做什么。

他说他“生来就很懒”。结果呢？因为知道自己懒，他成为了一个特别勤快的人。

他看起来严肃，甚至有些凶相；可是他是喜欢玩弄他的小幽默的，不忘处处散发自己的男性魅力。

他有没有在算计什么？骨子里他是否是个精明的商人？他在做的事情，对他自己有多少的好处？

这些对人物的认识，是几个月拍摄下来的积累，如同认识一位友人一样。不是所有的事情，我都知道答案，而接下来要做的，只是自然地呈现。因为我相信，如果你打算在纪录片里呈现一个真实的人物的话，所要做的，就是让那些你捕获的影像和声音来说话。

用了希克参加世博会瑞士馆筹备会议的镜头作为开头。因为显示了他与上海的联系，更因为我们记录下了他在会议中关于瑞士馆的吉祥物的发言，这正显示他沟通中西文化的能力。

用了他在西安美术学院参观的镜头作为结尾。他摘下眼镜，认真地看那些学生的习作，然后有一段他关于自己藏品的未来的叙说——他说，很少有人相信，他对这些艺术品的物质价值没有什么兴趣。有一天，他会把这些藏品都带回到中国。

那一刻，我自己也感动了。就算在剪辑中，这些画面已看了很多遍，每到那一刻，仍有一种哽咽的感觉。

这就是我知道的希克，和我所知道的真实。有些疑问，仍然没有答案；有些话，也无意反驳。我们所能做的，就是花多一点的时间，走近一点的距离，记录下一个对中国有着特殊情怀的瑞士人的生命印迹。

沃尔夫冈·顾彬

——倾情中国文学的德国人

Wolfgang Kubin

2009年6月3日，世界各地的汉学家和中国学者在德国波恩大学的礼堂内聚集一堂，参加顾彬教授组织和主持的座谈会，以庆祝“德国汉学一百周年”。在整整两天的座谈会上，学者们各抒己见，共同探讨对汉学的研究。

沃尔夫冈·顾彬 Wolfgang Kubin

当今德国最负盛名的汉学家之一。顾彬的研究领域以中国古典文学、现当代文学以及中国思想史为主，他同时也是著名的翻译家及诗人。

1945年12月17日，顾彬出生于德国萨克森州的策勒市。1973年，获波鸿大学汉学博士学位。从1985年起，执教于波恩大学东方语言学院中文系。1995年，任波恩大学汉学系主任。

顾彬因其在学术研究、翻译和文学创作上的杰出成就多次获奖，并在美国及中国等多所大学获荣誉教授。他以德文、英文、中文出版专著、译著和编著达上百部，担任《中国精神》杂志和《亚洲文化杂志》主编，编撰了《中国文学史》，在欧洲汉学家中独树一帜。对促进中国文化在海外的传播，起到了不可估量的推动作用。

Wolfgang Kubin

◎ 不倦的求索者

2009 年 6 月，德国莱茵河畔的波恩市迎来了世界各地的汉学家。“德国汉学百年论坛”在汉学研究的学术重镇——波恩大学隆重举行。

在这座巴洛克风格的演讲厅里，最为忙碌的人无疑便是东道主、波恩大学汉学研究所的掌门人顾彬了。即使年过花甲，顾彬仍然处于学术的鼎盛时期。在他的组织下，来自德国、奥地利、中国、日本和中国台湾地区的数十位汉学家，回顾并探讨了百年以来的汉学研究。

这次论坛分古典汉学、现代汉学、当代汉学等几个专题讨论，学者们在审慎研究了受人尊敬的学术同僚的成果之后，做出了他们自己的研究报告。会后，他们还与听众进行了交流。

作为一位著名的汉学家，有时也会招来一些非议。

2006 年 11 月 26 日，顾彬接受了《德国之声》记者的采访，就中国当代文学、中国作家，以及一些具体作家和作品谈了他的看法，并提出一些批评和意见。顾彬对中国当代文学总的评价并不高，他认为中国作家应该重视语言。从中国当代文学来看，中国作家大部分对语言不认真，觉得语言只是一种工具，

【汉学】

国外称“汉学”为 Sinology，Sino 指“秦”，以历史朝代指称中国。《朗文当代高级英语词典》对“汉学”的定义是：“对中国的语言、历史、文学等方面的研究。”中国学术界对 Sinology 一词的翻译有两种意见：一种称“海外汉学”，指国外对中国传统文化和历史的研究；另一种认为应称为“中国学”，即国外对历史和当代中国的研究。

海外汉学家比较一致的看法是：汉学或中国学是一门研究中国所有方面的学科，包括语言、文字、文学、哲学、历史、政治、经济、法律以及其他社会生活，是囊括中国方方面面的综合性整体学科。欧洲汉学家犹如一座西学东渐和东学西传的双向桥梁，在增进中欧沟通与了解、加强中欧交流与合作方面发挥过不可或缺的历史作用。

顾彬每年都会邀请中国学者、作家和教授到德国，把他们介绍给德国学术界和波恩大学的学生们。图为顾彬带着客人们徒步游览波恩的各个文化名胜。

是用来讲故事的。近年来的中国文学里，只有诗歌还有些很好的，有了不起的作家。

另外，大多数当代作家都不会外语。他认为：一个作家如果不会说外语，就不能够从另外一个语言系统看自己的作品，也不可能用外语来丰富母语。那些老作家，比如张爱玲、林语堂、胡适等都能够用外语写作，鲁迅则精通两种外语。

数周后，他的采访被《重庆晨报》作部分转载，顾彬对个别作家的批评和对中国当代文学的意见变成了"德国汉学家炮轰中国文学，称中国当代文学是垃圾"，并被国内各大媒体转载，一下子引起了热烈的讨论。

根据百度上的检索，《重庆晨报》的这篇报导，截至 2006 年 12 月 12 日，已有 108 个中国国内媒体转载，几乎包括了中国所有重要媒体，如新华网，人民网，《中国日报》，中央电视台网，中青在线，新浪，搜狐和网易。在海外，如美国、新加坡等国的华文媒体也有不少转载，比如《苹果日报》、《文学城》、《联合早报》和多维网等。网民的反映尤其热烈，新浪和搜狐上的帖子都已经过千。

北京师范大学文学院教授方维规认为，这是对顾彬观点的误读："其实，他说的是 90 年代的一些美女作家，她们的作品是'垃圾'。"

这一事件造成了一些负面影响，在一定程度上破坏了顾彬的个人形象。顾彬曾为此发表声明说："就这件事，我收到了许多信件，以及报纸的采访要求等等。那家重庆报纸显然歪曲了我的话。我肯定说过，棉棉等人的作品是垃

顾彬在暑假期间会频繁地来往于中国各个著名大学讲课。图为他在中国人民大学举办的有关翻译的讲座，以自己对中国作品的翻译为例，向学生们介绍翻译工作的复杂性。

圾，但对中国当代文学整体我没有这样说。”

对于普通大众来说，顾彬是一个中国当代文学的评论家，不管这些争议如何，有一点是没法否认的，那就是他对中国文学界的影响和贡献。

顾彬　波恩大学汉学系主任

当时《德国之声》有人采访我，我无法控制自己，很不谨慎地用了这个词——“垃圾”，但仅仅是用在特定的语境中。

许多记者都想见我，他们都很诚实并且采访时都没问题，但当他们真正开始报道我时，许多新问题出现了。我发现，我的很多语言和理论，没有被很好地理解。

肖鹰　清华大学哲学系教授

这个说法，后来被国内的一家报纸夸大为顾彬对整个中国当代文学的否定。但是，我认为还是有必然的因素。最近一两年对顾彬的关注，我认为是在转向：从原来的娱乐化新闻炒作转向对顾彬的学术成就的进一步介绍。

波恩大学坐落在波恩市中心，常被人称作“城市中的城市”。它的标志性主建筑在18世纪被用作王子们的行宫，这座乳黄色的巴洛克式的宫殿富丽堂皇、气势宏伟，令人赞叹。汉学系占据着校园里一栋独立的楼房，楼房外是一片宽广的林苑，显得十分幽静。

顾彬的办公室坐落在汉学系的回廊深处，穿过汉学系图书馆的一扇门便进入了他的办公室。步入顾彬的办公室就像潜入了他的大脑：室内所有的墙都被从地板延伸到天花板的书架所遮挡，塞满了各式各样的书；办公室的书桌上、座椅上，任何可用的空间甚至地板上都大摞大摞地堆放着文稿、杂志、书籍。此外，他的办公室还装饰点缀了许多中国风味的物品，比如中国的小点心、茶和中国酒瓶。

顾彬一生的工作都包含在这个房间里。他就是在这文山书海里潜心埋头研究中国文学，笔耕不辍地编辑、翻译了他的文学偶像鲁迅以及其他中国作家的作品。在很多文章里，顾彬都指出了鲁迅对于中国文学独一无二的重要性，以及鲁迅在当代文学范畴中无法超越的地位。

1978 年，顾彬组织了十余位学者，用了 16 年时间，翻译、编辑、出版了六卷本德文版的《鲁迅选集》。这套书被认为是鲁迅作品外国译著中最全面的一部。北京外国语大学教授李雪涛感叹："在这之前，没有人做过、组织过这么大部头的《鲁迅选集》的翻译。"

对于顾彬来说，鲁迅可以说是一位"前无古人，后无来者"的作家。顾彬认为，鲁迅的每一个字都是一个王国；连看起来最不起眼的字，也会包含非常深刻的含义。不能仅靠字典的解释去一个字一个字地翻译，而应该了解每一个字背后更深层的含义。

顾彬　波恩大学汉学系主任

鲁迅学过德语。他曾受到过德国文学、艺术、哲学的影响。我看鲁迅的时候，不仅把他看成是一个中国人、一个中国作家，也从德国文化的角度来看他。他写过不少与德国文化有关系的作品，他能够提出德国人同样面对的问题。不仅是我这样看，许多德国人也是这样看的。他们经常通过鲁迅了解自己、了解德国、了解欧洲的文化。

在顾彬的眼里，鲁迅的重要性在于：一、他创造了中国 20 世纪好的中文；二、他创造了具有现代性的新文学形式、新文学体裁；三、他创造了具有现代性的新世界观。

王家新　中国人民大学教授

他认为鲁迅非常了不起。他告诉我，鲁迅的书他读四遍、读五遍都不够，还需要再读。为什么？鲁迅是一位语言大师，他的东西经得起反复地读，他在语言上站住了。

1988 年，《鲁迅选集》的翻译工作结束后，顾彬又用了五年时间修改了每一篇译文。他认为翻译本身是一种创作，从德文的角度看，这些译文不该显露出差异。《鲁迅选集》六卷本的德文具有统一的风格。1994 年，在德国出版的六卷本《鲁迅选集》，称得上是顾彬最有名的作品之一。《鲁迅选集》问世之后，顾彬又整装待发，准备开始他的下一个宏伟工程。

顾彬　波恩大学汉学系主任

当我快要翻译完《鲁迅选集》的时候，我还有很强烈的学术研究冲动，觉得自己还年轻强壮，完全可以去干一番大事业。我想，为什么不联合其他人，写一部从来没人写过、也从未出版过的最全的中国文学史呢？于是，我联合一些年轻的学者和朋友，准备撰写世界上规模最大的《中国文学史》。我的合作者对此非常兴奋，每个人都答应写一卷，一共十卷。

当我们开始收集、研究资料时，我发现我召集来的人一个接一个地离开了。最后，只有波恩大学、特里尔大学的同事写完了他们答应写的书。在这种情形下，我不得不经常寻找合适的作者，如果找不到合适的作者，我只好自己来写。

作为一个学者，我有一个原则：无论我开始做什么，我应该完成，我不想半途而废。所以，我很明白，今天的事情必须今天做完。如果今天不完成原来想完成的，到了明天肯定也完不成。

从 1902 年开始，德国汉学家一再探讨中国古典文学的形成和发展。

顾彬准备写作以前，看了世界上许多人撰写的中国文学史。但是，他认为那些中国文学史对文学的概念不清楚，文学史著述里面经常涵盖了许多哲学著作和历史著作。虽然中国有这样的传统说法：文史哲不分家，但是顾彬觉得文史哲的写作出发点和目的不同，还是应该把文学著作、历史著作和哲学著作

顾彬特别喜欢朱自清的《荷塘月色》，因此特意选择了在朱自清清华大学故居前面的一块荷塘前接受采访。

区分开来，专门写一部关于文学著作的文学史。

另外，他认为前人写的中国文学史，只是在报道一些文学史的常识和信息，缺乏对文学作品深层次的分析研究。中国古代很多文学家和文学作品颇有思想深度，如果不从思想史的高度去研究，就会遮蔽文学家和作品的特色。对德国文学的研究，使顾彬对中国文学有了一种新的理解。他想按照德国的方式，如德国诗史，德国戏剧史那样来编纂一部中国文学史。

顾彬　波恩大学汉学系主任

刚开始写《20 世纪中国文学史》的时候，我有一种想法，就是选择那些重要而且我本人也喜欢的作品。但是，我因此受到了批判，因为我漏掉了太多的作品，那些我不喜欢的作品，可能在中国历史上有非常重要的地位。所以，我的《20 世纪中国文学史》是很特别的。我收录了一些非常具有代表性，但我根本不喜欢的作家的作品。

肖鹰　清华大学哲学系教授

这是他最大的成就。这应该说是在国际汉学界里，前所未有的一个非常重大的系列著作。

顾彬组织撰写的十卷本《中国文学史》，其中七卷是中国文学史，三卷是有关中国文学史的工具书。目前，三卷工具书还在编撰中，七卷中国文学史已经全部完成并出版。它们是《中国古典诗歌史》、《中国长篇小说史》、《中国中短篇叙述文学史》、《中国古典散文史》、《中国美学、文学理论史》、《中国古典戏曲史》和《20世纪中国文学史》。与其他的选集不同，顾彬选择了按照体裁来分类，并且每个体裁的分类都包括了对其他体裁的对照反思。在顾彬之前的德国汉学界，很少有学者专门研究20世纪的中国文学。

他主持编撰的十卷《中国文学史》被认定为权威著作。洋洋大观的十部书，让许多国内的学者都吃惊不已。许多评论将之称为世界上唯一一部具备通史意义的中国文学史，世界各大图书馆都相继订购了这套书。在中国购买了这套书的翻译版权之后，美国也决定购买这套书的翻译版权。上海华东师范大学出版社准备把这套《中国文学史》全部译成中文，目前已经出版的中译本有《中国长篇小说史》、《中国中短篇叙述文学史》、《中国古典散文史》和《20世纪中国文学史》。

方维规　北京师范大学文学院教授

他主编了《中国文学史》，还有最近引起一些讨论的《20世纪中国文学史》。我想，作为一个外国人，也有很多人写过中国文学史，但像这么大型的、十部头的作品，好像还没有。

肖鹰　清华大学哲学系教授

他是从西方汉学家的视角来看20世纪中国文学，所以，他带着独特的西方汉学家的文化背景。他不是简单地去说20世纪文学的趋向是什么，规律是什么，或者基本特征是什么，而是更多地注重具体作家的作品。在一种解读当中，把他们所关注的20世纪中国文化相关的一些问题、中国人生的一些问题呈现出来。

顾彬　波恩大学汉学系主任

很多人在讨论《中国文学史》，这让我很开心，因为这说明中国的读者把我的书当回事。他们发现我在书中，提出了很多值得商讨的问题和疑问。所以，这么一来，我的工作总算没白干。

顾彬认为：作家不应该是市场的奴仆，他应该有自己的道德立场。简单地

顾彬每年都会独立出版、发表，或者与中国学者合著出版、发表许多专著、论文、译文和其他文章。在他波恩大学的办公室里堆满了各种中文书籍，包括中国古典文学、百科全书和传记等。（顾彬供图）

说，作家应该促进艺术，应该专注于人类的命运。顾彬相信，在严肃文学和通俗文学之间应该有一条清晰的界限。他说，中国有真正的好作家，他们对艺术和道德都有责任感，但他们似乎缺乏意志力，不能为他们的艺术忍受磨难，在得不到认可的情况下不能继续进行他们的艺术创作。现在太多的作家抛撇了正业，“下海”去了，捞大钱去了。

方维规　北京师范大学文学院教授

他这里一个比较中心的观点，就是20世纪90年代以来，一些作家卖给了市场，就是向钱看。我们可以说他说得比较绝对，但他是从整个大的方向来看的。

肖鹰　清华大学哲学系教授

当然还有一些批评性的说法，非母语的文学批评家来书写中国文学史，他面临着语言的障碍，也面临文化背景的障碍。

顾彬　波恩大学汉学系主任

第一次到济南山东大学做客座教授，在那里谈一谈东西方理解的可能性。我作了这个报告以后，一个女学生就我的论述再次向我提问。

她问什么呢？——你们外国人怎么能够理解我们的文化呢？

李雪涛　北京外国语大学教授

我们看我们，和异域的人看我们是不一样的。好多中国人提到，洋人来研究中国，永远不会像中国人一样，那么深入地研究自己的文化。

我觉得，这可能是一个误解。每一个民族、每一个学者都有他自己的优势。汉学实际上是借给我们一双慧眼，来观察我们所看不到的，或者补足我们自己的盲点。

◎ 一首唐诗，改变人生选择

1945年12月17日，“二战”结束三个月后，顾彬出生于德国萨克森州的策勒市，父亲是德国人，母亲是奥地利人。战后德国的生活，对顾彬来说异常艰难。由于战争带来的创伤，德国大部遭到了破坏，即使是食物这样基本生活的必需品都很短缺。

顾彬　波恩大学汉学系主任

因为我们没有东西可以吃，父母只有给我们吃发霉的面包。因为我们缺乏一切东西，所以，每年母亲都带我回家乡维也纳生活一段时间。我们没有钱，母亲总是带我逃票乘夜班火车。有时美国兵过来了，也同情我们，没让我们下车。

我仍然记得，我们没有煤，快要冻僵了，母亲让我们去偷煤，对此，我感到很羞愧。

与生活环境的阴郁和艰难相反，顾彬在寻找文学的美，他在诗歌中看到了出路，看到了明天。

乔车姆·萨图瑞斯（Joachim Sartorius）柏林节组委会主任、柏林艺术大学教授

我认为诗歌有两类：一类诗带给你或展示给你世界、女性和其他任何东西的美；另外一类会给你一些抚慰，告诉你怎样看待历史的沉浮，怎样处理这种悲伤。

我认为，如果你写了一首优美的诗，即使它的主题是悲伤的，它也能激励你。

正是通过诗歌，顾彬才迎来了命运的第一次转变。有意思的是，它不是德国的诗，也不是当代的诗，而是来自遥远中国那年代久远的唐诗。

【“二战”后的德国】

“二战”后的德国，国民生产总值不到战前的一半。劫后余生的人们，面临的首要问题是生存。妇女们担负起克服物资短缺以及清理废墟垃圾的重担，因为男人大多命丧疆场，幸存的德军半数以上被关押在战俘营。

德国在 1946 年底迎来 20 世纪最寒冷的冬天，数十万人因饥饿和寒冷死亡，甚至国家都陷入毁灭的境地。据统计，在 4 个月的漫长冬季里，全德国死亡人数至少十万，冻伤、浮肿，患上软骨病、肺结核者达数百万，仅柏林一地就至少有 1000 人饿死、冻死。整个惨状就像是经历了一场瘟疫。

顾彬从十六七岁的时候就开始写诗，他的作品发表在当时的学生报上。那时，学校里的一批年轻人都觉得德国文学问题不少，所以，他们纷纷将目光投向了英国、美国和中国。有一次，顾彬偶然在朋友那里读到美国作家庞德（Ezra Pound）用英文翻译的李白的诗《送孟浩然之广陵》。虽然这个德国小伙子读的是英译本，但他的心还是被李白诗歌的优美、典雅所打动。从此，他读遍了学校图书馆里所能够找到的中国诗集。

> 故人西辞黄鹤楼，
> 烟花三月下扬州。
> 孤帆远影碧空尽，
> 惟见长江天际流。

这是李白的一首名诗，它把两个朋友、两位诗人的离别之情写得如此婉约和富有诗情画意。顾彬领悟到李白这首诗中生动新奇的意象，而这些意象在西方诗歌中是没有的。这首诗以无法企及的魅力强烈地扣动了顾彬的心弦，使他对遥远的中国产生了兴趣，他希望能更多地了解中国诗。

顾彬　波恩大学汉学系主任

李白改变了我的生活，但是，孟子和孔子也改变了我的生活。或许过去我从没有公开承认过，但它却是事实。

当我读了李白写的诗时，我想我应该开始学习古汉语；当我读了孔孟的著作，他们语言的美以及思想的深度完全令我折服。

几年以后，顾彬成为他家族中第一个上大学的人。进入大学时，他还没有想过要从事汉学事业，那时他选的是神学，而大学教的这种现代化的神学使他陷入迷茫。

在大学的头两年里，顾彬这位颇有想法的青年学生感到很不安。他所学的专业与他所思考的，显得大相径庭。

顾彬　波恩大学汉学系主任

从 1966 到 1968 年，我在明斯特大学学习现代神学。对此，我丝毫

图中，中国现代诗人翟永明。图右，与中国现代诗人欧阳江河。

顾彬对中国诗歌有一种特殊的热爱。诗歌引领他进入汉学的殿堂，他常说“李白改变了我的人生”，他是在读了李白的诗歌之后才决定学习文言文的。每次他来中国，都会与他那些诗人朋友聚一聚。（顾彬供图）

没有准备。无论怎么听教授的课，想从中得到教诲，但我还是弄不明白神学的要义。我觉得，它总是缺乏人应该怎样对待生活的理念。但是，当我开始学习古汉语时，我发现中国人思想的核心是人，中国哲学家和诗人的作品谈的是应该怎样做人。所以，我对中国文化的人文主义方面很着迷。

顾彬想更多地了解中国文化，但是却没有办法进入正在进行“文化大革命”的中国。于是，他决定去日本。因为中日两国的古代文化交流极其密切，很多日本学者都到过中国，在日本也保存了不少珍贵的中国古籍。

事实证明，日本之行没有使他失望，他在那里看到了很多中国式的建筑、中国式的寺庙、中国的古董、中国的古籍等等。从日本回到明斯特大学后，他决定离开神学，改学汉学。

后来，顾彬得知波鸿大学有一位研究中国古典诗歌的专家。1969 年，他转入波鸿大学学习汉学，同时学习哲学、日尔曼文学和日本学，并在此完成了博士学位。

当时，在德国没有什么人学汉学，因为没什么前途。一个教授只有一到三个学生。在这种情况下，学生和老师的关系非常密切，能够学到更多的东西。其中一位老师是阿尔福瑞德·霍夫曼（Alfred Hoffmann），中文名叫霍福民，一位 20 个世纪 40 年代在北京和南京学习中国诗学的闻名世界的汉学家，他对中国文学与文化极为热衷。

霍福民教授让顾彬把中国古典著作译成德文，每个星期都要求看他的译文；这使顾彬学习的进度加快，四年后他获得了博士学位，初步掌握了汉学。他的博士论文是《论杜牧的抒情诗》。在学习古代汉语时，顾彬读了孟子、庄子等古籍。通过古代汉语的学习，他了解到中国文化是以人为本的。

当时，顾彬学中文被其他人认为是一个疯狂的行为。原因很简单，一是中文并不能让他找个好工作；二是封闭大门的红色中国和德国基本没有来往。但是，随着德国的经济起飞及1972年中德建交，汉学再次被重视。此时，汉学已不像20世纪四五十年代那样注重传统文史哲的学问，而是把目光转向了中国当下的政治与经济。同其他国家的汉学研究一样，在德国的汉学已经分为两个大类：一个是传统汉学，一个是近代中国研究。

顾彬　波恩大学汉学系主任

西德和中国一建立外交关系，我们就有可能去中国学习中文，中国人也就有可能来德国学习德语。

【霍福民】

霍福民（1911-1997年）热衷于中国当代文学和当代文化生活，翻译了大量中国学者在学术方面的著述。他曾于20世纪40年代在北京和南京跟随中国老师学习过解读古体诗的方法，其中一位老师就是大名鼎鼎的胡适。在北京，他痴迷于中国传统的词和元曲。20世纪70年代初，顾彬在波鸿鲁尔大学师从霍福民，为他以后的学术生涯打下了坚实的基础。

1974年，为增强中德两国之间的交流，中国和联邦德国决定对等交换留学生。顾彬获得了一个到中国的机会，被选中派到北京语言大学学习汉语。那时，顾彬对去中国并不感兴趣，因为他觉得他不可能在当时的中国找到古代的中国风韵，至少不可能寻找到古代中国的思想。

他的导师霍福民说服了他。霍福民20世纪40年代在北京和南京待过十年，他的中文讲得十分流畅娴熟。他认为，这是顾彬学习现代中文的唯一机会，所以，顾彬应该去。于是，1974年，顾彬开始了在中国的留学生活。

顾彬开始在北京语言大学学习汉语，师从马树德教授。这个德国学生给人留下的印象还是不同一般的。

马树德　北京语言大学汉学学院教授

班里面的学生有各种各样的性格，差异很大。顾彬当然就和别人不一样。应该说，他那时候还年轻吧，29岁，他受中国的思想影响。当时，他长头发，一个现代派的青年。有的时候，他读书读累了，会拿着一本德文书在走廊里面一边看一边走，走来走去的。

虽然当时中国还在"文革"中，对外输出革命的意识形态，但是在教学中，如讲到鲁迅的作品时，老师并没有强调意识形态，而是以作品的艺术价值为出发点，讲授文学的美好。

顾彬　波恩大学汉学系主任

我在中国的一年过得很充实。每天从早上6点到晚上12点，一直拼命

【中德建交】

"二战"结束后，德国分裂为民主德国和联邦德国（简称东德和西德）。1950年，中国和东德即已建立外交关系。由于分属两大阵营，中西德之间直至60年代初仅有一些民间贸易往来，没有官方接触。由于西德政府未同台湾建立官方关系，因而台湾问题并非中、西德两国建交的主要障碍。

20世纪70年代初，随着中美关系大门的打开和中国在联合国合法席位的恢复，以及西德同苏联、东欧关系逐步正常化，中国与西欧国家建交出现高潮。1972年尼克松访华后，勃兰特政府向中方发出愿与中国谈判建交的信息。1972年7月，施罗德主席应邀访华；10月11日，中国外交部长姬鹏飞和西德外长谢尔分别代表两国政府在北京签署中德建交公报。

地学，所有的时间都用来学习中文。老师非常非常好，没有骗我们，也没有歌颂什么“文革”。虽然我们当时也参加了什么“批林批孔”，但是只是表演，表演完了走人。

那时候的欧洲，对中国知之甚少，所以到中国留学被认为是冒险。从交换学生眼里看到的中国，跟中国人眼里的中国是不一样的。对留学生来说，一切都是新鲜的。他们感兴趣的不止是学习中文和了解中国文化，同时还喜欢在北京到处看看，如寺庙、北京的名胜古迹，以及了解中国人民的生活。

李夏德（Richard Trappl）是奥地利维也纳大学副教授、东亚学院副院长、孔子学院院长。1974 到 1975 年，他在北京语言学院学习中国文化。1979 年，李夏德开始在维也纳大学汉语系教现代汉语和中国文学课，博士后论文为《魏晋南北朝文学理论跟早期的小说理论》。他回忆说：“虽然顾彬在高段班里面，但在这一年的时间里，我们之间的关系十分紧密。他也有一辆自行车，我们一起出游，去了圆明园还有北京周边其他的地方。我在那段时间，向顾彬学习了很多东西。”

顾彬对古代中国的美尤其感兴趣。他喜欢的是古庙宇、古代庭园和卧佛寺之类的古建筑。

后来，顾彬变成了圆明园专家。他经常去那儿，在那绕着圈子，欣赏那里美丽的风景和建筑。顾彬一次又一次地重访圆明园，这昔日辉煌的皇家园林的废墟，对他来说是一本耐读的书。以顾彬特殊的视角，借助丰富的想象力，顾彬可以从这些古建筑的废墟中，看到古代中国的影子。

顾彬　波恩大学汉学系主任

我是一个喜欢孤独的人。我喜欢欣赏山水，思考历史。所以，当我发现这个地方（圆明园）是开放的，并且除了附近居住的农民之外没有更多人去的时候，我决定经常去。带着书去，坐在废墟当中读读书，写写诗。

关于历史，我们可以扪心自问，几百年的历史给我们留下了什么？我自己研究了多年的德国哲学，德国哲学家谢林的一句名言说：我们的生活不过是一堆碎片的组合而已。

看着圆明园废墟的时候，我想到了他，想到了人类的存在。

在北京的这一年，顾彬第一次尝到了中国的白酒。直到今天，品尝白酒仍然是他最爱的一种消闲方式。他说："我花了好多年的时间，才慢慢习惯了中国的烈酒。大概有十年吧。朋友一直在教我该如何品尝。事实上，对我来说，中国的烈酒不能算酒，而是一种药。每当我很累而又不得不工作的时候，我会喝上一两杯白酒，然后就又可以精神抖擞地工作了。"

◎"三人行，必有我师"

时光飞逝，一年的留学生活很快就结束了。顾彬回到德国，成为一名大学老师，专门教授汉语课程。开始，他在波鸿大学教了两三年的古代汉语和现代汉语。1977 到 1983 年，他担任柏林自由大学东亚学系讲师，讲授 20 世纪中国文学、艺术和古代汉语等，同时研究中国古典文学和中国古典哲学。1981 年，他的教授论文《空山——中国文人的自然观》通过，使他获得教授资格。1985 年，他转到波恩大学东方语言学院担任教授，此后担任汉学系主任。

顾彬　波恩大学汉学系主任

波恩大学的中文系教现代汉语及中国当代概况，汉学系教古代汉语、中国古典哲学、古典文学和中国历史等。后来，中文系和汉学系被合并在一个学院里。当时，很难找到能够教现代汉语的老师，波恩大学聘用我负责中文系，教授现代中文和与当代中国有关的课程。十年后，我改为负责汉学系，教授古代汉语、中国古典哲学、古典文学和中国历史等。

那时，中文系的每一个年级就有几百名学生，教师非常难教；顾彬有时候不得不把他们分成两组甚至四组来教。所以，最初的一段时间里，顾彬每周得授课 16 个小时，虽然学校只要求他教 8 个小时就够了。当顾彬作为一名教授声名鹊起后，越来越多的学生——不仅是德国学生，还有中国学生，都被吸引来了。

陈君怡　顾彬的研究生

他不笑的时候，看起来真的挺严肃的。第一印象是真的有点怕，因为他看起来比较严厉一点。熟了以后，我觉得他是蛮爱讲冷笑话的。上课的时候，有时会讲出一些很奇怪的冷笑话，使整个气氛活跃起来。

玛蒂娜·比克曼（Martina Bickmann） 顾彬的研究生

我们有点儿怕，因为他是一个名人。上第一堂课时，听着这位著名的学者给我们讲课，他的渊博给我留下了深刻的印象。听他讲课就能感觉到，他很热爱他的事业。这使得学生们对于他们所学的专业感到自豪。

王卓斐 顾彬的研究生

我对德国还是有点陌生，有一定的距离感，所以，顾彬老师对我来说还是蛮关心的。我一来以后，就把我安排在旁边的工作室。因为专业确实要比较抽象一点，比较形而上一点，他经常地给我一些这方面的信息，比方说，哪里有学术研讨会，以及相关的展览之类的。

顾彬心中的另外一位英雄也是一位老师。在他的办公室里，还放置了这位老师——孔子的塑像。

顾彬 波恩大学汉学系主任

“三人行，必有我师”，说明了老师的重要性。今天有很多人认为，他们不需要老师，自己也能学会一切。孔夫子是一个很谦虚的人，我非常喜欢谦虚的人，我认为谦虚是人应当拥有的最基本的美德。

在20世纪90年代的中后期，顾彬开始用新的方法阅读《论语》。他以孔子的学说为基础，写了一些重要的文章，这些文章都与他对现代性危机的探讨有关。

顾彬认为，人只有保持在一定的限度内，他的生活才会变得充实。越出限度的无限性会使人产生忧郁，在文艺复兴后的欧洲，可以看到这种忧郁的现象。孔子不仅认识限度而且知道为了得到充分地发展，无论是对于集体还是对于个人来说，限度是绝对必要的。承认限度总是与承认某种存在有关，这种存在比人自身的存在更崇高。

得到顾彬特殊照顾的不仅仅是在德国的中国学生。每当他邀请中国学者、作家或诗人访问德国时，他都会抽出时间陪他们到处转转。

2009年2月17日，顾彬在南京大学报告厅作“名家讲坛”讲座，题为“语言的重要性——本土语言如何涉及世界文学”。

顾彬尤其喜欢带他们去有古迹的地方，古老的房子或是古老的酒馆，古老的博物馆。顾彬酷爱历史和历史人物，从街道的小小匾牌到墓地，再到古老的建筑和被人遗忘的雕像，他都能够找到学习的地方，并且和他人分享这些事物背后的故事。

欧阳江河　当代诗人

第一次见面，他都会带朋友去参观波恩名人的墓地，比如一些音乐家、哲学家啊。让人有个感觉，我们的生命是在这些逝去伟人的这样一种时间、知识、记忆的延续之中。

我在德国呆了半年的时候，顾彬带我去斯图加特的幽居堡。幽居堡后面，有一个欧洲最大的由植物构成的迷宫，我们漫游了好几个小时，把我给累坏了。五个小时！也不知道有没有迷路。顾彬整个人就像是一个幽灵一样、一个亡灵一样，好像他自己的身体是借来的。

◎ 天才的诗人

顾彬不仅文章写得好，他的诗写得更好。顾彬不仅自己创作诗，也欣赏别人的作品。作为德国北莱茵—威斯特法伦州南部作家协会的会长，顾彬经常为当地的德国作家和诗人举办各种集体的或个人的作品朗诵会；在那里，汉学

顾彬热爱鲁迅，称赞鲁迅是一位语言大师，并把他的作品翻译成德文。顾彬教授对鲁迅作品的翻译是全世界所有语种的翻译中最全的一种。

家顾彬让位给了诗人顾彬。作为诗人，他认为让人们及时地了解这些作家和诗人的创作成果，也是他的责任。

斯特凡·魏德勒 （Stefan Weidle） 魏德勒出版社社长

在德国，读诗的人群还是很小一部分，诗集已不再是你随处能在书架上找到的东西。这是个很小的集体，但却是一个相互交融得很好的集体。他们互相都认识，并且经常聚在一起朗诵诗歌。

2008 年 10 月 31 日，顾彬在波恩市凯撒街 46 号的布赫拉登书店，又为其第四部诗集《世界的眼泪》举行了作品朗诵会。该书的发行得到了德国文化部、维也纳市政府及波恩市文化署的友好资助与支持，奥地利著名文学家霍尔姆特·尼德勒欣然提笔作跋。

李雪涛　北京外国语大学教授

我觉得很有意思，我在德国留学的时候，经常参加他的诗歌朗诵会。会前人们在介绍顾彬教授的时候，不会说这是波恩大学汉学系的主任、汉学家，他们先说这是著名诗人。在那些德国的文学之友当中，顾彬的名声不是建立在一个汉学家的基础上的，而是建立在一个诗人的基础之上的。

顾彬创作的诗基本不讲故事，作品中的主人公和人物是虚构的艺术形象，是一种艺术再创造。顾彬最注重的是语言，受中国文化的影响，他用中国汉语的语法给德国诗注进了新的血液，他在诗中切入了很多中国诗的意象。往往是一些人、一些物、一些去过的地方，引发他对历史的反思，对哲学的思考。顾彬诗中的话往往隐含着哲理，他在诗中淋漓尽致地表达了他的世界观。

乔车姆·萨图瑞斯　诗人、柏林节组委会主任

我想我们成为诗人的原因，是我觉得每个人生来就有一种神秘的、你自己无法解释的气质。很奇怪，这种气质促使一个人开始写诗。

少年时代的顾彬，便对包括西班牙、法国和意大利朦胧派在内的现代诗歌产生了浓厚的兴趣。也正是从那时起，他便萌发了成为一名诗人的愿望，期盼能够过一种充满诗意的生活。

作为一名才华横溢的青年，顾彬很早就已经发表了自己的一些诗。按理说，接下来会很自然地出版长篇诗集，但突然有一天，这个热情的诗人产生了一个有悖常理的想法。

顾彬　波恩大学汉学系主任

我在差不多二十多岁的时候，停止了发表作品。在那时候，我看到了法国诗人马拉梅（Mallarmé）的一句话，他说，如果你想成为一位好的诗人或者作家，你必须保持20年的沉寂。也就是说，你不要马上发表刚完成的作品，而应该把它们放进抽屉里，过20年后，再拿出来看。经过这个过程，你成熟了。如果这些作品仍旧是好的，那么好吧，你可以发表它们。

这里所说的20年，可以理解为30年，也可以理解为一两年。意思是说，你不要马上发表刚写完的作品，应该与自己的作品保持一段距离、一段时间。在沉寂中，我继续写作。

对顾彬来说，马拉梅的“20年”变成了30年，而他的诗仍然锁在抽屉里不为世人所知。到了20世纪90年代末，顾彬在德国已经发表了不少翻译作品。一些作家、诗人和翻译家看了他的译作说，从你的翻译水平来看，你是一个作家，你一定有什么东西放在抽屉里，拿出来给我们看看吧。后来，还是德国当代著名诗人和诗歌评论家乔车姆·萨图瑞斯说服顾彬开始再次发表诗作。

乔车姆·萨图瑞斯　诗人、柏林节组委会主任

实际上，是我和其他的一些朋友跟他说：听着，你必须现在就去找一家出版社把你的诗集给出版了，这样，大家就知道你不仅是一名学者，也不仅是一名翻译。

斯特凡·魏德勒　魏德勒出版社社长

我们共同的一个朋友联系了我。顾彬把他的诗集，寄给了波恩的一名文学顾问。她联系我，说她喜欢这些诗，并叫我读一读。我一读，便立刻喜欢上了。我想，天啊，波恩还有这么一名优秀的诗人，而我竟然还不知道。

由于个人的爱好，顾彬从20世纪60年代起就开始写诗。几十年来，在他的抽屉里渐渐形成了六本诗集。在朋友的鼓励下，他拿出最后写的一些诗，这些诗立即被出版发行了。顾彬至今还没有时间去翻阅剩下的那几本旧诗集，他觉得那里面会有一些他喜欢的诗，但也会有许多不成熟的诗。

经过30年在沉寂中的写作，顾彬在文学创作上成熟起来。现在，他可以两三年完成并出版一本新作品。他的第一部正式诗集是在2000年出版的，里面都是他在90年代末写的诗。就这样，30年之后，作为诗人的顾彬重新进入了人们的视野。

欧阳江河　当代诗人

他现在几乎每天都要写写诗，他的文章不一定是每天写，但诗是每天写。顾彬对我讲，如果哪一天不写诗，他就没办法活。因为诗歌对他来讲就像面包和呼吸一样，片刻都不能离开，每天他都必须有。

写诗已成为顾彬每日的早课，以至于“一天不写诗会不舒服，几天不写诗会生病”。这些习惯无疑显示出顾彬本质上的诗人气质。

顾彬早晨起床后马上就可以写，不用思考，随着感觉走，语言、思想会非常自然地涌现出来。另外，在旅途中，如在火车上、飞机上或在旅馆过夜入睡前，有时他也会写上半个小时。

多年来，顾彬在诗歌创作方面取得了不俗的成就，先后出版了《新离骚》、《疯人塔》和《影舞者》三部诗集。诗人北岛对其诗歌的评价是“简短而节制，富于哲理”。

顾彬　波恩大学汉学系主任

一般的人可能觉得奇怪，为什么我每天要写半个小时，每一年能出个文学作品。虽然我每天早上五点半后会写半个小时左右，我的脑子整天都在写诗。无论是去什么地方，我都会带着我的笔记本，我都会有灵感。灵感来了以后，我就把它记下来，记下来的东西会驱动我。早上起床以后，我马上就可以开始写，不用思考。所以也可以这么说，我不是写诗，是诗写它自己。

王家新　中国人民大学文学教授

他经常来中国。就拿一个小本子，有什么灵感马上就记在这个小本子里面。他在中国也写了很多诗。作为朋友，他也一直在督促我们写诗。

欧阳江河　当代诗人

有一次，我很好奇地问顾彬，我说老顾彬，你是用中文在记还是用德文在记？他说看我这一瞬间的思想是关于中文的还是德文的，甚至有英语的东西在里面，非常有意思。

他有一个百科全书式的笔记本，这个东西实际上是他的一个工具。我后来问过顾彬，帮助你遗忘还是帮助你记忆，他说两者都有，既帮助我遗忘又帮助我记忆。

顾彬的笔记本里面记满了他的想法。他有一个习惯，走到哪儿都会带着笔记本，写下当时的想法和只言片语。他有诗人般的头脑，他的思想遨游整个世界。他把所有看到的、碰到的、发现的东西都在他那诗人的头脑中过滤一遍，然后提炼出一些东西告诉读者。他对事情的反应很特别，所以，读他大脑过滤后写出来的东西是件很有趣也很令人着迷的事情。

乔车姆·萨图瑞斯　诗人、柏林节组委会主任

我觉得每一个诗人都随身带着他自己，一种过去影像的大集合。作为一个诗人，你就像随身带着天线，搜集所有你看到和听到的。那可能是街上听来的一个词，或者是一场音乐会，然后在一瞬间，你的图像和思想就有了一种联系。如果一切顺利，你就可以开始写作了。这可能就是灵感吧。

顾彬　波恩大学汉学系主任

我是一个很忙碌的人。我对历史和德国古典研究都有兴趣。所以，当我跨过残留的废墟，我会问自己，为什么这里会变成这样？历史就会向我娓娓道来，然后，我就把这些东西记录下来，最后产生出了诗或者散文。

顾彬以翻译现代中国散文和中国诗歌而在汉学界闻名。他从 1980 年开始大量翻译了中国当代诗人的作品，他在翻译中国诗的同时实际上也在创作，并与中国诗人结下了深厚的友谊。经过顾彬的辛勤工作，中国当代诗歌被译成了德文，并且受到了广泛的关注。任何时候，顾彬都是中国诗人的拥护者，他常说中国诗人的诗是最好的。

德国的大作家波尔曾说，通过翻译，一个作家可以找到自己的声音，并从语言的内在冲突中产生诗意。翻译的过程也是创造的过程，顾彬通过翻译中国当代诗人的诗歌，提高了自己的母语水平，找到了自己的声音。也正是从那些语言的内在冲突中，形成了他个人的诗歌风格。

欧阳江河　当代诗人

我不知道，我的诗被顾彬翻译成德文以后是什么样子。但是，很多德国的作家和诗人都告诉我，顾彬翻的德文诗里面，从德语的角度来阅读是特别特别好的诗。他们非常非常地感动和受到感染，他让中国诗在德语里面成为诗，作为诗，能够打动德语的读者；不仅能够打动普通的读者，还能打动挑剔的、专业的、本身就是作家和诗人的高级读者。

顾彬孜孜不倦地翻译并在德国推广中国诗歌，他坚信当代中国诗歌是世界顶尖的。然而翻译并非他的真心所爱，顾彬在接受德国记者采访时说：“按照我的本意，也许早就放弃这项工作了，……但是我有一种向德国介绍中国文学的责任感。”

为表彰顾彬几十年来在德中文化交流方面所做的卓越贡献，他获得了首

顾彬的养生方式就是坚持锻炼身体。他出门喜欢骑车或者走路，而不喜欢乘车。每周六他都要花半天时间在另一项他所热爱的运动上，那就是与当地的一支足球队一起踢球。

届中坤国际诗歌奖。对于中国诗人而言，顾彬是他们一辈子的朋友。

◎ 繁忙而有趣的日常生活

顾彬的家在波恩市一条非常安静的街道上。一幢三层的小楼，漆成朴素的白色，楼后面有个小花园，不远处有一片森林。顾彬非常喜欢在森林里散步或跑步，可是因为太忙却难得有时间去。不过每当有客人来时，他总喜欢带着客人走入这片森林，去领略波恩的自然风景。密林深处有一架数百年之久的老水车，还有一个古老的亭台，据说拿破仑军队曾经到过这个地方，从这里可以看见莱茵河，顾彬将其称为“望江亭”。

欧阳江河　当代诗人

我跟顾彬的很多交流都是在散步中，我们很难停下来坐在一个地方。假如我和他坐下来喝咖啡也坐不到十分钟。不像我和其他人一坐半天，顾彬不行，他一直在路上。但又跟其他欧洲人，尤其是美国人不一样。美国人的在路上一定是从一个地方到另一个地方，是有事儿要办，是赴一个约会、工作或是见一个什么人。顾彬不是，顾彬所有的在路上，就是行走本身。

顾彬的办公桌上放着一个很小的相框，上面有他生命中最重要的三个人，

顾彬喜欢一个人沉浸于波恩大学汉语系办公室的书海中，他常常埋头研读至凌晨五六点钟。

他的妻子和他的两个儿子。1981 年，顾彬到北京大学和北京图书馆开始他的研究工作。为了尽最大努力帮助他，北京图书馆派了一名工作人员来和他合作，根据他的研究课题、研究计划，帮助他整理资料。这名工作人员就是他现在的妻子张穗子。

那时，每次到北京图书馆，顾彬都会先去那位工作人员的办公室。在那里，他可以获得新的研究信息。在合作中他们互相了解、互相信任，也产生了感情。那时，外国人与中国人的个人交往还不像现在这么普遍和方便，在那种特定的历史环境中，他们选择了柏拉图式的书信往来和感情交往方式来保护他们的爱情。四年后，顾彬与这位协助他从事研究工作的中国姑娘结为夫妻。顾彬和他的中国籍妻子合作完成了很多作品，其中包括《袖珍汉学》。婚后，他们一起回到了波恩，生了两个儿子。虽然离开了中国，但哪怕是抚养儿子，顾彬也深受中国文化的影响。

王卓斐　顾彬的研究生

他是一个非常中国化的人。比如说，我们一起出去玩的时候，他会带上孩子，但是他会让他的孩子带上家庭作业。一般德国的家长，特别是西方这个社会，孩子的休息时间是非常自由的，不会给他们另外的负担，但是他不。我想，出去玩还要带着家庭作业，只有中国的家长可能会有这方面的传统。

王家新　中国人民大学文学教授

我从科隆到波恩的时候，顾彬教授到火车站来接我。他骑了自行车，自行车后面还有个儿童座椅，这个很中国化。

顾彬有非常生活的一面。虽然已年逾六十，他活跃的生活方式总是让很多人非常惊讶，穿得也像个年轻人一样。每个周六的早上，他都会在足球场上度过，即使和年轻人一起踢球也毫无退缩之意。顾彬的主要交通工具是自行车，每次去足球场，他得穿过街道和铁路，然后爬上蜿蜒的山路。顾彬要一刻不停地骑上半小时，才能到达那里。

欧阳江河　当代诗人

他的运动是双重意义上的，就是说身体和心灵同时在运动。所以，他不仅仅是健身，他就是想保持一种在途中的生命状态。我觉得，这跟他的甚至有点古板的、忧郁的表情形成了一个动和静的搭配，一个有比例的东西，非常有意思。

顾彬　波恩大学汉学系主任

我不太喜欢坐着。每次我坐在椅子上作研究，我都会觉得不舒服。如果不觉得累的话，我就不想坐着，每天都要运动。

而当身体累了，脑子就会很清醒。精神上的累是可怕的，身体上的累并不可怕。当身体疲倦的时候，思维仍然是非常清晰的。

顾彬生活十分有规律。每天早上五点一刻起来，他说这和鸟儿也有关，五点一刻的时候他们就开始唱歌了。起床后的半个小时，顾彬用来从事文学创作。然后，他去厨房给家里人准备早饭。

当两个儿子还很小的时候，他会在早饭后亲自把他们送到幼儿园或小学，然后自己骑自行车去大学上班。为了下午或晚上的讲课、各种会议或作报告，他经常很晚才能回到家里。晚上他还要忙到深夜十二点左右：备课、批改学生的考卷、批改学生的毕业论文、作学术研究、写学术论文、从事翻译工作。

现在，他一共有八百多名学生，要做的事情太多，时间不够，他只好压缩自己的睡眠时间。顾彬是典型的工作狂，正是他疯狂地工作才完成了数量令人咋舌的学术著作和翻译作品。

顾彬每年都会到中国来，在各个大学里作报告、教课。在德国，他不知疲倦地为中国文学做宣传。顾彬认为，中国并不会因为具有欧洲文化的元素才伟大。中国之所以受人尊敬，恰恰是因为中国在根本上是与欧洲相异的、独特的。顾彬作为中德文化的“搬运工”，他那超乎常人的勤奋和工作热情，他那对汉学的热爱和痴迷，他的独立思考、他的思维方式与学术造诣，对中国文学界是一种莫大的鞭策。

顾彬　波恩大学汉学系主任

对我来说，中国有很多很多火。我想把中国的火传给下一辈!

从顾彬的著作中，从他的教学科研活动中，从他的为人处事和他的言谈举止中，人们可以清楚地看到：对于这个在德国的一个小镇上成长起来的小男孩来说，中国已经成为他生活中不可分割的一部分，成为他特有的标识。

顾彬在《20世纪中国文学史》序言中这样写道：

“四十年来，我把自己全部的爱奉献给了中国文学。”

（本文图片除署名外均由ICS提供）

【编导手记】

找寻一个倾情中国文学的德国人

陈若平（美籍华人）

第一次听到沃尔夫冈·顾彬这个名字是在2009年2月，在电视台的一次工作会议上。我们讨论了本年度外语频道的一个重要项目：为庆祝建国60周年而拍摄十集电视系列片《中国通》。

汉学家顾彬是怎样一个人？在网上找到的关于他的文章令人惊讶。很多文章说这位波恩大学的教授把中国当代文学视为“垃圾”（后来发现事实被扭曲了），有些甚至把他描绘成“德国炸弹”。

第一封邀请信寄出之后，过了两三天就收到顾彬亲自写的回信。“谢谢你们的邀请，”他在信里面简单地写着，“我同意接受电视台的采访。”

为采访做准备，我开始匆匆忙忙地阅读中国文学的介绍。听说顾彬特别喜欢鲁迅的作品和唐朝的诗词，于是我就特别在这两方面下功夫。但是对我来说，理解唐诗和鲁迅是特别难的。我从小在国外长大，中文语言能力和文化背景还没有达到这么高的境界。在这几月里，谷歌的翻译系统变成了我的救星。

到了5月底，在去德国专访顾彬之前，我们准备先去一趟北京，采访他的中国好友和他1974年来中国留学时的老师。没想到，就在这关键时刻，一场“信任危机”的拉锯战发生了。

作为著名的汉学家，顾彬对中国当代文学的批评之辞，曾经被一些报纸媒体断章取义。这些不实的报道，在国内的文学界掀起了轩然大波。互联网和其他一些媒体以讹传讹地渲染，造成了误会的升级。

我们当时在调查顾彬的背景时，看到数百篇文章都说顾彬是一个对中国当代文学持完全否定态度的批评家，就想以这个角度作为节目的组成部分之一。顾彬在他的回信里说，他觉得稿子有问题，但我们还没有意识到事情的严重性。那天降落在北京机场之后，才感受到它的巨大的碰撞。

因为媒体对顾彬的曲解和伤害，使得他对中国媒体有一定的顾虑。他的夫人和中国朋友们又是特别地保护他。他们担心纪录片拍摄的角度，会使已经淡

在波恩大学图书馆里，顾彬接受外语频道《中国通》摄制组的专访。

化的事情再起波澜。虽然我们和被采访人进行了预约，但他们这时却拒绝接受我们的采访。我们拍摄组已经到了北京，并且定好了飞机票和旅店，准备下周就去德国。这下可怎么办？当时我们真是不知所措。

我们赶快写了一封电子邮件，解释说我们这部纪录片肯定是要客观地报道顾彬的工作和生活；我们作为负责任的媒体人是不会为制造噱头而夸大谬误的。《中国通》的目的是介绍这些人对中国付出的心血和做出的杰出贡献，让观众了解台前幕后的真实情况。同时，我也给每个拒绝我们采访的人打电话，积极解释。最后，顾彬的朋友们同意了我们的采访，北京的拍摄成功了。

信任的危机总是一触即发，我们不畏压力、坚持自己的原则也最终赢得了对方的信任。

去欧洲前，听说在欧洲坐火车要比坐飞机方便。2009 年 6 月 2 日下午，我们刚采访好顾彬的朋友、柏林节主任乔车姆·萨图瑞斯，就直奔柏林火车站，赶下午五点的火车到波恩。虽说当中要转两次车，但想到可以避免机场的安检登机的长队，就觉得我们的主意还不错。

可我们忘了我们还有足够塞满一辆小型面包车的摄像设备和行装。柏林的火车站是整个欧洲最大的一个火车站之一，有好几层楼，找到正确的站台简直像是走迷宫。我们得把又大又重的行李一件件搬上去、拖下来。辗转五六个小时我们到达波恩时，就直接瘫倒在旅馆的床上了。

6 月 3 日早晨，我们摄制组一行五人来到“德国汉学百年论坛”会场。会场设置在波恩大学主楼的一个大厅里。这个大厅早先是作为接待尊贵的皇宫客人用的，现在放置了十余排座椅和演讲台，当我们从大厅后部进入时，报告会已经开始了。摄制组马上架起录像设备开始拍摄，我则开始搜索我们的主人公。

顾彬坐在前排专注地听演讲，我轻手轻脚地走到他面前，小声示意我们摄制组到了。

他点了点头，微微一笑，又马上把注意力移回到讲演者身上。他身着一件浅色的西装和一条褐色的西裤，让人觉得那就是一所著名大学里一个让人尊敬的教授。

当我问及顾彬对当代中国文学的看法，特别是提及前些年网上流传的一些文章时，他没有避开我的问题。他把那些波澜归咎于对德国广播电台采访的误译与误读。采访者在采访过程中问及一二个中国当代作家，但他的答复却被国内的一些文章以讹传讹地夸大为是对整个中国当代文学的否定。

可以感到，他对这件事已解释了无数次，可以看到他的疲倦。但后来，他又对我说：其实他并不怕媒体，但他希望这件事可以永远地成为过去。

梅花香自苦寒来

——《中国通》创作纪实

朱晓茜

在新中国走过第一个甲子年之际，上海广播电视台外语频道（ICS）举频道之力制作了十集大型系列纪录片《中国通》，采访和拍摄了十位在政治、经济、外交和文化方面与新中国休戚相关的国际重要人士。

片中记录的这十位“中国通”，不论历史走到哪个段落，他们都曾经，或者仍在继续扮演着一个角色，那就是架起一座座连接东西方沟通和交流的桥梁，让更多的人能够了解和通晓中国的发展和变化，让世界“通中国”。

启动：十人名单的诞生

《中国通》项目于2009年年初启动，首先面临的一个问题就是如何确定《中国通》的十人名单。在与国际关系及电视方面的专家不断研讨，并通过大量的调研后，作为项目的先期策划者，我们在频道领导的指导下，确定了四个选择的标准：关联性、代表性、一致性与可行性。

首先是关联性。关联性是指所挑选的人物必须是在政治、经济、文化、体育等各方面与新中国的变化、发展密切相关的人。我们所要做的中国通不是传统意义上的“中国通”。后者常常指汉学家，或者说是语言方面、文学方面对中国比较精通的专家。而我们的想法是：“中国通”外延是可以扩大的，只要是和中国有渊源、有关联、有贡献的，对中国走向世界有帮助的这些人，都可以统称为“中国通”。这样做的目的也是希望能够将更多的领域包括进来，使内容更加丰富多彩，可看性强。

在最终确定的《中国通》十个人物中，在外交领域，有美国前国务卿基辛格，是著名的外交家；在体育方面，有国际奥委会前主席萨马兰奇；在经济方面，有英国48集团的主席佩里；在政治领域，有日本前首相中曾根康弘，澳大利亚前总理霍克等。

其次是代表性。代表性是指挑选各大洲、各个国家的代表性人物。十位“中国通”涵盖了亚洲、欧洲、美洲和大洋洲四个大洲的九个国家。由于种种原因，未能采访到非洲的“中国通”，这不能不说是一个遗憾。

第三是一致性。一致性就是指我们所选择出来的人物分量要一致，不能忽轻忽重。在这个项目里，我们选择了不同国别及领域里级别较高、国际影响比较大的人物。可想而知，联络这些人非常困难，但考虑到这些人在新中国60年的历程中扮演了很重要的角色，我们没有避重就轻，而是知难而上。

第四是可行性。当然，由于节目必须在国庆60周年期间播出，同时还要把出访拍摄和后期制作等因素考虑在内，我们也不能完全不顾联络和拍摄这些人物的难度。因此，在十人名单之外，我们还是考虑了许多备案，决定同时联络，齐头并进，以确保项目的顺利实施。

从以上四点可以看出，在采访对象的选择和审核上，我们遵循了自己的标准，主要是想把那些与新中国发展有密切关联的国际友人介绍给观众，带领大家探寻一段段不同寻常的故事和情感。

在贯彻这四个标准的基础上，我们历经波折，终于完成了采访和拍摄包括美国前国务卿基辛格、俄罗斯第一任驻华大使罗高寿、奥委会前任主席萨马兰奇、日本前首相中曾根康弘、法国前总理拉法兰、APEC之父澳大利亚前总理鲍勃・霍克、中英贸易的破冰者佩里、德国著名汉学家顾彬、瑞士前驻华大使希克和《江泽民传》作者库恩在内的十位同中国有着深厚渊源的著名国际风云人物。这十集大型系列纪录片《中国通》，从一个侧面完整地记录和反映了新中国60年的发展史。

探索：制作团队与制作模式的建立

在开始准备执行《中国通》这个项目的时候，ICS才成立一年。除了总编导，所有编导都没有制作纪录片的经历。大部分的编导在电视制作方面都是刚刚起步，只有一小部分编导有制作专题节目的经验，但最长也不过只做了十几分钟的片子。

对于制作人员的选择，我们考虑了很多办法，比如，是否邀请台外的制作公司来参与制作。但是，在接洽了几家公司后，我们发现了问题：如果全部找外国人的团队，他们对中国的国情不了解；如果找中国团队，他们在与海外联络上渠道比较窄。所以，最后还是决定由频道人员自己摄制。但是自己做，问题也非常多。首先，我们的编导们都没有经验；第二，频道本身各栏目的人手也非常紧张。最终，我们深入挖掘编导潜力，组成了八个人的《中国通》的摄制组。这支队伍皆为女性，且非常年轻，平均年龄 28 岁；而我们采访的嘉宾，平均年龄差不多 82 岁，形成了鲜明而有趣的对照。

对于年轻的团队，面临的最大挑战就是没有经验。首先，她们对这些人物所经历的历史背景都不了解，全部要重新学起。针对这个情况，我们邀请了许多国际关系和外交领域的专家担任顾问，来帮我们把握《中国通》的制作角度。担任项目顾问的有复旦大学美国研究中心主任沈丁立和美国问题专家朱明权，上海国际问题研究院吴寄南，北京外国语大学俄语中心主任李英男，中国前驻俄罗斯大使李凤林等等。这些专家帮助我们把握了节目的尺度，提供了许多历史事件的背景介绍，使团队在短时间内对当时的历史和背景有了全面正确的认识。

其次，团队没有制作纪录片的经验。为此，我们加紧了对编导的强化培训。在开始的两个月内，每星期会安排一次纪录片制作方面的培训，请业内的专家来传授经验，同时选择一些制作精良的节目给大家观摩。

另外，为了便于经验不足的团队掌握和操作，我们给节目设定了一个统一的风格模式。在拍摄上，我们要求画面要考究，人物采访的机位和角度要一致。为了方便大家掌握，我们还明确规定了灯光的明暗程度以及人物前景和后景处理，并彩打了一份标准画面让每个编导采访时带着。在内容上，我们使用统一的结构，要求所有的编导都先拿出脚本，在脚本中先设计好开篇，中间情节的起伏，结尾的方式等。当然，这些内容会在具体的采访和拍摄后，在具体的后期编辑中有所调整，但这样的方式可以使经验不足的编导们有章可寻，便于操作，保证了项目意图的忠实贯彻及节目风格的一致性。应该说，我们的编导虽然年轻，但她们刻苦努力，成长非常快。从最后的成片来看，她们都很好地贯彻了拍摄意图，保证了节目的品质和质量。

除了优秀的编导团队，摄制组中还包括摄像、灯光、录音等人员。我们频道的摄像非常好，但是缺少高清拍摄的经验，是第一次尝试用高清机器，但是经过几次培训后，他们很快掌握了高清拍摄的技巧。对于纪录片不可或缺的灯光和录音，年轻的外语频道没有这样的工种配备。在 SMG 和频道领导的大力支持下，我们从电视新闻中心、纪实频道和广电制作公司等借调了专业人员。虽然我们的摄制组成员来自各个地方，但是由于大家目标一致，都希望把节目做好，相互之间的配合也相当默契，为项目的顺利进行提供了技术上的保障。

考验：采访过程一波三折

制作团队搭建完成，人员陆续到齐已是2009年的三月底，而我们设定的前期拍摄截止时间是七月份。也就是说，从联络到最后完成拍摄只剩下了四个月的时间。在此情况下，我们制订了详细的项目推进计划，并在每周开两次协调会来确保计划落实，并最终保证节目按照要求的时间节点完成。

对我们的编导来说，每位编导就是一个《中国通》分集的项目负责人。要克服多条战线作战的压力，包括联络采访嘉宾，获得邀请信以办理公派出访拍摄，同时还要联系每个嘉宾人物周围多达十几位的相关人物。非常值得一提的是：这八位《中国通》编导中，有一半的人还同时肩负着日常栏目的工作。

由于嘉宾的级别比较高，联络的过程异常艰辛。编导们千方百计地找线索，找关系，不断打电话，发邮件，通过各种渠道联络嘉宾。有时，采访好不容易敲定了，却由于对方临时变化，整个采访计划又要进行紧急调整。项目的前期联络方面可谓是一波三折。

在制作开篇的“基辛格与中国”一集时，编导碰到最棘手的问题就是基辛格博士本人在哪里，片子中的周边人物又该如何选定，如何与他们在那么短的时间内联系上，并且说服他们接受采访，这些都是未知数。除此之外，基辛格是一位外交舞台上的风云人物，有关他的纪录片也早就被很多观众所熟知，如何找到一个新的角度新的侧面去描述他，去挖掘新的故事成为一个大难题。从拨出第一个越洋电话，发出第一封邀请信，到确定第一位受访人物，编导们无数次的采访邀请被婉言谢绝，无数的希望转瞬变为无奈，无数的邮件石沉大海，无数的约定被一改再改。编导们始终坚持不懈，终于很好地完成了任务。

又如“中曾根康弘”这一集。摄制组在抵达日本后，才获悉这位前日本首相突然生病了。就在预定采访的当天，中曾根的助理田中茂打来电话，说中曾根的姐姐和医生决定他不能接受任何采访。编导辗转赶到事务所，坐在门外等了半天，就是为了能够和田中茂再进行协商。编导提出，希望能在中曾根身体状况允许的情况下尽快采访，可以减少摄制组的人数，尽量少打扰他老人家。

《中国通》摄制组合影。从左至右：陆俊（摄影）、刘炜（导演）、雷霖（导演）、陈若平（导演）、朱晓茜（总导演）、徐欣（导演）、陈冰（导演）、孔权（摄影）、陈亦楠（导演）、王硕（导演）。

田中茂依然很为难，但是他答应代为转告。也许是编导的决心和诚意感动了这位老人，当天下午，编导就接到消息，中曾根愿意推迟两天接受采访。

“罗高寿”一集的编导也同样面临着难寻受访嘉宾的困境。不仅如此，在尝试过无数次联系罗高寿大使之后，编导却获悉罗高寿在2008年遭遇车祸，恢复得相当缓慢。最后，还是编导的执著和努力赢得了这位大使的赞赏，片子顺利录制完成。编导形容她们每天的心情曾经就像坐过山车一样，希望与绝望总是交替而来。

再比如制作“顾彬”这一集的过程中。从最初联系这位汉学家一直到播出前两天，都一直处在“信任危机”的拉锯战中。作为著名的汉学家，顾彬对中国现当代文学的批判之辞，曾经被一些报纸媒体断章取义。这些不实的报道，在国内的文学界掀起了轩然大波，造成了误会的升级。基于此，他的夫人和朋友出于保护顾彬的原因，总是对媒体抱以防范的态度，有的时候，这种态度是异常强硬且不留余地的。第一次信任危机爆发的时候，正值《中国通》项目编导与顾彬及他的朋友们开始取得联系，并约定在北京进行采访时，当摄制组抵达拍摄地，顾彬的夫人还是出于对脚本的疑问，取消了采访，并且通知顾彬所有的朋友予以拒绝。编导一时之间不知所措，虽然心里有诸多的委屈和无奈，但是她们依然不懈地进行着沟通、再沟通，一一与顾彬的朋友，也多次与顾彬本人及其夫人进行解释和协调。最终，这次危机得以圆满化解，采访进行得很顺利。类似这样的怀疑和不满充斥了整个录制的过程，顾彬的夫人提出希望一位在北京的教授代为审核脚本，甚至还提出请自己在国内的友人来审片。即使在这集节目临播出前，每周两次的国际长途都会准时打到编导手机上，信任危机一触即发。编导们不畏这些压力，坚持自己的原则也最终赢得了对方的信任，顺利完成了本集的制作。

这样险情迭出的例子不胜枚举，但是我们坚持不懈，灵活应变，一一化险为夷，终于完成了采访和拍摄的任务。我们深深感受到，SMG 和频道领导的大力支持，团队的精诚合作，坚韧不拔的精神和信念是支撑我们完成这些艰巨任务的坚实基石。

追求:《中国通》的独特视角

虽然《中国通》是新中国成立 60 周年的“献礼片”，但作为《中国通》节目的创作者，我们希望它并不只是昙花一现，而是能够有自己的特色，能够在中外关系史及传记文献类纪录片史上留下自己的印记。

《中国通》所追求的一个特色就是“小视角，大视野”。通过亲历者个人的讲述，从小事件切入，将历史节点串联起来，由点到面全景式展现新中国在过去这 60 年间，在政治、外交、经济、文化等方面走过的历程。

比如该系列中“顾彬”一集。顾彬教授可称为世界汉学界中最具知名度的汉学家之一，他穷其一生推介中国文学，将汉字和中国文化带给西方社会。在片中，顾彬教授的言谈举止间无不透出他对中国诗歌的热爱。作为著名的汉学家，顾彬对中国现当代文学的批判之辞，曾经被一些报纸媒体断章取义，这些不实的报道，在国内的文学界掀起了轩然大波，造成了误会的升级。在本片中，编导不仅巧妙地为这一误会作了解析，还事物以本来面貌；还进一步提升了作为一位西方学者——顾彬对中国文学走进西方社会的贡献，更充分展现了中国诗歌的博大精深和魅力，将本片的基调提高了一个层次。

再如采访《江泽民传》作者库恩一集。本片用顺叙方式讲述了库恩与中国结缘，向世界讲述真实中国的始末，脉络清晰。先后交代了他应宋健邀请首次访华，起初对中国文化并没有兴趣，渐渐喜欢上中国却因国际反华浪潮抵制中国；到后来选择回来，通过拍摄纪录片《中国声》、撰写《江泽民传》、走访中国诸多城市进行调查等寻求和讲述“真实的中国”。节目强调了“转折点”，营造悬念，并还原其写作《江泽民传》的真正动机。同时，全片穿插暗线，挖掘人物个性特征和行为动机，使节目整体叙述更全面，通过他在健身房拼命锻炼、专注于写作等镜头，初次来中国打乒乓等生动的故事呈现更为丰满的人物形象和节目的内在逻辑，还通过他科学家的背景回溯其追求“真实”的动机。节目通过采访、影像资料、现场声等还原真实，节奏紧凑，表述全面，生动自然，具有特色。

考虑到ICS兼顾外国观众的需要，我们的后期剪辑聘请了一位美国的剪辑师，他是曾获奥斯卡最佳纪录片提名奖的著名华裔女导演崔明慧的学生，他带给了我们一个西方人的视角，在剪辑中他与编导进行讨论，加入了他对人物和事件的理解。在剪辑手法上，我们希望节奏要快，要抓住观众。每段播出的采访我们都控制在30秒，超过30秒就转换镜头或者插入画面。由于我们的节目，不但要面向中国观众，还要给外国观众看，这种节奏比较符合国际观众的口味。所以，与美国剪辑师的合作，为我们提供了一个比较国际化的视角和讲述方式，再加上中国编导对大方向和结构的把握，中西结合，使《中国通》能够兼顾中西两方面观众的欣赏口味。

纪录片的本质是客观和真实。在我们的片子里，不只有受访者本人的叙述，还有相关其他人物对相关历史事件的描述和评论。因此，我们除了采访对象本身，还采访了许多相关的当事人，而且，这些人物也都相当地有分量。譬如，在制作俄罗斯第一任驻华大使罗高寿的纪录片时，我们也采访了他的朋友、俄罗斯前总理普林马科夫；我们制作48国集团主席佩里专集时，还采访了对佩里家族相当了解的英国前商务大臣曼德尔森及伦敦前市长利文斯通等。

除了客观真实，我们也一直在追求一个独特的视角，一个属于ICS、属于《中国通》的独特视角。例如，在制作“基辛格”一集时，我们对编导的要求就是：我们所做的“基辛格”要使观众耳目一新，因为观众都已经知道基辛格在中美关系上的重要作用，有于他的采访、报道都很多，那么我们怎样做才能体现出我们的独特和不同呢？

在采访基辛格之前，我们先大量地收集并观看了关于他的节目，在此基础上，我们与编导制定了制作原则。首先，我们做“基辛格”的角度是要突出受访者与中国的渊源；其次，是要体现嘉宾的个性，我们主要通过一些不为人知的细节和小故事，对基辛格童年及成长经历的展现，用周边人物的叙述来多侧面地表现他的个性。这些原则都在后来的节目中有所体现。如其中一段讲道：

尼克松在选择由谁来担负起“破冰之旅”这一重任的时候，显得非常犹豫。他的想法被基辛格一一否定，最后虽然不是很情愿，但是基辛格还是被推到了最前沿，在历史的转角处担当了这个非同寻常的角色；又如，基辛格在取道巴基斯坦飞往北京的临行一刻，出于对未知世界的忧虑，他恳请巴基斯坦总统陪同他一道前往，最终这一提议被拒。这样的环节让人物形象更为丰富而亲近，把一个曾经看似遥不可及的形象符号人性化，为那些在胶片上泛黄的历史事件重新抹上亮色，拉近观众与历史的距离。

效果：播出反响热烈

《中国通》在外语频道和东方卫视播出后，国务院新闻办，中国人民外交学会、上海市外宣办等对《中国通》节目给予了高度评价。认为节目质量上乘，有很好的外宣效果，是在做一件利国利民的好事。节目也得到了国内外观众及众多媒体的好评。上海多家媒体，包括《文汇报》、《外滩画报》、《上海日报》、《每周广播电视报》等及搜狐等网站纷纷对《中国通》进行报道，反响热烈。与此同时，项目也在洽谈海外发行，美国公共电视台（PBS）对《中国通》节目非常青睐，并于2011年1月份播出了该节目。

《中国通》也引起了各国在华人士的关注。2009年10月18日，“中国通——斯蒂芬·佩里”一期节目在外语频道播出后，立刻收到了英国驻上海总领事馆的电话，认为节目展示了新中国成立后中英贸易的发展历程，内容翔实，制作精良。英国驻华大使欧威廉（William Ehrman）先生在得知英国48家集团主席斯蒂芬·佩里先生接受ICS专访，并制作了《中国通》特辑后，非常感兴趣，希望能够看到该期节目。由于身在北京，当时节目还未在东方卫视上星播出，所以他无法收看到这期节目。欧威廉大使特意通过英国驻上海总领事馆与ICS取得联系，希望能刻录一张该节目的光盘给他一睹为快。除此之外，俄罗斯、法国、日本、澳大利亚等领事馆也对《中国通》节目表示了极大的兴趣，纷纷表示希望得到节目的DVD。

在《中国通》播出其间，与之配套的《中国通》图片展也在上视大厦、新天地、梅龙镇广场、浦东国际机场、环球金融中心、上海图书馆、淮海路、外滩等处进行巡回展出，反响热烈。

借助上海广播电视台外语频道在语言和文化上的优势，《中国通》以其独特的风格，在考虑到中国收视群体的同时，又力求使西方观众更加容易地从一个比较全面的角度去理解和认识中国和中国的社会人文。应该说，制作这样重大的题材，反映如此宏大的主题，集中采访如此高级别、有分量、数量多的嘉宾，无论对外语频道、对 SMG 还是对于整个传媒业界，都是一次具有开拓性意义的创新和尝试。

2010 年 3 月

后记

《中国通》从一颗创意种子的孕育到果实压枝，从十集大型电视纪录片的播出到这本图书的出版，一路走到今天，我们所要感谢的人，实在是太多太多。正是有了他们的有力支撑，热情相助，《中国通》才能通达天下……

感谢中国人民外交学会会长杨文昌先生和上海广播电视台台长黎瑞刚先生，他们不仅在百忙之中为本书作序，而且在《中国通》电视节目的制作中，自始至终给予关心和支持。

感谢时任上海广播电视台党委书记卑根源先生为《中国通》图片展泼墨挥毫，他的题词“国际风云人物，中国非凡印记”，既是对《中国通》内容的精要概括，更是对其主旨的一个精辟阐述。

还要感谢台长助理徐浩先生，他不但在政策上进行指导和把关，同时还亲自参与了节目的审稿和审片，对许多细节之处提出了修改意见。

感谢《中国通》的总策划、SMG外语频道总监孙伟先生，他的立意为整个节目描绘了基本蓝图。除了总体勾画之外，他还推荐采访传主，介绍人物特点，提供联系方式，使我们迈出的第一步就显得顺畅，从而信心十足。

感谢《中国通》的总制片人、频道副总监王立俊先生，自节目立项起步后，予以及时细致的指导，为项目的顺利实施提供了坚实的后盾和保障。

感谢节目顾问袁念琪先生为《中国通》的每部片子出谋划策，贡献创意，同时还大力促成了本书的出版。在《中国通》的编导们完成书稿后，袁念琪先生更是不辞辛苦，对书稿的内容进行补充和润色。

最后，要感谢上海文化出版社的领导和编辑，作为资深的出版人，他们独具慧眼，在《中国通》节目尚在进行前期制作之时就开始了图书的筹划和运作。

受限于条件，我们且不能一一感谢，心存遗憾。

我们知道，单单感谢是远远不够的。我们还明白：道出感谢，说是简单，也不容易。念着感谢和要感谢之人，其实自己更要记住的是：莫要辜负期望，还要努力奋斗，争取更大的荣光。

编者

2011年6月

图书在版编目（CIP）数据

中国通：沟通中国与世界的十位国际风云人物 / 上海广播电视台外语频道主编．—上海：上海文化出版社，2011.8
ISBN 978-7-80740-707-2

Ⅰ．①中…　Ⅱ．①S…　Ⅲ．①纪录片—解说词—中国—当代　Ⅳ．①I235.1 ②D829

中国版本图书馆 CIP 数据核字（2009）第 033983 号

出版人
王　刚
责任编辑
赵光敏
装帧设计
叶　珺

书名
中国通：沟通中国与世界的十位国际风云人物
出版、发行
上海文化出版社
地址：上海市绍兴路 74 号
网址：www.shwenyi.com
邮政编码：200020
印刷
上海丽佳制版印刷有限公司
开本
787×1092　1/16
印张
18
版次
2011 年 8 月第 1 版　2011 年 8 月第 1 次印刷
国际书号
ISBN 978-7-80740-707-2 / G·549
定价
38.00 元

告读者　本书如有质量问题请联系印刷厂质量科
T：021-64855582